스토리노믹스

STORYNOMICS:

Story-Driven Marketing in the Post-Advertising World

by Robert McKee, Tom Gerace

스토리노믹스

유튜브 시대, 스토리 마케팅으로 수익을 창출하라

STRY
NOMICS

로버트 맥키 | 토머스 제라스 | 이승민 옮김

ROBERT McKEE
THOMAS GERACE

민음인

차례

미아에게

그녀의 사랑이 모든 것에 의미를 부여한다.

— 로버트 맥키

앤 존스 제라스와 새뮤얼 필립 제라스,

좋은 스토리를 사랑하도록 가르쳐 주신 나의 부모님께

— 토머스 제라스

감사의 말

영감과 에너지로 스토리노믹스 사업 전체를 지휘한 미아 킴에게 특별한 감사를
전한다. 그가 이끌지 않았다면 우리는 아직도 사업의 초안을 구상 중이었을지 모른다.
우리를 위해 기꺼이 시간과 지혜를 나눠 준 GE의 린다 보프, 마스터카드의 라자
라자만나르, IBM의 케일럽 발로우, 머서의 지아니 퓰렌, 오버스탁의 나탈리 말라젠코,
메리어트의 데이비드 비비, 데이비스브랜드 캐피털의 패트릭 데이비스에게도
고마움을 전한다.

트리시아 트래블라인, 제네비브 콜튼, 애덤 바브렉, 루벤 산체스, 다라 코헨은
스토리노믹스 사업의 성공을 위해 힘든 일을 도맡아 해 준 고마운 이들이다.
마샤 프리드먼과 톰 하데즈는 초고 편집을 맡아 서술의 일관성이 지켜지도록 원고를
다듬어 주었다. 칼 로젠도프, 앤 제라스, 대럴 젤리, 댄 뱁티스트, 롭 머레이, 케일럽
곤잘베스, 로렌 마이어, 마이클 고웬, 켄트 로슨, 봅 데코치, 짐 로스마이시를 비롯한
스카이워드와 볼트의 여러분들은 초반부터 줄곧 원고를 읽고 소중한 조언을 아끼지
않았다. 끝으로 스토리가 가진 변화의 추동력을 믿고 변함없이 지지해 준
짐 맨지에게도 감사를 전한다.

"감히 한 가지 추측을 해 보겠습니다.

여러분이 여든 살쯤 돼서 조용히 홀로 사색에 잠겨

살아온 날들을 가장 내밀한 인생 스토리로

스스로에게 들려준다고 해 봅시다.

아마 그 순간 가장 간결하고 유의미한 서사는

여러분이 내린 일련의 선택들일 것입니다.

결국, 우리가 내린 선택이 우리 자신입니다."

— 제프 베조스(아마존 CEO), 2010년 프린스턴대 졸업식 연설 중에서

머리말

마케팅이 위기다

주위를 둘러보자. 일은 이미 벌어지고 있다. 광고에 갇힌 미디어의 철조망을 자르고, 유료 구독과 광고 차단 프로그램의 숲으로 자취를 감추는 소비자들이 이미 수백만을 넘어 계속 늘고 있다. 이들을 찾아 나선들 소용없다. 이미 떠난 사람들은 다시 돌아오지 않으니까.

그러니 이제 앞을 보자. 머지않아 모든 공영 및 민간 통신망에서 광고가 사라질 것이다. 엔터테인먼트, 뉴스, 음악, 스포츠, 소셜미디어, 온라인 검색, 어느 것도 예외가 아니다. 이대로 가다간 홍보 매체의 최후 수단으로 버스 옆면만 남게 될 추세다.

40세 이하 막강 소비층인 밀레니얼 세대는 자신들의 삶에서 광고를 추방하고, 더 나아가 광고 제도 자체를 조롱한다. 광고의 허풍과 장담이 기만적으로 사람을 조종하는 '미세 공격'(micro-aggression, 강도 높은 공격이 아니라 일상생활에서 은근한 모욕감을 주거나 기분이 상하도록 하는 미세한 공격—옮긴이)과 다름없다며 비난을 서슴지 않는다. 실제로 최근 한 연구에 따르면, 지난 5년간 넷플릭스 같은 무광고 온라인 콘텐츠 서비스 사용이 급등한 반면, 40세 이하의 TV 시청률은 30% 하락했다.[1]

대대적인 소비자 이탈과 그로 인한 광고 수입의 하락으로 수많은 미디어 기업들이 파산의 구렁텅이에 빠졌다. 트리뷴 미디어Tribune Media, 21세기 미디어21st Century Media, SBC 미디어SBC Media, 렐러티비티 미디어Relativity Media, 큐뮬러스 미디어Cumulus Media, 넥스트 미디어 Next Media, 시타델 브로드캐스팅Citadel Broadcasting, 더 선 타임스the Sun-Times, 보더스Borders, 블록버스터Blockbuster, 리더스 다이제스트Reader's Digest, 그 밖에도 수십억 달러 규모의 기업들이 수십 군데에 달한다.[2]

2015년 마케터를 대상으로 실시한 어도비Adobe의 설문 조사를 보자. 응답자의 76%가 마케팅 분야에서 지난 2년간의 변화가 TV 등장 이래 수십 년 동안의 변화보다 더 크다고 응답했다. 마케팅 총괄책임 자들(CMO) 다수가 앞으로는 광고의 고객 양산 효과를 결코 신뢰하지 않겠다고 단언했다. 일부 CMO들은 광고 대행사들이 마켓 효과보다 슈퍼볼의 히트 광고를 노리고 돈과 시간을 낭비한다고 비난한다. 무료 온라인 광고의 노이즈에 자신들의 유료 광고가 파묻힌다고 탓하는 이들도 있다. 투자수익률(ROI) 하락과 비용 상승으로 광고가 터무니 없이 비싸지고 있다는 불평도 들린다. 물론 혹시라도 갑자기 광고가 지난 수십 년처럼 대량 소비자들을 다시 양산하기라도 한다면 모두 용서될 일이긴 하다.

허풍과 장담의 '푸시push 전략'이 견인력을 잃을수록, 더 많은 마케터들이 효과적인 스토리텔링으로 끌어당기는 '풀pull 전술'로 방향을 선회한다. 각계의 지원 사격도 뒤따른다. 《하버드 비즈니스 리뷰 *Harvard Business Review*》지는 리더십과 브랜딩에서 스토리가 가지는 설득의 위력에 관한 수십 편의 기사를 게재하고 있다. 스토리화된 메시지 전달을 신경과학의 원리로 설명하는 TED 강연이 무수히 늘어나고, 스토리를 사업적으로 활용하는 실용 안내서들이 수십 종씩 연거푸 쏟아져 대형 서점의 벽면을 가득 채우고 있다.

그러나 출판계에서 이렇게 열을 올리는데도, 기업 상층부에는 스토리의 본질과 활용에 관한 뿌리 깊은 의혹이 예전과 다름없이 팽배하다. 이따금 스토리를 효과적으로 활용한 탁월한 캠페인이 등장하긴 하지만(GE의 '오언이 왜 저래?What's the Matter with Owen?', 애플의 '오해 Misunderstood', 어도비의 '클릭 베이비 클릭Click, Baby, Click!' 정도가 좋은 본보기다.)[3] 전반적으로 기업의 스토리텔링은 여전히 도구가 되지 못하고 트렌드에 머물며 갈피를 못 잡고 우왕좌왕하고 있다. 대부분 회사들의 마케팅 부서는 물론이고, 그들에게 서비스를 제공하는 홍보 광고 대행사들의 사정도 마찬가지다. 스토리가 산업을 이끄는 꿈은 아직도 꿈으로 남아 있다. 이제 우리는 『스토리노믹스』를 통해 이 꿈을 현실에 실현하고자 한다.

제1부 '마케팅 혁명'에서는 문제를 진단한다.

일단 위기의 원인을 밝히면, 해결책은 자연히 드러난다.

1장 '광고, 중독의 스토리'에서는 '무엇이 잘못되었는가?'를 물으며 벤저민 프랭클린 시대부터 오늘날에 이르기까지 광고의 흥망성쇠를 추적한다.

2장 '마케팅, 속임수의 스토리'에서는 광고를 넘어 마케팅 논리의 뿌리까지 문제를 거슬러 올라간다.

제2부 '스토리 창작'에서는 해법을 탐색한다.

네 개 장에 걸쳐 스토리의 핵심 요소가 무엇인지, 스토리가 어떻게 인간의 정신과 조응하는지, 어떻게 소비자 행동을 움직이는지, 그리고 스토리를 효과적으로 설계하는 방법은 무엇인지 검토한다.

3장 '스토리의 진화'에서는 인간 사고의 첫 발자취에서 출발해 정신의 진화를 따라 오랜 의식 세계로 들어간다.

4장 '스토리의 정의'에서는 동서고금을 막론하고 모든 스토리텔링의 바탕이 되는 보편적 형식의 구성 요소들을 해부한다.

5장 '완결형 스토리'에서는 독자 스스로 창작의 기술을 키울 수 있도록 스토리의 기본 요소들을 더 깊이 파헤친다.

6장 '목적 전달 스토리'에서는 독자와 함께 이상적인 마케팅 스토리의 설계 과정을 단계별로 차근히 밟아 나간다.

제3부 '스토리 작동법'에서는 해법을 행동으로 전환한다.

조직이 소비자들과 관계 맺는 방식을 바꾸려면, 마케팅, 브랜딩, 광고, 판매에 스토리의 견인력을 장착해야 한다. 이 네 가지 목소리를 스토리화하는 방법이 총 여덟 장에 걸쳐 제시된다.

7장 '스토리와 CMO'는 캠페인을 구상하고 크리에이티브들이 콘셉트를 스토리화된 행동으로 전환하도록 안내하는, 스토리텔링의 달인으로서 마케터의 역할을 조명한다.

8장 '브랜딩의 스토리화'는 스토리를 활용해 기업에 대한 대중의 반감을 극복하고 브랜드 친밀감을 획득한 사례들을 소개한다.

9장 '광고의 스토리화'에서는 관객의 주의를 끌고 붙잡아 재미를 주는 스토리를 전달할 때라야 중간 광고가 가장 효과적이라는 점을 설명한다.

10장 '수요·잠재 고객 창출의 스토리화'에서는 스토리 형식에 기반한 사고와 계획이 어떻게 마케팅의 원대한 전략을 이끌어 기업에 장기적인 성공을 가져다주는지 살펴본다.

11장 '관객층 만들기'에서는 브랜드가 디지털 생태계에 통합되어 관객층을 확보하고 확대함으로써, 브랜드의 스토리를 더 많은 대중에게 전달할 수 있는 방안을 설명한다.

12장 '판매의 스토리화'는 영업 데이터 관리에서부터 이른바 입소문 즉 바이럴 확산에 이르기까지 '대면(face-to-face) 스토리텔링'이 활용할 수 있는 다양한 선택지를 하나하나 펼쳐 본다.

13장 '-노믹스'에서는 마케터들이 직접 스토리텔링의 가치를 평가하고, 스토리텔링과 전통적인 광고의 효험을 비교할 수 있는 방안을 제시한다.

맺음말 '다가올 미래'는 앞날을 내다보며, 새롭게 닥칠 기술 변화가 스토리텔링을 활용한 마케팅에 미칠 영향을 예측한다. 본질적인 스토리 형식을 유지하면서 어떻게 스토리의 영향력이 확대되고, 몰입 경험을 만들어 내는 우리의 능력이 한 걸음 도약하게 되는지 살펴볼 것이다.

블룸버그 미디어 그룹의 CEO 저스틴 스미스는 이런 말을 했다.

"모든 비즈니스는 전혀 다른 두 세계로 양분된다. 하나는 전통적인 비즈니스고, 다른 하나는 기업가 정신으로 생동하는 비즈니스다. 전자는 다시 돌아오지 않을, 더 수익성 높고 단순했던 과거를 갈망하며 발버둥치는 중이고, 후자는 우리 눈앞에 놓인 상거래를 재창조하는 중이다."

이 책은 재창조 중인 당신들을 위해 쓴 책이다. 데이터를 스토리 형식으로 전환하는 과정을 지칭해 우리는 **'스토리화하다to storify'**라는 단어를 고안했다. 이런 전환 과정을 이미 거친 데이터는 **'스토리화된 storified'** 것이고, 재정적 결과를 견인하는 스토리 중심의 비즈니스 실행을 **'스토리노믹스Storynomics'**로 지칭한다.

데이터와 스토리는 다르다. 데이터는 일어난 일들을 열거하고, 스토리는 그 일이 어떻게, 어째서 일어났는지 표현한다. 데이터는 수량과 빈도에 따라 사실의 목록을 작성하고, 스토리는 이런 사실의 이면과 배후에 놓인 인과 관계를 드러낸다. 스토리는 관련 없는 것들을 배제하고 역동적인 변화에 집중한다. 그렇게 사실적인 소재를 가지고 원인과 결과의 사슬에 따라 점진적으로 사건이 펼쳐지는 구조를 새롭게 빚어내는 것이 스토리다.

'스토리노믹스'는 비즈니스 세계가 가진 엄청난 스토리의 잠재력을 뽑아낸다. 스토리텔링 기법을 자유로이 구사하는 마케터들은 시간을 초월한 보상의 씨앗을 뿌리고 열매를 거두며 미래를 만들어 갈 것이다.

1
마케팅 혁명

STORY
NOMICS

1

광고, 중독의 스토리

출발은 순수했다. 1700년대 식민지 아메리카 곳곳에서 정치 및 지역 소식을 다루는 주간 신문들이 최초로 등장했다가 얼마 못 가 유야무야 사라졌다. 원인은 두 가지였다.

첫째, 인쇄업에는 왕실의 허가가 필수였는데, 왕실은 국왕의 대리인에 대한 풍자를 엄격히 금지했다. 국왕이 임명한 관리를 조롱하는 만화를 신문에 실으면, 신문을 사 보는 대중의 구미에는 맞을지언정, 만화를 그린 당사자로서는 태형의 사유가 되고도 남을 일이었다.

둘째, 정치적으로 머리를 조아린 신문 발행인들도 형편이 어렵기는 마찬가지였다. 비싼 종이와 잉크 가격에 비해, 구독료로 수입을 충당하기에는 유료 구독의 호사를 누리는 인구가 많지 않았다. 구독자층이 줄면서 대부분의 신문들이 결국 폐간에 이르렀다.

계속 신문을 발행하려면 새로운 비즈니스 모델이 필요했다. 광고는 사실상 아직 미지의 영역이었지만, 새로운 이민선이 도착할 때마다 창업을 원하는 정착민들이 늘어 갔다. 술통 제조업자부터 의류상까지 점포를 차리는 이들이 널리 입소문을 퍼뜨릴 방법을 찾아 나서면서 신문 뒷면에 광고가 등장하기 시작했다. 덕분에 신문 발행인들에게도 중요한 새 수입원이 마련되었다.

광고를 게재한 신문들은 새롭게 얻은 수익으로 구독료를 낮추고 신문의 판매 부수를 늘렸다. 보급이 확산된 만큼 영향력이 확대되었고, 그 대가로 발행인들은 더 높은 광고비를 청구할 수 있었다. 점포에 손님들이 밀려들면서 상인들이 더 많은 광고를 구매하였고, 신문은 번창하였으며, 갈수록 경계를 넓혀 가던 식민지는 무역으로 부유해졌다. 광고를 매개로, 출판업과 출판업이 서비스를 제공하는 사업체들이 서로 상호 의존적인 형태로 변화하기까지는 오래 걸리지 않았다.

당대 가장 성공한 신문 발행인이었던 벤저민 프랭클린은 이 모델을 능수능란하게 십분 활용한 인물이다. 그는 실업가들에게 인쇄 마케팅의 미묘한 성공 지점들을 직접 가르쳤다. 그가 발행하던《펜실베이니아 가제트*Pennsylvania Gazette*》가 뒷면을 광고로 가득 채우면서 삽시간에 필라델피아의 최고 인기 신문이 되었다. 여기서 거둬들인 재정적 성공을 바탕으로 프랭클린은 사우스캐롤라이나서부터 코네티컷에 이르기까지 식민지들의 연합 신문 네트워크를 설립하고, '광고의 수호신'

이라는 칭호를 얻기에 이른다.[1]

　이런 시대적 정황을 거치며 상인들은 광고가 두드러질수록 효과가 커진다는 사실을 깨달았지만, 일반적인 신문 관행상 기사들 사이에 싣는 두어 개를 제외하고는 대부분의 광고가 뒷면에 다닥다닥 붙어 실리게 마련이었다. 업체들은 독자에게 강력하게 메시지를 전달할 새로운 방법을 찾으려고 광고의 크기, 디자인, 폰트, 배열 등을 바꿔 가며 실험을 했다. 그렇게 해서 발견한 가장 효과적인 광고 전략인즉, 독자가 기사 스토리를 읽는 도중에 광고를 넣어 버리는 '끼어들기 interruption' 작전이었다. 일단 기사 스토리로 독자의 흥미를 끈 다음 중간에 브랜드 메시지로 흐름을 끊어 놓는다. 독자의 사고 흐름에 갑자기 끼어들어 브랜드 메시지를 소비자의 의식 속에 강제로 주입하는 수법이다.

　신문 발행인들은 구독자들의 불평이 두려워 처음에는 이 방법에 반대했지만, 광고 수입에 이미 중독된 터라 곧 이를 신문의 새로운 표준으로 삼았다. 이제 독자가 스토리를 끝까지 읽으려면 신문 첫 면부터 광고 사이를 건너뛰며 읽는 수밖에 없었다.

　지나고서 보니 19세기 언론인들의 직감이 정확했다는 것을 이제야 깨닫는다. 중간에 방해하면 할수록 소비자들은 그들의 전반적인 경험을 충족시키기 어렵다. 광고의 초창기 시절부터 이미 중간에 끼어드는 광고와 흐름이 끊긴 문맥 사이에 언짢은 기류가 형성되고 있었다. 뉴스가 됐든, 문학이 됐든, 스포츠 같은 생중계가 됐든, 관객은 그저

초기의 아이보리 비누 광고. "당신에게 필요한 단 하나의 비누 아이보리 비누"라고 쓰여 있다.

이 언짢음을 감수하는 법을 학습한 것이다.

19세기 말엽, 도시 사이에 철도가 연결되면서 제조업자들이 지역 배달 트럭의 한계를 넘어 멀리까지 사업을 뻗어 갈 수 있게 되었다. 업체들은 지역 캠페인을 지방 혹은 전국적 캠페인으로 전환하며 급속도로 팽창하는 시장을 점유하기 위해 달려들었다. 진정한 전국적 차원의 광고를 최초로 개시한 브랜드 중 하나가 아이보리 비누다.

11,000달러를 들여 구매한 첫 광고를 시작으로, 아이보리 비누는 승승장구를 거듭하며 1897년에는 광고 예산을 30만 달러까지 늘리고, 절정기에는 국내 시장 지분의 약 20%를 벌어들였다. 여타 알 만한 브랜드들도 서둘러 아이보리의 전례를 따랐다.

신문은 시작에 불과했다. 20세기 초, 발명가이자 기업가인 마르코니는 자신의 특허를 활용해 모든 무선 통신을 통제하고 라디오 서비스를 이용하는 새로운 모델을 창안하려 했다. 그러나 1906년 베를린에서 체결된 국제 조약에 의거, 개인이나 기업이나 국가의 전파 독점은 불가능해졌다. 그래서 초기 방송사들은 처음으로 온전히 광고에 의존하는 매체를 설립하는 것 외에 다른 선택의 여지가 없었다.[2]

1940년대 상업 TV 방송이 시작되면서 방송 역시 라디오의 중간 광고 기법을 도입하고, 미디어 소비의 주요 형태로 빠르게 자리 잡았다. 전성기에는 매일 저녁 3대 방송사(ABC, NBC, CBS)의 황금시간대 합산 시청자 수가 5,000만명에 달했다. 그렇게 60년 동안 TV 광고는 미국인들이 새로운 제품을 접하는 주된 통로 역할을 했다.

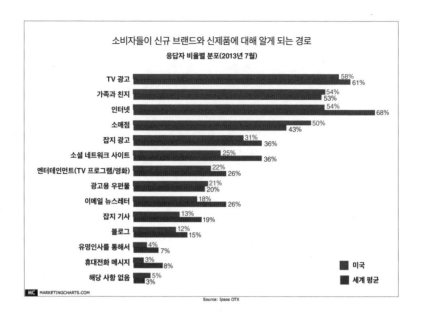

소비자들이 신규 브랜드와 신제품에 대해 알게 되는 경로
응답자 비율별 분포(2013년 7월)

경로	미국	세계 평균
TV 광고	58%	61%
가족과 친지	54%	53%
인터넷	54%	68%
소매점	50%	43%
잡지 광고	31%	36%
소셜 네트워크 사이트	25%	36%
엔터테인먼트(TV 프로그램/영화)	22%	26%
광고용 우편물	21%	20%
이메일 뉴스레터	18%	26%
잡지 기사	13%	19%
블로그	12%	15%
유명인사를 통해서	4%	7%
휴대전화 메시지	3%	8%
해당 사항 없음	5%	3%

■ 미국
■ 세계 평균

MC MARKETINGCHARTS.COM

Source: Ipsos OTX

TV가 다른 모든 매체들을 능가할 수 있었던 것은 대규모의 파급력, 풍부한 시각적 메시지 전달력, 그리고 시청자의 주의 집중이 보장된다는 점 등이 결합되었기 때문이다. 시간이 지날수록 마케터들이 점점 더 많은 돈을 TV 광고에 쏟아부으면서 광고 공간에 대한 수요도 점점 증가했다.

비용이 높아질수록 광고에 대한 중독 현상도 심해졌다. 미디어 기업들은 만족할 줄을 모르고 수익과 이윤을 더 높이 끌어올리기 위해, 매시간 방송마다 더 많은 광고를 욱여넣기 시작했다. 1950년대 시간당 4분씩이던 광고 시청 시간이 1970년대에는 두 배로 늘어났다. 그러다가 1980년대 들어 케이블 TV가 성장하고, 뒤이어 1990년 초반 누구나 접속 가능한 인터넷이 확산되면서, 관객층이 파편화되고 개별 프로그램당 광고 비율이 하락하기 시작했다. 광고에 의존한 방송사와 유선 방송 채널들은 어떻게든 수익을 보호하려고 갈수록 줄어드는 시청자들에게 더 많은 광고를 들이밀었다. 그리하여 2011년에는 유선 방송에서 거의 3분당 1분꼴로 광고를 내보내기에 이른다.

소비자들의 저항

그런데 2006년 소비자들이 광고를 건너뛰도록 도와주는 신기술이 등장했다. 디지털 비디오 레코더(DVR) 티보TiVo의 마케팅은 '30초 스킵' 기능을 주요 강점으로 내세웠다. 곧이어 유선 방송 채널들이 주문형 영상서비스(VOD)를 시작하면서 가입자들은 전보다 훨씬 간단하게 광고를 건너뛸 수 있게 되었다. 전미광고주협회(ANA)와 포레스터 리서치Forrester Research에서 실시한 연구를 보면, 이런 서비스의 도입을 초조하게 지켜보는 마케터들의 비판적인 전망이 잘 드러난다. 조사에 응답한 광고주들의 70%가 DVR과 VOD로 인해 전통적인 30초 광고의 효율성이 감소 혹은 파괴될 것으로 내다보았다.[3]

《애드버타이징 에이지Advertising Age》지는 2006년 다음과 같은 예측을 내놓았다.

"향후 3년 이내에 DVR 사용이 미국 내 3,000만 가구에 도달할 것으로 예상되는 가운데, 그렇게 될 경우 전통적인 TV 광고에 들이는 비용을 낮추겠다고 말하는 광고주들이 60%에 육박한다. 또한 이들 중 24%는 TV 예산을 최소한 25%까지 삭감하겠다고 말한다."

《타임》 매거진 보도에 따르면, 2009년부터 2013년까지 30초 황금 시간대 TV 광고의 평균 비용은 12.5% 하락했다. 광고료의 하락으로 광고에 의존하는 방송사의 수익이 줄어들자, 방송사는 비록 광고 편당 가격이 내려가더라도 프로그램마다 기어이 더 많은 광고를 삽입했다. 2015년 2월 《월스트리트저널》은 유선 방송 채널들이 광고 시간을 더 늘리기 위해 각 프로그램마다 액션 진행 속도를 교묘히 높이고 있다고 보도했다.[4] 기사에는 다음과 같은 스튜디오 경영진의 말이 인용되었다. "이제는 걷잡을 수 없는 지경입니다. 프로그램이 이렇게 돌아가니 배우들의 연기도 심각한 타격을 받고 있습니다."

광고 수익이 빠져나가지 않도록 하기 위해 미디어 기업들은 새로운 선택지를 실험했다. 유튜브 같은 콘텐츠 제공 서비스로 눈을 돌려, 짧은 동영상 앞에 자동으로 시청해야 하는 '프리롤pre-roll' 광고를 붙여 내보냈다.[5] 훌루Hulu처럼 옛 습관으로 돌아가 예전 TV 방송에서나 통하던 중간 광고 모델을 답습하는 곳도 나타났다. 어느 쪽이 됐든 빨리감기로 광고를 건너뛰지 못하도록 미디어 파트너들이 막아 준 덕분에, 마케터들로서는 최소한 시청자들의 광고 시청을 강제하는 데 성공할 수 있었다.

하지만 이런 새로운 방식에도 대가가 따랐다. 유튜브의 프리롤 광고와 훌루의 중간 광고에 시청률이 보장되고, 온라인 서비스로 더 강력한 광고 타기팅targeting이 가능해지면서, 2013년에 이미 온라인 동영상 타깃 광고비가 TV 광고비를 추월한 것이다.[6]

2016년 전 세계적으로 마케터들이 광고에 지출한 비용은 6,050억 달러로 추정된다. 점점 페이스북과 유튜브로 많은 예산이 이동하면서 디지털 광고 지출이 처음으로 TV 광고 지출을 넘어섰다.[7] 2017년에도

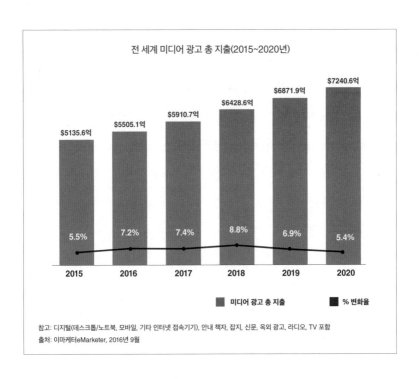

전 세계 미디어 광고 총 지출(2015~2020년)

참고: 디지털(데스크톱/노트북, 모바일, 기타 인터넷 접속기기), 안내 책자, 잡지, 신문, 옥외 광고, 라디오, TV 포함
출처: 이마케터eMarketer, 2016년 9월

광고의 성장은 전처럼 속도가 빠르지 않더라도 계속될 것으로 예상된다. 미디어 기업들이 너도나도 브랜드 마케터를 대신해 소비자의 의식에 끼어들 새로운 방법을 끊임없이 모색 중이니 말이다. 시청자가 누릴 수 있는 최선의 경험은 내내 뒷전으로 밀려날 터다.[8]

그런데 한 가지 중대한 변화가 일어났다.

소비자의 반란

초기 인터넷이 전 세계를 연결하고 소비자들에게 기사를 검색하고 읽을 정도의 속도를 제공한 것은 사실이나, 동영상을 안정되게 송출할 정도로 빠르지는 않았다. 짧은 유튜브 동영상에도 버퍼링 시간이 걸리거나 재생 도중 멈추기 일쑤였다.

그러나 2005년부터 미국에서 광대역 통신망(broadband)을 설치한 가구 수가 전화선과 모뎀을 통한 다이얼(dial-up) 접속 가구 수를 넘어섰다. 인터넷 연결이 빨라지면서 소비자들에게도 '선택'이라는 획기적인 전환점이 찾아왔다.

넷플릭스Netflix를 한번 생각해 보자. 애초 넷플릭스는 1999년 DVD 구독 서비스로 출발해 블록버스터Blockbuster를 비롯한 비디오 대여점들과 경쟁하는 업체였다.[9] 그런데 광대역 통신망을 대대적으로 채택하면서 2007년에는 걸음마 단계의 스트리밍 서비스를 개시하고, 소비자들이 넷플릭스가 보유한 소규모 영화 라이브러리의 영화들을 노트북 컴퓨터로 볼 수 있도록 제공했다. 1년 후에는 게임기와 셋톱박스 서비스를 개시해 이제 사람들이 거실 TV로도 쉽게 넷플릭스를 볼 수 있게 만들었다.

초기 넷플릭스 소비자들은 빠른 접근성에 만족하며, 좋아하는 영화부터 차츰 TV 시리즈까지 아무런 광고 없이 누릴 수 있었다. 무제한 감상에 월별 10달러 정도의 간소한 이용료를 기꺼이 지불했다. 넷플릭스는 새로이 벌어들인 이용료 수익금을 투자해 라이브러리의 규모를 키웠다. 전통적인 미디어 파트너들과 라이선스 계약을 맺어 서서히 영화와 TV 시리즈를 늘려 갔다.

이용자 수는 폭발적으로 증가했다. 2016년 사사분기 넷플릭스 이용자 수가 9,380만 명을 넘어서면서, 방송사와 유선 방송 채널들의 코를 납작하게 만들었다.[10] 세계 각국에서 매달 200만 명 이상씩 이용자가 늘고 있으니 그 팽창의 속도는 갈수록 빨라지는 추세다.

이용료 수익 증대로 넷플릭스는 강력한 경쟁 무기를 손에 쥐게 됐다. 이용자층 저변을 확대, 유지하기 위해 넷플릭스는 HBO의 작업 방식을 빌려와 프로그램 자체 제작에 투자하기 시작했다. 「하우스 오브 카드House of Cards」, 「오렌지 이즈 더 뉴 블랙Orange is the New Black」 같은 넷플릭스 시리즈는 온오프에서 넷플릭스를 전파하는 골수팬들을 양산했다. 2016년 1월 《월스트리트저널》의 보도를 보자.

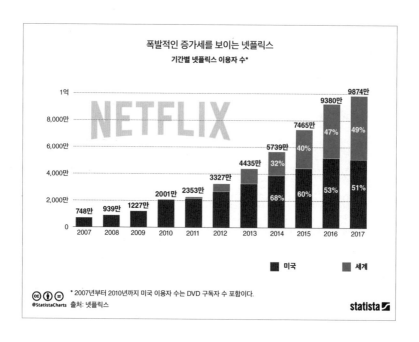

폭발적인 증가세를 보이는 넷플릭스

기간별 넷플릭스 이용자 수*

* 2007년부터 2010년까지 미국 이용자 수는 DVD 구독자 수 포함이다.

@StatistaCharts 출처: 넷플릭스

statista

"올 한 해 콘텐츠 예산 50억 달러인 넷플릭스는 여느 지역 방송사나 스트리밍 서비스보다 높은 값을 부르기를 주저하지 않는다."[11]

지나고서 보니 간단하다. 넷플릭스는 초창기 신문의 구독매체 모델로 그대로 돌아간 것이다. 그러나 광고의 유혹에 굴복해서 회사의 재정적 수혜가 고객들의 욕구와 충돌하는 길을 택하지 않았다. 대신, 넷플릭스는 이 둘의 평행을 유지하고, 고객들에게 가능한 최선의 엔터테인먼트 경험을 제공하는 데 전념했다. 다시 말해서, 광고로 고객의 경험을 방해하지 않았다는 뜻이다.

고객들은 시청 시간을 넷플릭스에 할애하는 것으로 응답했다. 2017년 2월 CNBC는 넷플릭스 시청자들이 전면 무광고 프로그램에 매일 소비하는 시간이 1억 1,600만 시간에 이른다고 보도했다.[12] 마케터의 관점에서 보자면, 넷플릭스 하나로 인해 고객들이 매일 잠수를 타는 시간이 1억 1,600만 시간이라는 소리다.

업계도 넷플릭스에게서 영감을 받았다. HBO가 2015년부터 시작한 OTT 서비스(온라인 동영상 서비스)[13] HBO NOW와 HBO GO가 2016년 「왕좌의 게임」 하나로 시청자 수를 2,500만 명으로 끌어올렸다.[14] 음원 스트리밍 서비스인 스포티파이Spotify는 2016년 한 해에 이용자가 2,000만 명이나 증가한 데 이어 바로 이듬해 3월에는 무광고 프리미엄 음악 서비스로 이용자 수 5,000만 명을 기록했다.[15] 애플 역시 무광고 음악 서비스를 실시한 첫 두 해 동안 2,700만 명이 가입했고, 매달 100만 명 이상씩 이용자가 증가했다.[16] 유튜브도 2015년 9월부터 무광고 옵션이 도입됐다.

마침내 상황을 파악한 훌루도 넷플릭스보다 한 해 뒤에 경쟁적으로 스트리밍 서비스를 개시했다. 훌루는 21세기 폭스, NBC 유니버설, 월트 디즈니사의 합작 투자로 설립된 회사다. 전통적인 방송 광고 모델을 온라인으로 옮겨 놓은 회사답게 넷플릭스보다 이용료를 낮추고 프로그램 시작 전과 도중에 광고를 내보냈다.

그러나 2015년 6월 훌루는 더 이상 시장의 소리를 무시할 수 없었다. 훌루의 이용자 수는 불과 900만, 당시 넷플릭스 총 이용자 수의

14%에 불과했다. 훌루는 서비스 옵션을 재평가하고 있다고 발표했다.

그리고 3개월 뒤, 결국 항복을 선언한 훌루는 불과 2달러 인상된 월 이용료로 무광고 서비스를 개시했다. 회사는 이전 이용자들에게 쪽지를 보내, 훌루가 가야 할 길을 제시해 준 데 대해 감사를 전하고, 이제 무광고 경험을 제공하는 훌루로 이용자들을 다시 초대했다.

CBS도 비슷한 교훈을 얻었다. 2014년 11월부터 CBS는 중간 광고를 포함한 OTT 이용 서비스 '올억세스All Access'를 실시했다. 그러나 2016년 8월, 회사는 고객의 요구에 투항하고 4달러 인상된 월 이용료로 무광고 버전을 제공하기 시작했다.[17]

홀루에서 이전 이용자에게 보낸 메일. 하단에는 "토머스, 2014년 7월 3일, 고객님이 하신 선택에 우리는 두고두고 감사할 것입니다. 고객님은 훌루 가입을 취소하셨습니다."라고 쓰여 있다.

바닥을 치다: 전통 미디어의 쇠락

1996년 1월 22일부로 《뉴욕타임스》가 인터넷 서비스를 개시해, 발행 당일 저녁 시간을 기준으로 전 세계 독자들이 기사를 읽을 수 있게 제공하기 시작했다. 소비자들이 온라인으로 빠져나가면서 미국 내 신문 판매 부수는 1990년부터 2015년 사이 37% 하락세를 보였고, 2005년에 구독자 수가 가장 급감했다.[18]

2006년에는 마케터들도 이런 동향을 인지하면서 그때부터 4년에 걸쳐 신문 광고 지출을 절반으로 삭감했고, 여전히 매해 계속 떨어뜨리는 추세다. 신문들은 구독자들이 사랑하는 콘텐츠를 상당 부분 희

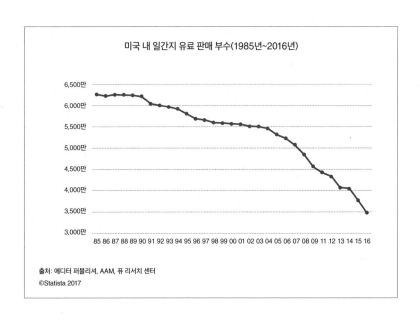

미국 내 일간지 유료 판매 부수(1985년~2016년)

출처: 에디터 퍼블리셔, AAM, 퓨 리서치 센터
©Statista 2017

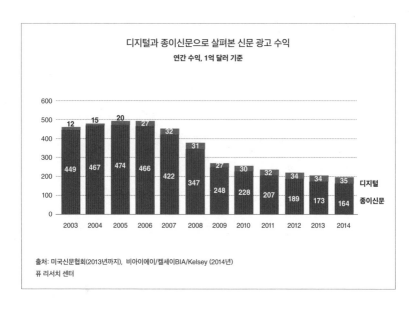

디지털과 종이신문으로 살펴본 신문 광고 수익

연간 수익, 1억 달러 기준

출처: 미국신문협회(2013년까지), 비아이에이/켈세이BIA/Kelsey (2014년)
퓨 리서치 센터

생시켜 불필요한 비용을 줄이는 것으로 대응하고 있다.

인터넷 접속이 느린 덕분에 방송사들은 한동안 안전했다. 장편 프로그램을 보고 싶은 시청자들이 꼼짝없이 붙잡혀 있을 수밖에 없었던 탓이다. 하지만 이제 넷플릭스 현상으로 인해 심각한 타격을 입고 있다. 전통적인 TV 광고 시청률이 2010년부터 급격히 기울기 시작했다.[19]

마케터들이 방송 시청자 감소에 적응하면서, TV 광고도 신문의 뒤를 따르고 있다.[20] 2007년 신문이 겪었던 가파른 광고 지출 삭감이 2015년 방송 TV를 강타하기 시작했다.[21]

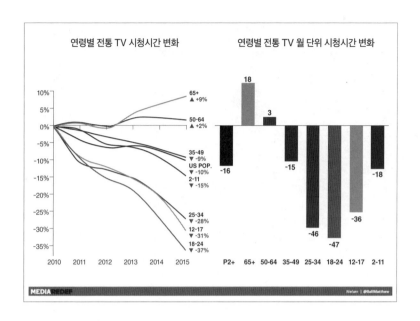

연령별 전통 TV 시청시간 변화　연령별 전통 TV 월 단위 시청시간 변화

배너 광고 무시와 차단

광고에 대항하는 소비자의 반란은 동영상과 음악 스트리밍 서비스 채택에 국한되지 않는다. 2008년부터 줄곧 마케터들은 이른바 '배너 광고 무시(banner blindness)' 현상을 추적 중이다. 이는 웹페이지 방문자가 페이지를 서핑할 때 광고에 거의 눈길을 주지 않는 현상을 말한다. 이용자가 실제로 웹페이지의 어느 부분을 보는지 기기 장치를 이용해 감지하는 시선 추적 연구에서 처음 이 현상을 발견했다.[22]

인포링크Inforlinks에서 실시한 조사에 따르면, "가장 최근에 본 디스

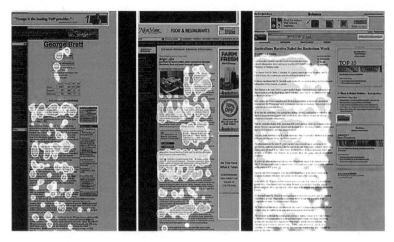

이용자들의 광고 무시 현상을 보여 주는 시선 추적 연구. 흰 부분이 시선이 닿는 곳이다.

플레이 광고가 무엇인지 묻는 질문에 이용자의 단 14%만이 회사명이나 브랜드, 혹은 제품명을 대답할 수 있었다. 이는 소비자들이 기억하지 못하는 광고에 브랜드들이 수백만 달러를 허비하고 있음을 말해 준다."[23]

마케터들에게 들려온 나쁜 소식은 여기서 그치지 않았다. 2015년 9월 페이지페어PageFair와 어도비는 전 세계에서 1억 9,800만 명이 데스크톱 컴퓨터에 광고 차단 소프트웨어를 사용하고 있다고 발표했다. 조사 결과, 광고 차단을 채택하는 비율이 매년 41%씩 증가하고 있다. 한 달 뒤, 애플은 애플 모바일 기기에도 광고 차단 기능을 지원하는 업그레이드 된 iOS 소프트웨어를 출시했다. 2016년 세계적으로 차단될 광고가 약 414억 달러로 추산된다는 조사 결과도 나왔다. 감정을 조작하

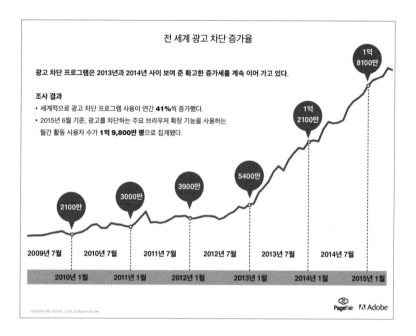

전 세계 광고 차단 증가율

광고 차단 프로그램은 2013년과 2014년 사이 보여 준 확고한 증가세를 계속 이어 가고 있다.

조사 결과
• 세계적으로 광고 차단 프로그램 사용이 연간 **41%**씩 증가했다.
• 2015년 6월 기준, 광고를 차단하는 주요 브라우저 확장 기능을 사용하는 월간 활동 사용자 수가 **1억 9,800만 명**으로 집계됐다.

2100만
3000만
3900만
5400만
1억 2100만
1억 8100만

2009년 7월   2010년 7월   2011년 7월   2012년 7월   2013년 7월   2014년 7월
      2010년 1월   2011년 1월   2012년 1월   2013년 1월   2014년 1월   2015년 1월

PageFair Adobe

고 경험을 방해하는 세력에 맞선 대중적 반란에 새로운 전선이 형성된 것이다.

중간 광고의 급감으로 인한 위기로 맨 처음 타격을 받은 쪽은 미디어 기업들이다. 소비자들이 광고를 무시하거나 차단하고 비용을 치르면서까지 기피하게 되면서, 브랜드들이 광고 예산을 삭감하기 시작한 것이다. 이로 인한 광고 수익 하락으로 미디어 비즈니스 모델은 곤두박질치게 됐다.

위기의 두 번째 국면은 거의 모든 부문의 브랜드를 강타했다. 소비자와 연결되는 주요 통로로 광고에 의존하던 기존의 마케터들은 소비

자에게 가닿을 길이 갑자기 사라져 버렸다. 브랜드들이 이미 사양길로 접어들기 시작했지만, 여전히 많은 CMO들이 그 사실을 실감하지 못했다.

마케팅의 위기

지난 3세기 동안 대부분의 기업들이 고객과 접촉하고 고객을 확보하고 유지하기 위해 고수해 온 접근 방법은 하나였다. 고객들을 대상으로 광고하기. 단순하고 일관된 방법이었다. 마케터들은 고객들이 가장 좋아하는 뉴스와 엔터테인먼트 스토리가 무엇인지 알아내서 그런 스토리를 중간에 자르고 자신들의 제품과 서비스를 알리는 광고를 집어넣었다. 그렇게 고객들에게 대대적으로 광고를 반복해서 보여줌으로써 브랜드 인지도를 키워 갔다. 고객들과 정서적으로 연결되는 광고를 만들 수 있으면, 브랜드 인지도가 브랜드 친밀감으로 발전하였다.

오늘날 광고가 겪는 위기는 마케팅에도 전례 없는 위기를 불러왔다. 벤저민 프랭클린이 신문을 발행하던 시절 이래, 광고는 줄곧 소비자에게 도달하는 검증된 방식의 지위를 누려 왔다. 그러나 소비자가 광고를 차단하고 무시하고 비용을 지불하면서까지 광고를 기피하는 이상, 마케터들은 어떻게든 소비자에게 도달할 새로운 경로를 서둘러 찾아내야 한다.

　연결에 실패한 브랜드는 비결을 알아낸 도전자에게 결국 무릎을 꿇을 것이다.

2

마케팅, 속임수의 스토리

소비자들은 중간에 끼어드는 방해에 반감을 가질 뿐만 아니라 속임수에 놀아나는 것도 싫어한다.

광고의 초창기 시절에는 입소문의 전파 속도가 느린 탓에 허위 사실을 주장하며 가짜 약을 속여 파는 사람들이 처벌을 면할 수 있었다. 적어도 그 가짜 약을 먹고 탈이 난 손님들에게 혼쭐이 나 마을에서 쫓겨나기 전까지는 말이다.

평판이 처음에는 전보, 그다음에는 전화를 통해 나라 곳곳으로 퍼져 나갔다. 그러면서, 모조품 대신 더 믿을 만한 물건들이 등장했고, 관습적인 허풍과 장담이 허위 주장을 대신하며 오늘날까지 여전히 광고를 채우고 있다. 현대판 특효약들은 '실험실의 연구'를 등에 업고 더 흰 치아와 더 날씬한 허리와 더 줄어든 주름을 약속한다. 말하자면, 마케팅이 좀 더 정직해지긴 했으나, 여전히 현대의 소비자들이 고스란히 믿을 만큼 정직해지진 않았다.

정보의 흐름이 즉각적으로 세계를 관통하는 시대에 함량 미달의 과장된 주장은 오히려 역효과를 낳는다. 소비자들은 마케팅의 호언장담을 실생활의 경험과 비교해서 서로 상응하지 않으면, 신랄한 제품 리뷰와 공개 트윗, 페이스북 포스팅을 올려 자신들을 속인 브랜드를 조롱한다. 수십 년간 마케터들의 거짓 호언장담을 겪으며 소비자들이 광고를 불신하게끔 단련된 셈이다.

우리가 하는 말만 듣고 판단할 필요는 없다. 컴스코어/ARS그룹 comScore/ARS group은 1960년대부터 광고가 '선택 점유율(share of choice)'에 미치는 영향을 평가해 광고의 유효성을 측정하는 조사를 시행해왔다.[1] 최근 조사 결과, 전반적으로 광고가 빠르게 효력을 상실하고 있으며, 특히 밀레니얼 세대를 겨냥한 광고는 사실상 무용지물인 것으로 드러났다.

마케팅 속임수의 두 가지 유형

역사상 마케터들이 판매를 촉진하기 위해 내세운 허위의 유형은 두 가지다. 하나는 이성적 접근이고, 다른 하나는 감성적 접근이다. 이 두

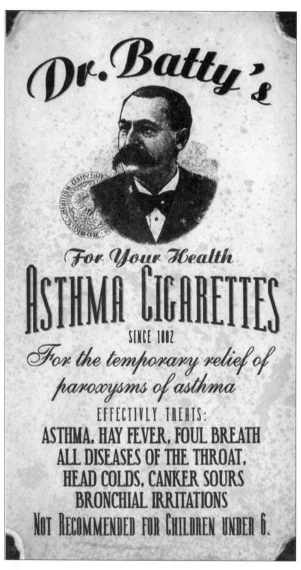

닥터 배티의 건강에 좋은 천식 담배 광고. "천식 발작을 일시적으로 완화해 줍니다. 천식, 건초열, 입 냄새, 각종 목 질환, 코감기, 구내염, 기관지염 등에 효과적입니다. 단, 6세 이하 어린이는 복용을 삼가세요."

가지 방법이 각각 어떤 이유로 과거에 효과적이었는지, 그리고 어떤 이유로 지금은 실패하는지 살펴보자.

1. 이성적 소통

고전적인 마케팅 이론에서 내세우는 전제는 이렇다. 인간은 이성적인 결정을 내리는 존재이므로, 중요한 선택에 직면하면 관련 사실을 수집하고 대안을 저울질해 최선의 선택을 내린다. 그러므로 소비자들을 설득하려면 사실적, 논리적, 과학적 측면에서 주장을 제시해야 한다.

이건 어디까지나 이론이다. 현실에서는 광고가 논리인 양 내세우는 것이 사실은 '수사修辭'일 따름이다. 수사는 증거를 제시하고 결론을 도출하며 과학을 흉내 내지만, 둘 사이에는 엄연한 차이가 있다. 과학은 도출된 명제를 뒷받침하는 것이든 거스르는 것이든 가리지 않고 모든 증거를 따져 본다. 하지만 수사는 제 주장을 거스르는 점은 모두 무시하거나 반박하고 오로지 제 주장을 뒷받침하는 증거만 내세워 주장을 편향되게 제시한다. 다시 말해서, 과학은 진리를 추구하고, 수사는 승리를 추구한다. 본질적으로 마케팅은 소비자에게 이 제품의 특성이 다른 제품을 능가한다고 설득하는 수사적 논쟁의 공론장이다.

이 방법을 완벽하게 구현한 것이 아이보리 비누의 대표 광고다. 프록터앤드갬블(P&G)에서는 물에 가라앉지 않고 뜨는 고형 세탁비누를 출시했다. 마케터들은 광고에서 이 비누의 장점을 이렇게 설명했다. 경쟁사의 비누를 빨래통에 떨어뜨리면 탁한 물이 가득 찬 빨래통 바닥을 더듬거려 비누를 찾아야겠지만, 우리 비누는 그런 불편과 시간을 줄여준다는 것. 다른 비누들의 세척력이 더 좋을지 모르지만(따지고 보면 이 것이야말로 비누의 용도다.) 아이보리는 당연히 그 점은 언급하지 않았다.

설득의 수사학을 어디에서 배웠는지 기억하는가? 연역법과 귀납법으로 논증하는 방법은? 중학교 논술 시간이다. 삼단논법을 배운 것도 기억하는가?

모든 왕은 키가 크다.
그는 왕이다.
따라서, 그는 키가 크다.

아이보리 비누의 주장은 이렇다.

최고의 비누는 물에 뜬다.
우리 비누는 물에 뜬다.
따라서, 우리 비누가 최고다.

예를 들어 보자. B2B(Business to Business, 기업과 기업 사이에 이루어지는 전자상거래—옮긴이) 담당 마케터들은 판매하려는 품목과 경쟁사 제품을 고객이 비교할 수 있도록 제품 특성 대조표를 뽑아 온다. 백이면 백 모두 마케터의 제품이 대조표상 전 항목에서 최고점을 기록하는 반면, 경쟁사 제품에는 빈칸이 남는다. 놀라운 일이다.

노련한 예상 구매자라면 대조표를 훑어보고 두 가지 사실을 간파한다. 첫째, 자사 브랜드가 최고점을 기록하는 항목만을 기업 측에서 자체 선별했다는 점. 둘째, 자사 제품 점수가 경쟁사 제품보다 낮은 항목은 대조표에서 제외됐다는 점.

요즘은 이전과 달리 수사적 논증에 의한 마케팅은 소비자의 마음에 의심을 불러일으키고, 오히려 자사 제품/서비스에 대해 부정적인 태도를 유발한다.

사람들이 모든 사실을 불신한다는 말은 아니다. 구매를 설득하는 데 이용되는 사실들을 불신한다는 말이다. 그런 불신은 사람들이 지불하려고 마음먹은 구매 액수에 직접적으로 영향을 끼친다.

듀크대 푸쿠아 비즈니스스쿨의 심리학 및 행동경제학 교수이자 '상급통찰센터(Center for Advanced Hindsight)'[2] 센터장인 댄 애리얼리 교수는 스테레오 구매 희망자들을 대상으로 한 실험에서 이런 의심을 입증해 보였다. 하나의 음향 기기에 대해 두 그룹의 오디오 애호가들의 반응이 어떻게 다른지 비교하는 실험이었다. 동일한 글을 제시한 뒤, 한 그룹에게는 제조사의 제품 소개라고 설명하고, 다른 그룹에게는 《소비자 리포트》에서 작성한 글이라고 설명하며 읽게 했다. 애리얼리가 관찰한 바를 들이 보지.

"모든 참가자들이 30분 동안 바흐 작품을 듣고 스테레오 시스템을 평가했다. 베이스는 얼마나 힘이 있는지? 고음 파트는 얼마나 또렷한지? 음향 조절 장치는 사용하기 간편한지? 음질에 왜곡된 부분은 없는지? 마지막으로 가격을 얼마 정도 지불할 의향이 있는지?"

결과를 보면, 자신들이 읽은 정보의 출처가 편파성 없는《소비자 리포트》라고 알고 있는 참가자들이 훨씬 더 스테레오를 마음에 들어 했다. 이들은 평균적으로 407달러 정도를 지불할 의향이 있다고 응답했다. 제조사의 제품 설명서를 읽었다고 생각한 참가자들이 제시한 282달러보다 훨씬 높은 액수였다. 마케팅 수사에 대한 불신은 이토록 뿌리가 깊다. 직접적인 경험으로도 바뀌지 않을 만큼 우리의 제품 인식에 부정적인 영향을 미친다.[3]

귀납법적 수사로 얻을 수 있는 마케팅 결과가 차선에 불과한데, 어째서 기업들은 여전히 거기에 끌리는 것일까?

첫째, 교육의 효과다. 우리는 "내가 이것을 증명하겠다."는 식의 논지로 글의 서두를 시작하라고 배웠다. 그런 다음 하나하나 증명을 거쳐, 마지막에는 "내가 이것을 증명했다."라는 결론에 이르도록 말이다. 성인이 돼서 직장에 들어가도 여전히 똑같은 형식을 사용한다. 파워포인트 프레젠테이션은 중학교 논술에 특수 효과를 입힌 것에 불과하다.

둘째, 과학의 위신 때문이다. 기업가들은 과학적인 계획과 선택, 예측 가능성과 정확성에 도달하려고 부단히 애를 쓴다. 물론 환영할 일이다. 그러나 사실대로 말하자면, 비즈니스는 과학이 아니다. 아무리 엄청난 양의 데이터가 주어져도, 여전히 마케팅상의 결정에는 전략 못지않게 늘 직감이 요구된다. 마케팅이 던지는 근본적인 물음은 변함이 없다. 어떻게 사람들의 관심을 붙잡아 유지하고 보상할 것인가. 다시 말해, 어떻게 사람들이 관심을 잃지 않고 집중하게 할 것인가.

2. 정서적 소통

"효과적인 크리에이티브 철학의 핵심은 인간 본성에 대한 통찰만큼 강력한 것은 없다는 믿음이다. 설령 진짜 동기가 무엇인지 언어로 감추고 있더라도, 인간을 움직이게 만드는 충동이 무엇인지, 어떤 본능이 인간의 행동을 좌지우지하는지 꿰뚫어 보는 통찰이 필요하다."
—빌 번벅(광고인)

제2차 세계대전 이후 미국 사회는 낙관론으로 들끓었다. 신제품 출시가 급증하고, TV 시청률이 치솟았으며, TV 광고가 소비자들에게 가장 파급력이 큰 수단으로 빠르게 자리 잡았다. 하지만 점점 많은 광고가 방송에 쇄도하면서, 주장과 반대 주장이 소비자의 판단력을 흐려놓았다. 도대체 어느 치약이 실제로 미백 기능이 가장 탁월한지 헷갈리게 된 것이다.

도일 데인 번벅Doyle Dane Bernbach, DDB 에이전시가 번창할 수 있었던 것은 번벅과 그의 동업자들이 소비자들과의 새로운 연결 통로를 개척한 덕분이다. DDB는 고객들이 제품 특성에 대한 미사여구와 거리를 두도록 유도했다. 물어보나 마나 한 도덕적인 질문들은 제쳐 두고, 대신 소비자의 잠재적 욕망과 욕구에 직접 강렬하게 정서적으로 호소하는 방식을 택했다.

어느 전기물에서는, 고객을 대할 때 번벅의 태도를 이렇게 설명한다.

"…… 광고가 아니라 설득의 기예였다. 소비자를 설득하려면, 광고 크리에이터들은 사람에게 내재된 변치 않는 기본적 본능 — '생존하고 존경받고 성공하고 사랑하고 자신을 돌보려는 강박적인 충동' — 을 건드려야 했다."[4]

사람의 정서를 능숙하게 조종하려면 먼저 인간의 가장 원초적인 감정이 쾌락과 고통, 단 두 가지뿐임을 인지해야 한다.[5] 물론 두 감정 모두 각각 아주 다양한 형태로 나타난다. 아름다움과 안락함 같은 감각적 즐거움부터 행복, 평화, 애정, 환희처럼 깊숙한 긍정의 감정이 있고, 치통과 편두통 같은 신체적 고통에서부터 비탄, 불안, 두려움, 공포, 외로움처럼 깊숙한 부정의 감정이 있다. 스토리화된 마케팅이 어떻게 소비자의 깊숙한 감정을 움직이는가에 대해서는 6장에서 살펴볼 것이다. 여기서는 표면에 드러나는 신체적 느낌에 초점을 맞춰 보자.

감각적 단계에서 무언가의 느낌은 좋거나 아니면 아프거나 둘 중 하나다. 음식의 첫술에 내 미각이 즐거울 수도 있고 괴로울 수도 있다. 그런데 만약 경험이 감각적이기만 하다면, 어째서 우리는 예술 작품의 복제본을 볼 때보다 진품을 볼 때 더 쾌감을 느끼는 것일까?[6] 감각적으로 동일하게 인지한다면, 어째서 반 고흐의 그림 「별이 빛나는 밤」을 실물로 접하고 느끼는 전율이 모조품을 샅샅이 뜯어볼 때보다 훨씬 더 깊숙이 전해질까?

예일대 심리학 및 행동과학 교수인 폴 블룸은 저서 『우리는 왜 빠져드는가?』에서 이렇게 설명한다. "가장 중요한 것은 우리의 감각에 보이는 그대로의 세계가 아니다. 오히려 우리가 무언가로부터 얻는 즐거움(혹은 괴로움)은 그 '무언가'가 이러저러하다는 우리의 생각에서 비롯된다."[7] 블룸의 주장에 따르면 우리는 본질주의자다. 대상에 대한 우리의 반응은 그 대상이 실제로 무엇이며 본질적 속성이 무엇인지에 대한 우리의 믿음에 좌우된다.[8]

2008년 캘리포니아 공과대학에서 와인 가격과 사람들의 만족도 간의 관계를 연구한 바 있다. 연구에 자원한 참가자들에게 병당 10달러, 35달러, 45달러, 90달러 가격의 와인이 제공됐다. 처음에는 35달러 와인과 45달러 와인을 비교하고, 두 번째는 10달러 와인과 90달러 와인을 비교했다. 두 경우 모두 참가자들은 비싼 와인이 싼 와인보다 맛이 좋다고 응답했다. 게다가 두 경우 중에서도, 10달러 와인과 90달러 와인을 비교했을 때 만족도의 차이가 더 크다고 응답했다.

사실을 밝히자면, 10달러짜리 병과 90달러짜리 병에는 정확히 똑같은 와인이 담겨 있었다.

가격이 높을수록 품질을 높게 인지하는 상관관계를 발견한 연구는 이전에도 존재했다. 그러나 그것을 속물근성으로 풀이하던 선례와 다르게, 캘리포니아 공과대학 연구팀은 자기공명영상(fMRI) 기기를 이용해 참가자들의 뇌 활동을 관찰했다. 이 영상을 보면, 참가자들이 더 비싼 와인이라 믿고 와인을 마실 때 뇌에서 쾌락과 연관된 영역이 활성화되는 사실이 확인되었다.[9] 단순한 속물근성이 아니었다. 더 비싼 와인이라고 믿고 마신 와인에서 실제로 더 큰 쾌락을 얻은 것이다.

신체적 고통도 마찬가지다. 하버드대에서 커트 그레이 교수와 대니얼 웨그너 교수가 참가자들에게 전기 충격을 가하는 실험을 했다. 48명의 피실험자들과 1명의 파트너를 묶어 실험했는데, 별도의 방에 있던 이 파트너는 피실험자들에게 가청음을 틀어 주거나 전기 충격을 가하거나, 둘 중 하나를 선택할 수 있었다.

그레이와 웨그너는 참가자들을 두 그룹으로 나눴다. 첫 번째 그룹에는 파트너가 전기 충격을 가하기로 선택했다고 말해 주고, 잠시 후 실제로 충격을 가했다. 두 번째 그룹에는 파트너가 가청음을 틀기로 선택했다고 말해 준 다음, 마치 사고인 양 이들에게도 전기 충격을 가했다. 양쪽 그룹 모두 동일한 전압을 사용했다.

결과는 이러했다. 의도적으로 전기 충격이 가해졌다고 믿는 참가자들은 더 고통스럽게 충격을 느끼고 실험이 끝날 때까지 고통이 지속

되었다. 반면 전기 충격이 고의가 아니었다고 믿는 참가자들은 고통을 더 적게 느끼고 더 빨리 회복했다.[10]

단지 감각적 경험만이 아니라 인지의 의미가 사람들이 경험하는 쾌락 혹은 고통의 정도를 결정한다. 이것은 쾌락과 고통 두 가지에 모두 해당된다. '쾌락과 고통'이 강력한 동기 요인인 까닭에 광고 안에서 이런 경험을 만들어 낸다면 가장 위력적인 마케팅 도구가 될 수 있었을 것이다.

하지만 불행히도 이런 통찰은 '유혹과 강요'의 기술로 퇴보하고 말았다. 유혹은 누군가로 하여금 쾌락을 기대하고 어떤 행동을 하도록 유인하는 것이고, 강요는 누군가를 고통으로 위협해 어떤 행동을 하도록 설득하는 것이다.

뒷장에 실은 광고를 들여다보자. 광고를 보는 동안 정말로 맥주 맛에 신경이 쓰이는가? 이 광고가 파는 건 섹스다.

공포를 파는 광고도 있다. 정치적 광고들은 테러의 공포, 실직의 공포, 의료 서비스를 못 받는 공포, 수입이 줄어드는 공포를 내세워 사람들을 강요한다. 주택 보안 업체들은 창문으로 침입하려는 도둑의 이미지로 사람들을 강요한다. 기술 업체들은 해킹, 바이러스, 데이터 도난의 위협으로 매출을 올린다.[11]

감정을 타깃으로 삼는 전술은 빌 번벅이 1960년대 광고업계의 변혁을 주창하던 시절부터 성공을 거뒀다. 그런데 왜 전통을 따르지 않느냐고?

버드와이저 광고

보안 업체 광고. "원격으로 켜고 끈다. 당신이 집을 비운 사이 누구도 들이지 않는다."라고 쓰여 있다.

왜 따르지 않느냐 하면, 오늘날 이런 술책은 실패하기 때문이고, 실패에서 그치지 않고 불쾌감을 주기 때문이다.[12] 구매력이 있는 사람들은 미디어의 영리한 소비자들이다. 수만 건의 광고에 노출된 사람들이라 화면에 로고가 뜨기도 전에 유혹과 강요의 낌새를 챌 수 있다. 그래서 밀레니얼 세대의 거의 3분의 2가 광고 차단 소프트웨어를 이용해 자신들을 조종하려는 시도를 잘라 내는 것이다.[13]

그럼 무엇이 남을까? 감정을 조종하는 광고가 사람들을 불쾌하게 만들고, 수사법으로 설득하는 광고가 허튼소리로 들린다면, 과연 어떻게 해야 소비자들과 연결될 수 있을까? 당면한 마케팅의 위기를 해결할 방법은 무엇일까?

스토리

"스토리는 우리 삶의 도구다."

―케네스 버크(극작가)

우리가 권하는 해결책은 이미 수만 년 동안 이어져 온 것이다. 인간의 정신에 가장 부합하고, 한 사람의 생각을 다른 생각과 가장 잘 이어주며, 이성적 메시지의 명료함을 감정의 포장 안에 잘 감싸서 강력한 힘을 실어 전달하는 소통 양식, 즉 스토리다.

잘 짜여진 스토리는 우리의 관심을 붙잡아 긴장을 놓지 못하게 만들고 유의미한 정서적 경험으로 보상한다. 스토리가 정서적인 이유는 우리가 그 속의 인물들에 공감하기 때문이고, 유의미한 이유는 그 주인공의 행동이 인간 본성에 대한 통찰을 전해 주기 때문이다.

스토리라는 말 자체를 혼동하는 마케터들이 많다. 가령 어떤 이들은 콘텐츠와 스토리를 마치 서로 등가인 양 섞어 쓰기도 한다. 곧 알게 되겠지만, 그건 통에 담긴 페인트를 벽에 걸린 작품과 동일시하는 노릇이다.

평생 스토리를 보고 들었으니 하나쯤 만들어 내기는 어렵지 않을 것이라 짐작하는 이들도 많다. 그러나 그것 역시 연주회에 다녀 봤으니 작곡을 할 수 있다고 생각하는 태도나 다름없다.

'스토리'라는 단어를 듣고 잠자리에서 아이들에게 들려주는 이야기나 술자리에서 주거니 받거니 푸는 '썰'을 떠올리는 사람들도 많다. 물론 그것들도 스토리가 맞다. 단순히 즐겁게 해 주려고 지어내는 스토리다. 그러나 이와 정반대 쪽으로 스토리의 스펙트럼을 가로지르면 현실을 바라보는 인간의 시선을 바꿔 놓을 위대한 스토리가 놓여 있다. 진실이 스토리를 만나서 수십억 인구가 따르는 문명과 종교를 일으켰다. 『톰 아저씨의 오두막』 같은 소설이 정치 운동을 촉발해 전쟁의 불씨가 되었다. 「올 인 더 패밀리All in the Family」, 「월 앤 그레이스 Will&Grace」 같은 TV 시리즈물은 편견을 공론화하고 LGBT 평등에 이르는 길을 닦았다. 3부에서 다루겠지만, 스토리화된 마케팅 덕분에 세상을 보는 소비자의 시각을 바꾸고 경쟁을 극복한 혁신적인 브랜드의 사례들도 있다.

한마디로 스토리는 궁극의 I.T.다. 스토리텔링에는 인간의 본성, 그리고 인간이 사회적, 물리적 영역과 맺는 관계에 대한 깊고 폭넓은 지식으로서 정보(Information)가 필요하다. 그리고 잘 짜여진 스토리는 내부의 기술(Technology), 즉 행동/반응의 구조, 가치값의 전환, 역할, 갈등, 전환점, 정서적 역동성 등등을 능숙하게 수행해야 한다. 기술이 예술의 버팀목이다.

다음 장에서 설명하겠지만, 스토리 구조는 인간의 정신에 내재돼 있다. 그렇다면 굳이 그 기술을 학습할 필요가 있을까? 스토리텔링은 이미 타고나지 않는가? 마찬가지로, 아이들은 졸라맨을 그릴 수 있는데 그렇다면 그림도 이미 타고나지 않는가? 맞는 말이다. 그러나 탁월한 수준에 도달하기 위해 작가와 화가는 본능을 뛰어넘어 자신의 기술을 새로이 실험하고 완벽히 자기 것으로 만든다.

예컨대 수 세기의 분투 끝에 원근법을 발견한 것도 리얼리즘의 완성을 추구하던 르네상스 시대 예술가들이었다. 그때부터 예술학교에서 이 기법을 학생들에게 가르치고 있다. 학교에서는 한 학기 만에 배울 수 있지만, 어린 화가들이 스스로 원근법의 비밀을 발견하기를 기대하다가는 평생이 걸릴지도 모른다. 끝끝내 발견하지 못하는 이들이 태반일 수도 있다.

형식은 스토리의 형태를 잡고, 기술은 스토리의 '텔링telling'을 수행한다. 스토리 기법을 연구함으로써 훌륭한 영화, 연극, 소설처럼 관객의 관심을 끌고 잡아 두고 보상하는 방법을 배울 수 있다. 이런 기술을 연마한다면 마케터로서 내 브랜드와 고객들 사이에 충실한 유대를 형성할 수 있다. 그렇게 해서 마침내 애플, 레드불, 도브, GE의 사례처럼 스토리화된 마케팅의 달인이 된다면 내 브랜드 역시 그들처럼 전 세계의 공감을 얻을 것이다.

2
스토리 창작

인간의 의식에 맞춘 스토리의 진화

3

스토리의 진화

모든 비즈니스 전략은 인간의 정신을 타깃으로 삼는다. 인간의 정신은 쉼 없이 스토리를 만들고 소비하도록 진화한 생물학적 엔진이다. 그러니 소통에 스토리를 접목하는 것은 단순히 영업을 잘하는 기술이 아니라, 소비자의 관심을 끌어 붙잡아 두고 보상하기 위해 반드시 필요한 열쇠다. 이미 여러 차례 조사를 통해 확인되었듯, 마케팅이 메시지를 스토리화하면 소비자는 귀를 기울인다. 산만함이 팽배한 시대에 소비자의 관심과 주목만큼 마케터에게 귀중한 자산이 또 있을까.[1]

관객의 관심을 끌어 잡아 두는 스토리의 고유한 능력을 되새김하는 차원에서 스토리의 진화가 처음 시작된 날로 거슬러 올라가 보자.

수만 년의 시간과 인류 화석[2]을 연구한 다양한 과학적 해석을 조합해 3막의 모험 서사로 구성해 보았다. 의식의 탄생에서 출발해서 정신의 생존 투쟁으로 고조되다가 스토리화된 생각의 승리로 절정에 이르는 스토리다.

1막: 최초 인간의 생각

수억 년 동안 수십억 생명체의 신경계는 대단히 복잡한 체계로 진화했다. 그러다 지금으로부터 200~300만 년 전 태양계의 극심한 변화를 겪으며, 이족 보행 유인원의 중추신경계가 3000년에 1밀리리터의 평균율로 뇌 백질과 회백질을 증가시키기 시작했다.[3]

브로드만 영역Brodmann area 10으로 알려진 전전두엽 피질의 가장 앞부분은 이마 바로 뒤에 위치한다. 인류의 진화 과정에서 이 6층 구조로 된 피층의 크기와 망상網狀 구조가 엄청나게 팽창한 까닭에 두개골의 크기가 커지지 않을 수 없었다. 오랜 시간에 걸쳐 변이에 변이를 거듭하며 인류의 대뇌는 1리터 부피의 덩어리로 부풀어 오르고 1,000억 개의 세포가 서로 연결된 아주 복잡한 구조를 이루게 되었다. 결국 한 계점에 다다른 인간의 뇌에서 처음으로 '나는 존재한다.'라는 생각이 터져 나왔다.

'나'라는 무언의 자각은 갑자기 뇌를 정신으로, 동물을 인간으로 바꾸어 놓았다. 동물은 주위 대상에 반응하지만, 인간의 뇌는 스스로를 대상화했다. 그렇게 해서 인간의 의식이 사실상 둘로 쪼개졌다.[4]

자기 인식은 가벼운 정신 분열과 비슷하다. 내 안의 나를 들여다보며 '이런 멍충이!'라고 생각할 때, 누가 누구에게 화를 내는 것일까? 스스로에게 흡족한 마음이 들 때, 누가 누구의 어깨를 두드리는 것일까? 나에게 말을 걸 때, 듣고 있는 것은 누구일까? 어떻게 이런 내면의 거래가 작동하는 것일까?

이렇게 설명해 볼 수 있다. 활발히 움직이는 나의 두뇌 뒤편, 인간성의 궁극적인 핵심에는 하나의 의식이 나의 모든 사고와 행동을 지켜보고 있다. 이 핵심 자아가 말하자면 내 정신의 '주인'이다. 마치 내면의 프리즘을 통해 보듯 이 주관적 자아는 또 다른 자신으로 분열되어, '나'라는 도플갱어가 세상에 나가 생각하고 선택하고 행동하는 모습을 지켜보는 것이다. 핵심 자아는 외적 자아에 대해 긍정 혹은 부정의 판단을 내리고, 외적 자아의 생각과 행동을 바꾸려 든다.

이상하게 보일지 몰라도 핵심 자아의 자기 관찰은 당연하고 또 지속적이다. 오늘 밤 꿈을 꾸는 동안 나는 자기를 인식하는 관객이 되어 마치 기묘하게 비현실적인 영화의 배우처럼 내 꿈 안에서 연기하는 나 자신을 지켜볼 것이다.

잠들지 않고 깨어 있다면, 지금처럼 자기 관찰은 이미 진행 중이다. 스스로 '나는 누구인가?' 하고 질문을 던져 보자. '나'라는 의식이 내 존재의 밑바탕에서부터 고개를 들 것이다. '나 자신의 주인으로서 나'

라는 인식이 전면에 내세워진 내 의식의 뒤편을 서성이며, 깨어 있는 내 생각을 관찰하고, 이 글을 읽는 나를 지켜보며, 내 상태에 주목한다. 굳이 돌아볼 필요는 없다. 내 안의 나를 정면으로 마주할 수는 없지만, '나'라는 존재가 언제나 그 자리에서 항상 나를 주시하고 있다는 것을 안다.[5]

　최초의 인간 정신에 자기 인식이 침입할 때 따라 들어온 것이 있다. 고립감이라는 갑작스럽고 강렬한 느낌이다. 자의식을 얻은 대가는 본질적으로 혼자인 삶이다. 동료 인간을 비롯한 다른 모든 생명체들과 나 사이에 일정한 거리가 벌어진다. 최초로 '내 존재'를 인식한 그 태고의 순간 이후로 정신은 고독과 함께 공포를 느끼기 시작했다. 자기 인식을 통해 인간에게 고유한 것, 시간이라는 무시무시한 존재를 깨달았기 때문이다. 그리하여 최초의 인간은 느닷없이 홀로 시간의 강물에 표류하는 자신을 발견하게 된다.

2막: 두 번째 인간의 생각

　'나는 존재한다.'는 인식에 뒤이어 두 번째 인간의 생각이 등장했다. '……그리하여 언젠가 시간 속에서 내 시간은 끝이 날 것이다.' 하는 생각. 자기 인식이 탄생한 지 얼마 지나지 않아, 이번엔 시간 인식이 인간의 정신에 밀려들며 두려움을 싣고 왔다. 무슨 일이 일어날는지 모를 때 느끼는 감정이 공포라면, 두려움은 무슨 일이 일어날는지 알고 있는데 막을 도리가 없을 때 느끼는 감정이다. 태엽 풀린 시계처럼 언젠가 우리의 시간이 멈추리라는 생각에 담긴 것은 영락없는 두려움이다.

자기 인식이 생기기 전까지 우리의 선신세(鮮新世, 신생대 제3기의 마지막 시기. 500만~200만 년 전—옮긴이) 선조들은 여느 동물들과 마찬가지로 현재의 영속성이 주는 실체적 안락을 누리며 살았다. 그러나 '나는 존재한다.'는 의식이 원초적 본능에서 자기 인식을 분리시키면서부터 고통스러운 미래에 대한 상상이 갓 깨어난 인간의 정신을 관통했다.[6] 게다가 정신의 발견은 여기서 그치지 않았다. 미래만 불확실한 것이 아니라 사람과 사물의 거죽을 더 이상 믿을 수 없게 됐다. 보이는 그대로인 것은 아무것도 없으므로.

'보이는' 것은 우리가 보는 것, 듣는 것, 사람들이 말하는 것, 사람들이 하는 행동의 감각적 허울이다. '존재하는' 것은 보이는 것의 이면에 감춰져 있다. 진실은 일어나는 일에 있지 않고 일어나는 일이 어떻게 어째서 일어나는지에 담겨 있다. 보이지 않는 삶의 인과 관계를 설명해 줄 과학도 종교도 없는 상황에서 혼돈과 불가사의와 무의미함과 덧없음에 삶이 살기 힘들어질 때, 느닷없이 자기 인식에 이른 정신은 분명 혼란으로 요동쳤을 것이다. 정신은 어떻게든 존재를 이해할 방도를 찾아야 했다.[7]

3막: 스토리를 만드는 정신

그때 구조에 나선 것이 스토리다. 자연 선택은 유전자 하나하나마다 우리의 DNA에 스토리를 지어내는 정신적 메커니즘을 심어 놓았다. 데이비드 버스의 말마따나 스토리 메이킹은 "……진화된 심리적 메커니즘으로서, 정보의 한 조각을 가져다 의사결정 규칙에 따라 역사적으로 적응 문제를 해결하는 데 도움이 되었던 산출물로 변형시키고자 유기체 안에서 생성된 일련의 절차를 말한다. 심리적 메커니즘이 현생 유기체 내에 존재하는 이유는 선조들의 특수한 적응 문제에 대해 대체로 성공적인 해결책을 제시했기 때문이다."[8] 인간이라는 유기체가 당면한 문제는 혼돈과 죽음에 대한 두려움이었다.

정신의 스토리화 메커니즘은 이렇게 작동한다. 하루 종일 신체는 가공되지 않은 수백만 조각의 감각적 자극을 흡수한다. 의식의 층위 아래 어디쯤에선가 정신이 이 덩어리를 자세히 살펴 유의미한 것과 무의한 것을 가려내는 결정 규칙(decision rule)을 부과한다. 정신은 모든 데이터의 99%를 무시하고 관심을 끄는 1%에만 집중한다.

그렇다면 관심을 끄는 건 무엇일까? 변화다. 상황이 일정하게 안전한 상태를 유지하는 한 우리는 삶의 용무를 계속 이어 가지만, 변화가 닥치면 갑자기 위협이나 뜻밖의 행운에 노출된다. 어느 쪽이 됐든 우리는 반응한다. 잠재의식의 생존 장치가 작동하기 시작하는데, 이중 가장 으뜸이 바로 스토리 메이킹이다. 핵심 자아가 정신을 채근해 곧

바로 이 사건을 스토리화하게 만드는 것이다.

뇌에서 브로드만 영역 10에 위치한 스토리화 근육의 몸풀기가 시작된다. 이때 정신이 이전의 사건들을 소환해 가능한 결과를 예측하면서, 과거가 미래로 흘러든다. 정신은 이전의 유사한 일들을 현재의 경험과 비교해서 지금 어떻게 해야 하는지, 그리고 혹시 이런 일이 다시 발생하면 어떻게 해야 하는지 파악해 둔다.[9]

물론 시시콜콜한 변화들을 모두 스토리로 전환하지는 않는다. 진화를 거치며 유의미한 역학적 변화에만 집중하는 법을 배운 덕분이다.

스토리화된 생각은 모든 사건을 핵심 가치의 측면에서 해석한다. 하지만 스토리 창작에서는 '가치'라는 단어가 성공, 진실, 충성, 사랑, 자유 등의 단일 개념을 지칭하지 않는다. 이런 말들은 가치의 절반을 가리킬 뿐이다. 역학적 사건들은 단일 요소로 우리 삶에 영향을 미치지 않는다. 긍정/부정으로 대립하는 한 쌍의 가치값으로 영향을 미친다. 성공/실패, 진실/거짓, 충성/배신, 사랑/증오, 옳음/그름, 부/가난, 삶/죽음, 승리/패배, 용기/비겁, 강함/약함, 자유/속박, 흥분/권태 등등의 경험을 중심으로 우리 삶을 회전시킨다. 가치가 있어야 스토리의 혈액이 순환한다.

사건이 의미 있으려면, 최소한 하나 이상의 가치값에서 변화가 일어난 것을 정신이 감지해야 한다. 이유야 간단하다. 어떤 상황에 걸린 가치값에 변화가 없다면, 일어나는 일이 별로 중요하지 않은 사소한 움직임이라는 뜻이다. 반면 긍정에서 부정으로, 혹은 부정에서 긍정으로 가치값이 변한다면(예컨대, 사랑에서 증오로 혹은 증오에서 사랑으로, 승리에서 패배로 혹은 패배에서 승리로), 그 사건은 유의미해지고 감정이 차오른다. 잘 짜여진 스토리는 감정이 충전된 가치를 중심으로 이야기를 풀어 가기 때문에, 그 의미가 우리의 기억에 뚜렷이 새겨지는 것이다.[10]

허구적인 사건이 실제 벌어진 일보다 더 기억에 남을 수 있는 것도 이런 까닭이다. 잘 짜여진 스토리는 가능한 행위 패턴을 마치 실제 경험의 기억인 양 머릿속에 심어 놓는다. 이것이 장차 미래의 행동을 구성할 그물망이 된다. 현실에서는 가치가 뭐가 뭔지 알 수 없어 사건이 유야무야 잊히기도 하지만, 허구 속의 정서적 충전은 명확하고 강력해서 미래의 유력한 기준점으로 기억 속에 단단히 자리 잡는다.[11]

삶을 이해하기 위해, 스토리를 만드는 인간의 정신은 의미로 충전된 사건들을 원인과 결과로 연결하고 통합해서 시간 속에 꿰어 놓는다. 그래야 스토리가 끝날 때 그 의미가 이성적으로 이해될 뿐 아니라 정서적으로도 충분히 전달된다.

가령 가장 단순한 형태의 스토리는 이렇게 구성된다. 스토리가 시작될 때, 중심인물의 삶은 핵심 가치(예컨대, 행복/슬픔처럼)를 중심으로 비교적 균형이 유지되고 있다. 그러나 그때 이 균형을 뒤엎는 어떤 일이 발생해 핵심 가치의 값이 긍정이나 부정 어느 한쪽으로든 명확하게 바뀐다. 이를테면 중심인물이 사랑에 빠질 수도 있고(긍정) 사랑이 식을 수도 있다.(부정) 그러면 인물은 삶의 균형을 회복하기 위해 행동에 나서고, 그 순간부터 원인과 결과로 이어진 일련의 사건들이 시간을 따라 움직이며 핵심 가치가 긍정에서 부정으로 다시 부정에서 긍정으로 오가도록, 점진적이고 역동적으로 흔들어 놓는다. 스토리의 절정에서 최종 사건으로 핵심 가치의 값이 절대적으로 바뀌면서 인물의 삶은 균형을 되찾는다.

진화하는 정신이 통찰이라는 능력을 습득하면서, 비로소 정신은 범람하는 실제 사실을 간소화해 감당할 수 있었고, 이를 효율적인 인간 크기의 현실로 만들 방법을 손에 넣었다. 스토리의 구조를 갖춘 사고 과정이 어지럽고 무의미한 존재의 불협화음에 질서와 통일성과 의미를 부여한 것이다. 생각의 힘으로 인류는 목적과 균형을 잃지 않고 생존하는 법을 배울 수 있었다. 케네스 버크의 말이 옳다. 스토리로 우리는 살아갈 도구를 얻는다.[12]

스토리의 8가지 추진력

생각을 스토리화하기까지 인간의 정신은 여덟 가지 강한 지적 능력을 발달시키고 완성했다. 이 능력들을 조화롭게 연주하면, 우리의 과거, 현재, 미래에 흩어져 있는 사람과 장소와 사물의 인상을 서로 연결해, 우리가 현실이라고 부르는 일관된 집합을 엮을 수 있다.

1. 자기 인식: 주관적인 핵심 자아와 객관적인 공적 자아를 구분하

고 외면의 자아를 마치 별개의 인격처럼 관찰하는 힘이다.

앞서 살펴봤듯 자기 인식은 최초의 인간 생각과 함께 찾아왔다. 시간이 흐르면 객관적 자아는 바뀌지만, 핵심 자아는 변하지 않고 시간의 바깥에 살고 있다고 느낀다. 그럼에도 불구하고 '나'는 객관적인 자아 없이 존재할 수 없음을 자각하고 있기 때문에 객관적 자아의 상실을 두려워한다.

시간이 흐르면서 이른바 사고가 인식을 개조했다. 스토리를 만드는 인간의 정신이 존재에서 의미를, 사후세계에서 믿음을 발견했다. 한 손에 목적을 쥐고 다른 손에 불멸을 쥐고서야 비로소 인류는 시간 안에서 제 자리를 잡았다.

2. 타자 인식: 다른 사람의 시선으로 바라보고 그 사람 안에도 나 자신과 아주 비슷한 의식이 있음을 감지하는 힘이다.

타자에 대한 자각이 있기에, 내 머릿속에서 일어나는 것은 무엇이든 타인들의 머릿속에서도 일어난다고 추론할 수 있다. 강한 타자 인식은 감정이입을 일으킨다. 누군가에게 무슨 일이 일어날 때 마치 나에게 일어난 것처럼 느끼는 공감과 이해의 결합이 곧 감정이입이다.[13]

인물의 선택과 행동으로 펼쳐지는 것이 스토리이므로, 스토리텔러는 타자 인식을 길잡이 삼아 인물을 창조한다.

3. 기억: 경험을 저장하고 상기하는 힘이다.

과거가 미래를 만드는 방식은 이렇다. 기억은 경험의 패턴을 기록하고 공통점으로 묶어 차곡차곡 포갠 다음 "세상은 이렇게 돌아간다."고 되뇌면서 사람과 세계에 대한 이해를 쌓아 간다.

그러면 정신은 미래를 통제해 보려고, 과거로부터 꺼내 온 경험의 패턴을 이용해 역사가 되풀이되기를 노리며 행동을 취한다.[14] 그러나 효력이 검증됐다고 믿었던 행동이 전혀 예상치 못한 결과에 불을 붙여, 결국 기억에 기반해 우리가 느낀 개연성은 결정적인 순간에 폭발하고 만다. 그제야 우리는 정말 중요한 상황에서는 기억이 우리를 배신한다는 깨달음을 얻는다.

책의 뒷부분에서 다루겠지만, 이런 개연성의 위반이 모든 이야기를 밀고 나가는 '전환점'이 된다.

4. 지능: 정식 학습과 일상의 경험에서 고루 지식을 추출하고, 연역적, 귀납적, 인과적 논리를 적용해 사실에 입각한 진실한 결론을 추론하는 힘이다.

최고의 지능은 또한 오류를 발견하고 논박한다. 스토리텔링에서 설정과 등장인물을 비롯한 콘텐츠를 생성하는 것도 지식이다.

5. 상상력: 생각지도 못한 가능성으로 현실을 재구성하는 힘이다.

지식이 낡아 진부해지면 정신은 에너지를 잃는다. 그러나 아무리 석회화된 지식이라도 상상력을 불어넣으면 스스로를 갱신해 유연성과 활력을 되찾을 수 있다.

낡은 스토리를 똑같이 되풀이하다가는 공허하고 지루해질 위험이 크다. 그래서 스토리를 만드는 사람들은 이야기의 방식을 무한 변주할 수 있도록 상상의 힘에 기댄다.

6. 통찰력: 겉모습에 속지 않고 내면의 인과 관계를 인지하는 힘이다.

통찰력 있는 정신은 표면의 징후를 읽고, 내부에서 어떤 일을 일으키는 감춰진 힘을 감지한다. 가령 데이터가 변화의 외적 결과를 측정한다면, 통찰은 변화가 어떻게 어째서 일어났는지를 밝혀낸다.

뒤에서 차차 살펴보겠지만, 스토리텔러는 이 예리한 시각을 이용해 우리에게 어떤 세계를 보여 준다. 우리는 이 세계를 이해한다고 생각하는데, 어느 순간 그 안의 현실이 열리면서 처음에는 놀라움을, 이어서 그 세계와 그 안에 존재하는 인물들의 '어떻게'와 '왜'에 대한 강한 통찰을 우리에게 전달한다. 스토리가 던져 주는 평생의 통찰이 인간을 개화하고 제도를 일으키고 문화의 생존을 가능하게 한다.

7. 연관 짓기: 창조하는 힘이다.

연관 짓기에 능한 정신은 익숙한 두 가지 사물을 골라 감춰진 연관성을 찾아, 어느 누구도 생각하지 못한 방식으로 둘을 연결하는 제3의 요소를 발견한다. 이런 유추적 논리야말로 창의성의 진수다. 제3의 요소의 발견이 익숙한 두 가지를 융합해 완전히 새로운 무엇을 만들어

낸다. 단순한 혁신이나 개선이 아니라, 전에는 볼 수 없었던 전혀 뜻밖의 무엇이다.

역사를 돌아보면 스토리텔링의 거장들은 이전에 상상하지 못한 방식으로 새로운 내용과 새로운 형식의 연관 짓기를 멈추지 않았다. 그러나 서사(telling)가 아무리 창의적이고 획기적이라 해도, 인간을 풀이하고 인간의 필요와 욕망을 새롭게 조명하지 않으면 최고의 스토리가 될 수 없다.

8. 자기 표현: 몸으로 행하는 힘이다.

자기를 인식하는 정신은 앞서 말한 능력들을 조화롭게 사용해 원인과 결과를 짜 맞추고, 사람과 사건을 스토리 형식 안에 직조하면서, 입체적이고 다중적인 진행형의 현실을 용케 헤쳐 나간다. 스토리 전달은 한 사람의 머리에서 시작해 다른 사람의 머리에서 끝난다. 만들어진 스토리를 타인의 정신이 경험하게 하려면 몸으로 행하고 표현해야 한다. 다른 지적 능력은 이 역할을 대신할 수 없다.

오래전 스토리텔링이 생겨나던 시절부터 재능 있는 스토리텔러는 불가에 둘러앉은 사람들 앞에서 세 가지 스토리를 시연했다. 사냥, 전투, 환경에 맞선 생존의 액션 서사시, 자연을 지배하는 초자연적인 힘에 관한 이야기, 그리고 사후세계의 불멸에 관한 신화였다. 첫 번째 스토리가 문명 발상의 설화가 되었고, 두 번째 스토리는 시공간에 대한 풀이가 되었고, 세 번째 스토리는 세계 종교의 토대가 되었다. 이 세 가지 스토리로부터 부족들은 이 세계에서 살아가는 법과 다음 세계를 준비하는 법을 배웠다.

스토리로 움직이는 정신

인간의 정신은 자신과 우주, 그리고 자신과 과거, 현재, 미래의 '간극'을 메우기 위해 스토리를 만든다. 스토리의 형식이 혼돈에 질서를 부여하고, '보이는 것'의 수수께끼를 간파해 '존재하는 것'의 원인과 결과를 표현하며, 사건들을 통합해 무의미한 것에서 의미를 도출한다. 스토리로 표현된 지식이 중요한 주제로 사람들을 불러 모으고 공동체를 단합시키며 문화를 창조한다.

그러니 마케팅의 맥락에서 보는 시사점은 이것이다. 스토리화된 소통이 메시지 전달에 가장 효과적인 까닭은 스토리가 인간 정신에 조응하기 때문이며, 스토리가 인간 정신에 조응하는 까닭은 먼저 정신이 실재하는 것을 스토리로 전환하기 때문이라는 점. 동의어의 반복이다. 햄릿의 대사처럼 세상에 "좋거나 나쁜 건 없는데, 생각이 그렇게 만들 뿐"이다.

그렇기에 오늘날 마케팅의 위기에서 탈출할 길을 제시하는 건 오직 스토리뿐이다. 물론 그 전에 스토리의 구조와 전달에 능통해진다면 말이다.

4
스토리의 정의

    스토리화된 마케팅에 능해지려는 CMO는 먼저 기본 질문에 충실한 답변을 내놓을 수 있어야 한다.

    "스토리란 정확히 무엇인가? 스토리의 주된 구성 요소는 무엇인가? 이 요소들이 하나의 스토리 안에서 어떻게 상호작용하는가? 어떻게 해야 강력한 마케팅 스토리를 만들 수 있는가? 내가 표현하고 싶은 의미를 이 스토리가 어떻게 만들고 전달할 것인가? 이 스토리가 고객의 머릿속에서 어떻게 펼쳐지는가? 고객의 감정에 영향을 미치는가? 고객에게 선택의 방향을 안내하는가? 그리고 이 점이 가장 중요할 텐데, 과연 이 스토리가 어떻게 고객에게 동기를 부여해서 긍정적이고 수익성 있는 행동을 이끌어 낼 것인가?"

'스토리'도 '음악'이나 '미술'처럼 안다고 생각했는데 막상 정의하려면 쉽지 않은 단어다. 어째서일까? 따지고 보면, 평생 스토리를 들으며 살아왔고 읊을 수 있는 스토리도 수백 가지는 된다. 우리는 날이면 날마다 친구에게 동료에게 자신에게 스토리를 들려준다. 그래서 스토리가 무엇인지 안다고 짐작하지만, 막상 정의를 내리려면 모호한 수준을 벗어나지 못한다.

참고 도서들도 썩 도움이 되지는 않는다.

『옥스퍼드 영어사전』에는 이렇게 쓰여 있다. "즐거움을 주려고 만든 상상 속 혹은 실제 인물이나 사건의 이야기." 일하는 마케터에게 이렇게 분명하지 않은 정의는 있으나 마나다. 도구가 있어도 그것이 무엇인지, 무슨 기능을 하는지, 고장 시 수리는 어떻게 하는지 제대로 알지 못하면 그 도구로 일을 할 수 없다.

한술 더 떠 『로제 유의어사전』에는 '담화(account)', '여정(journey)' 등의 헷갈리는 단어들이 빽빽하게 열거돼 있다. 이렇게 두루뭉술한 풀이를 마케터가 진짜와 혼동하면 곤란하다. 그러면 전혀 강렬한 스토리를 전달하지 못하는 캠페인인데도 충분히 스토리를 전달한다고 착각하기 쉽다. 결과적으로 캠페인이 실패해도 스토리를 탓할 뿐 애초에 마케터 자신이 제대로 된 스토리를 전달하지 못했다는 사실은 깨닫지 못한다.

무엇이 스토리인지 명확히 하기 위해 먼저 스토리가 아닌 것은 무엇인지 검토하고, 빈약한 유의어나 잘못된 동의어를 지워 나가 보자.

스토리는 과정이 아니다

자동차 조립 라인을 따라 움직이는 자동차 부품들, 볼트 옆에 나사, 그 옆에 리벳 등등은 스토리가 아니다. 제조 공정은 수평적인 과정이다. 스토리가 그렇듯 이런 공정 역시 시작과 중간과 끝이 있고, 열린 상태에서 닫힌 상태로 ─ 자동차의 경우에는 분해된 상태에서 조립된 상태로 ─ 움직인다.

그러나 스토리와 달리 과정 자체에는 욕망이나 갈등이나 '중심인물'이 없다. 따라서 누구의 삶도 감동이나 변화를 겪지 않는다. 과정은 쌓이지만 스토리는 진전한다.

스토리는 위계가 아니다

회사의 스토리를 들려달라고 하면, 단순히 회사의 조직도를 꺼내는 경영진들이 많다. 그들에게 기업의 스토리는 어떻게 업무가 수행되는지, 권력 피라미드를 따라 어떻게 결정과 업무가 상하로 이동하는지에 대한 설명이다.

그러나 회사의 조직은 그저 다른 종류의 과정 ─ 이 경우에는 수직적인 과정 ─ 일 뿐이다. 위계는 질서로 혼돈을 대체하지만 아무 스토리도 들려주지 않는다.

스토리는 연대기가 아니다

회사의 스토리를 들려달라는 요청에 또 어떤 경영진은 회사의 역사를 읊기도 한다.

그러나 기업의 연대기, 그중에서도 특히 투자 설명서에 실리는 그런 연혁은 역시나 일종의 과정일 뿐이다. 이 경우는 날짜순으로 누적된 성장 기록을 나열하는 일종의 시간적 과정이다.

스토리는 여정이 아니다

'여정journey'이라는 유행어는 세간에 떠도는 '인생 스토리'의 잘못된 은유다. 당연히 인생은 여정과 다르다. 우리 삶에 패턴이라는 게 있다면, 성공과 사랑과 안정을 추구하며 좌우를 대중없이 오락가락하는 지그재그 정도일 것이다.

'여정'처럼 완곡한 표현은 주위의 불쾌한 현실로부터 정신을 분리시킨다. 아이들 배변 훈련할 때 쓰는 완곡한 표현처럼 점잔 빼는 사회에나 어울린다.

그러나 잘 짜여진 스토리의 주인공은 여정에 몸을 맡긴 수동적인 존재가 아니라, 자신의 욕망을 실현하기 위해 시공간을 가로지르며 역동적으로 분투하는 인물이다.

스토리는 내러티브가 아니다

많은 마케팅 캠페인들이 실패작이 된 건 광고 대행사가 내러티브 (narrative, 정해진 시공간 내에서 인과 관계로 이어지는 허구 또는 실제 사건들의 연속—옮긴이)와 스토리의 차이를 몰랐기 때문이다. 내러티브는 어딘가 학문적이거나 과학적인 말처럼 들리지만, 비즈니스의 맥락에서 보자면 비논리적이고 부정확한 용어다. 이 단어의 사용이 범주적 오류를 범하는 까닭은 이렇다. 모든 스토리는 내러티브다. 그러나 모든 내러티브가 스토리는 아니다. 앞서 거론된 네 가지 부적합한 이름들은 내러티브지 스토리가 아니다.

내러티브는 밋밋하고 단조롭고 지루하고 반복적인 사건의 열거가 되기 쉽다. 아무런 긴장감 없이 머릿속을 스쳐 지나는 사건들로는 고객들에게 변변한 영향력을 행사할 수 없다.

이와 다르게 스토리는 가치를 에너지 삼아 점진적으로 진행된다. 잘 짜여진 스토리에게는 정신의 빗장이 쉽게 풀린다. 따지고 보면 상상력이야말로 스토리의 본향이 아닌가. 일단 우리 정신의 출입문을 통과하면, 스토리는 정신과 조응하며 받아들여지고 그럼으로써 고객의 선택을 촉발한다.

혹시 누군가의 '스토리'가 못 견디게 지루하다면 아마도 그건 스토리를 듣고 있는 게 아닐 공산이 크다. 스토리였다면 귀를 기울이며 몰두하고 있었을 테니까. 그저 "……그러고는 이런 일을 했고, 그다음에

한 일은 저것이고, 이어서 다른 것도 했고, 그리고 그리고 그리고⋯⋯"
를 반복하는 내러티브의 고문일 것이다.

스토리란 무엇인가?

그렇다면 스토리란 정확히 무엇인가? 지금까지 인류 역사에 등장한
모든 스토리에 필수적인 핵심 사건은 단 세 단어로 압축될 수 있다. 갈
등이, 삶을, 바꾼다. 그러므로 최선의 정의는, '인물의 삶에 유의미한
변화를 야기하는 갈등 중심 사건들의 역동적 상승'이라 하겠다.

스토리 설계의 여덟 단계

스토리가 예술적 열망과 만나면, 무한대로 복잡하고 변화무쌍해진
다. 픽션은 익살극부터 비극까지 스타일이 다양하고, 1인극 구성부터
수십 개의 플롯과 서브플롯이 뒤섞인 구성까지 가능하다. 길이는 몇
초짜리 농담부터 100시간짜리 멀티 시즌 TV 시리즈물까지를 포괄한
다. 그러나 이런 다양한 변형들에도 불구하고 심장에 고동치는 건 한
가지다. 극히 단순하되 필수적인 형식. 더 이상 단순화할 수 없는 스토
리의 보편적인 토대를 가리켜 '스토리 형식(story form)'이라 부르자.

이제껏 존재한 일관성 있는 스토리들을 일일이 해부해 본다면, 아마 창작 과정의 처음부터 끝까지 여덟 단계에 걸쳐 여덟 가지 필수 구성 요소들이 조립된 형태를 발견할 수 있을 것이다.

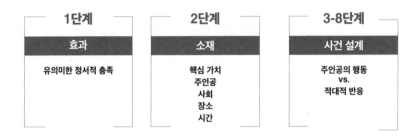

물론 사람이 백 명이면 백 명의 개성이 다른 만큼 이 요소들이 실행되는 양태도 각기 다르다. 서로 다른 두 사람의 개성이 똑같이 일치하는 경우는 세상에 없고, 이들이 들려주는 스토리 중에도 서로 똑같은 스토리는 없다. 그러나 각각의 스토리 서사에는 시간을 따라 스토리가 움직여도 장기와 팔다리를 제자리에 붙들어 주는 기본 뼈대가 있다.

음악이나 무용 같은 예술과 마찬가지로 스토리의 제1차원은 시간이다. 클래식 음악에서 시간에 따른 악장 구분으로 연주를 나누듯, 잘 짜여진 스토리의 생애도 창작의 준비 과정과 역동적 변화의 여덟 단계로 쪼갤 수 있다. 각 단계에서 성공하느냐 마느냐는 정해진 원칙의 수행 여부에 달려 있다.

각각의 단계와 단계별 주요 원칙을 설명하기 위해, 스티븐 자일리언, 아론 소킨 각본의 영화 「머니볼」(2011)을 예로 들어 보자. 남우주연상, 작품상, 각색상을 비롯해 미국 아카데미에서 6개 부문을 휩쓴 작품이다.

> **1단계: 타깃 관객**
> **주요 원칙: 유의미한 정서적 효과**

스토리를 만들기 전에 작가는 자신의 관객이 누구인지, 자기 작품이 관객의 생각과 감정에 미치게 될 최종 효과가 무엇인지 명확한 시각을 가져야 한다.

「머니볼」: 시나리오 작가들이 겨냥한 타깃은 스포츠 애호가인 성인 관객 일반, 그중에서도 특히 야구팬들과 브래드 피트 팬들이었다. 관객 중 진성 팬들은 대부분 영화에서 다룬 실제 사건의 결말을 이미 알고 있는 상황이라, 스토리텔러들은 사건 이면의 '어떻게'와 '어째서'에 대한 깊은 이해의 전달을 '이성적인 효과'의 목표로 삼았다. 유의미한 '정서적 충족'의 면에서는, 조용한 영웅이 무대 뒤에서 불리함을 극복할 때 느끼는 차분한 만족감을 전달하고자 했다.

> **2단계: 소재**
> **주요 원칙: 균형**

스토리는 특정한 물리적, 사회적 세계에서 특정한 시간에 일어난다.

이야기가 시작될 때 주인공의 삶은 핵심 가치의 균형이 유지되어 안정적이다. 소소한 기복이 많은 일상이지만 핵심 가치의 긍정값과 부정값이 비교적 대등해서 중립적인 상태가 유지된다.

「머니볼」: 시나리오에서 소재로 삼은 것은 오클랜드 애슬레틱스 단장 빌리 빈의 실화, 팀을 승리로 이끌기 위한 빌리 빈의 분투였다.

2001년 빌리 빈(브래드 피트 분)은 그럭저럭 성공적인 팀을 구축하고, 월드시리즈는 아니더라도 플레이오프까지 팀을 진출시켰다. 빈의 경력에서 핵심 가치(성공/실패)는 균형을 유지하고 있다.

> ## 3단계: 도발적 사건
> ## 주요 원칙: 불균형

도발적 사건은 중심인물의 삶의 균형을 깨뜨려 스토리에 시동을 거는 예상치 못한 사건이다. 핵심 가치의 값이 중립에서 긍정이나 부정으로 급격히 바뀐다. 긍정과 부정 어느 쪽이든 이런 급격한 변화는 인물을 압박한다.

「머니볼」: 2002년 시즌이 시작될 때 빌리 빈은 예일대 경제학과 출신의 피터 브랜드(조나 힐 분)를 만나서 그에게 컴퓨터 데이터 분석을 토대로 한 선수 평가 방법, 세이버메트릭스sabermetrics를 소개받는다. 갑자기 이 방법의 장점에 매료된 빈은 브랜드를 자신의 어시스턴트로 고용한다. 이 도발적 사건으로 빈의 삶의 균형은 급격히 긍정으로 바

뛴다. 다가올 해에는 희망이 보인다. 성공/실패라는 그의 핵심 가치가 긍정으로 기운다.

하지만 「머니볼」의 도발적 사건에는 불운한 부작용도 뒤따른다. 세이버메트릭스 데이터 분석이라는 비전형적인 방법을 수용한 순간부터 빈은 팀의 핵심 인력들과 대립하게 된다. 애슬레틱스의 감독인 아트 하우(필립 세이모어 호프만 분), 스카우트 팀장 그레디 푸선(켄 메드록 분)은 이 새로운 방법을 싫어한다. 이런 각도에서 보면, 도발적 사건의 전반적인 영향은 빈의 성공/실패에 대한 예감을 긍정에서 부정으로 확연히 돌려놓는다. 그의 경력을 결딴낼지 모를 중대한 갈등이 기다리고 있다.

```
┌                                    ┐
     4단계: 욕망의 대상
   주요 원칙: 충족되지 않은 욕구
└                                    ┘
```

도발적 사건으로 자기 삶이 균형을 잃고 위기에 빠졌다고 직감하는 순간, 중심인물은 자연히 다시 삶의 안정을 회복하기를 원한다. 그러기 위해서 인물은 마음속에서 '욕망의 대상'을 떠올린다. 모든 이야기의 필수 구성 요소인 '욕망의 대상'은 중심인물이 자기 삶의 균형을 되찾기 위해 반드시 확보해야 한다고 느끼는 무엇이다.

「머니볼」: 빌리 빈에게 '욕망의 대상'은 팀의 월드시리즈 진출이다.

```
┌                                           ┐
        5단계: 첫 번째 행동
        주요 원칙: 전술적 선택
└                                           ┘
```

삶의 균형을 회복하기 위해 중심인물은 행동을 취한다. 자기 주변 세계에서 긍정적이고 우호적인 반응을 이끌어 내, 자신이 욕망하는 대상을 손에 넣거나 적어도 가까이 다가가게 해 줄 일종의 전술이다.

『머니볼』: 빈은 피터 브랜드의 세이버메트릭스 스카우트 방식에 따라, 아무도 거들떠보지 않는 선수들을 고용해 지난해 팀을 떠난 스타들의 자리를 메꾼다.

```
┌                                           ┐
        6단계: 첫 번째 반응
        주요 원칙: 기대의 위반
└                                           ┘
```

현실은 중심인물의 기대를 덜컥 위반한다. 주변 세계로부터 도움이 되는 반응을 얻기는커녕 주인공의 예상과 전혀 다르고 더 강력한 적대 세력이 나타나 그의 노력을 가로막는다. 일어날 일에 대한 주인공의 주관적인 생각과 실제 일어난 객관적인 상황 사이에 간극이 벌어진다. 이런 예상치 못한 반응은 주인공과 그의 목표 사이의 거리를 한층 더 벌려 놓는다.

『머니볼』: 오클랜드 애슬레틱스팀은 첫 46경기에서 26패를 기록한다. 아트 하우 감독은 세이버메트릭스의 실패라고 비난하고, 빈의 기대와 반대로 자신이 원하는 라인업을 경기에 내보낸다.

7단계: 위기의 선택
주요 원칙: 통찰

이제 더 큰 위기에 봉착한 주인공은 욕망의 대상을 손에 넣기보다 놓칠 가능성이 커 보인다. 해서 그는 첫 번째 반응에서 교훈을 얻어, 이 통찰을 바탕으로 노력을 재개하고 두 번째 행동을 선택한다. 첫 번째보다 더 어렵고 더 위험하지만, 주인공은 이 두 번째 행동이 긍정적인 반응을 이끌어 내 마침내 자신이 원하는 것을 얻게 해 주리라 기대한다.

「머니볼」: 피터 브랜드가 데이터 분석을 토대로 선택한 선수를 감독이 기용하지 않을 수 없도록, 빈은 감독이 아끼는 스타 1루수를 다른 팀에 팔아 버린다.

8단계: 절정의 반응
주요 원칙: 종결

간결한 스토리에서는 주인공의 두 번째 행동이 그의 기대에 부응하는 절정의 반응을 이끌어 내고, 그 결과 주인공이 욕망의 대상을 손에 넣는다. 이런 절정을 거쳐 중심인물의 삶은 균형을 되찾고 스토리는 끝을 맺는다.

「머니볼」: 세이버메트릭스를 토대로 구성한 빈의 팀이 아메리칸리그 20연승을 달성한다. 103승 59패의 기록으로 시즌을 마감하면서 플레이오프 진출권을 확보하고, 빈으로서는 월드시리즈에 도전할 또 하나의 기회가 생긴다.

스토리 설계의 여덟 단계

위 과정을 다시 정리해 보면 다음과 같다.

> 1단계: 타깃 관객=유의미한 정서적 효과
>
> 2단계: 소재=균형
>
> 3단계: 도발적 사건=불균형
>
> 4단계: 욕망의 대상=욕구
>
> 5단계: 첫 번째 행동=전술적 선택
>
> 6단계: 첫 번째 반응=기대의 위반
>
> 7단계: 위기의 선택=통찰
>
> 8단계: 절정의 반응=종결

장편 스토리

주요 원칙: 점진적 행동/반응

길이가 긴 작품에서는 7단계와 8단계가 조금씩 다르게 되풀이되면서 전개를 고조시킨다. 그렇게 점진적으로 진행되다가 최종 절정에 이른다. 주변 세계의 반응은 번번이 주인공의 기대에 역행한다. 주인공이 새로운 행동을 취하고 다시 이 행동들이 뜻밖의 효과를 불러오면서 주인공의 분투는 긍정의 가치값과 부정의 가치값 사이를 역동적으로 오가고, 차츰 힘을 키워 간다.

반전에 반전, 위반에 위반이 거듭되면서 한계점까지 압력이 상승하면 마침내 주인공이 '위기의 결정'을 내린다. 절정에 이르러 주인공이 취하는 최종 행동은 욕망의 대상을 성취하거나 성취에 실패하거나 둘 중 하나이고, 이는 돌이킬 수 없다.

• **상승형 스토리:** 아래는 몇 년 동안 수차례의 전환점이 펼쳐지며 상승하는 스토리의 예를 현실에서 가져와 보았다. 당시 꽤 알려진 사건들이었던 만큼 사건의 유형을 보고 주인공이 누구인지 짐작해 보기 바란다.

• **타깃 관객:** 일반 대중

- **소재:** 식품소매업

한 사업가가 고품질 제품 라인을 갖춘 수익성 있는 회사를 창립하고 대표이사가 된다.

- **도발적 사건:** 창립자가 조기 은퇴한 뒤, 새로운 CEO가 회사를 하향곡선으로 몰고 간다.

- **첫 번째 행동:** 창립자가 다시 CEO로 돌아오면서 회사의 수익이 회복되기를 기대한다.
- **첫 번째 반응:** 세계 경제가 곤두박질치면서 고객들이 더 이상 이 회사의 제품을 구매할 여력이 없어진다. 매출이 감소하고 수익도 하락한다.

- **두 번째 행동:** 비용 절감을 위해 CEO는 매장의 10%를 폐점하고 직원들을 비롯해 많은 사람들을 해고한다.
- **두 번째 반응:** 수익이 더 하락하면서 아울러 주가도 떨어지고 증권가에서는 회사가 도산할 것으로 예측한다.

- **세 번째 행동:** CEO가 제품 가격을 낮춘다.
- **세 번째 반응:** 매출이 더 하락한다.

- **네 번째 행동:** CEO가 운영비를 삭감한다.
- **네 번째 반응:** 회사의 마진이 줄어든다.

- **다섯 번째 행동:** 번득이는 영감으로 CEO가 직원들에게 혜택을 주는 사회적 대의를 채택해 회사의 브랜드를 쇄신한다.
- **다섯 번째 반응:** 이런 사회적 실천에 고무된 고객들이 되돌아와 긍정적인 입소문을 퍼뜨린다.

- **여섯 번째 행동:** 수익의 증대를 꾀하는 주주들이 CEO에게 직원 혜택을 축소하라고 강요한다.
- **여섯 번째 반응:** CEO가 직원 혜택을 방어한다.

- **일곱 번째 행동:** CEO가 직원들에게 더 큰 혜택을 제공하고 소셜 미디어를 활용해 자신의 친親근로자 가치를 보여 주는 새로운 브랜딩 캠페인을 내놓는다.
- **일곱 번째 반응:** PR이 대대적으로 성공을 거둔다.

- **여덟 번째 행동:** CEO가 새로운 제품을 고안한다.
- **여덟 번째 반응:** 제품이 실패한다.

- **아홉 번째 행동:** 실패를 교훈 삼아, CEO는 고객들이 원하는 것이

무엇인지 고객에게 직접 묻는다.

- **아홉 번째 반응:** 고객들이 대답한다.

- **열 번째 행동:** CEO가 고객들에게 그들이 원하는 것을 제공한다.
- **열 번째 반응/절정과 종결:** 고객들이 CEO에게 최상의 성공을 안겨 준다.

알아차렸을지 모르지만, 이건 하워드 슐츠와 스타벅스의 스토리다.

마케팅은 대부분 짧고 간결한 스토리를 활용한다. 실제 비즈니스의 세계에서는 높은 크리에이티브 비용과 제작비, 그리고 짧은 광고 시간으로 인해 마케팅 스토리에 한두 개의 전환점 정도가 허용된다.

의미

스토리의 여덟 단계에서 의미가 생성되는 과정은 이렇다.

첫째, 모든 스토리의 핵심에는 최소한 한 가지의 이중적 가치가 숨쉬고 있다. 삶/죽음, 자유/억압, 성공/실패, 진실/거짓, 사랑/증오 등등. 스토리가 전개되면서 이 가치는 부정에서 긍정으로 혹은 긍정에서 부정으로 값이 바뀐다. 예컨대,「인디애나 존스」같은 모험담에서는 죽음에서 삶으로 이동하고, 조지 오웰의『1984』같은 정치 드라마에서는 자유에서 폭압으로 돌아서며, 「머니볼」 같은 성공담에서는 실패에서 성공으로 발전한다.

둘째, 사건 안에 담긴 원인과 결과의 역학을 통해 변화가 '어떻게' '어째서' 일어났는지, 즉 변화의 '까닭'이 드러난다. 예컨대, 인디아나 존스가 역경에 굴하지 않고 싸우는 까닭은 압박이 가해지는 상황에서 그가 용감하고 냉정하고 영리한 사람이기 때문이고, 『1984』의 윈스턴 스미스가 폭압에 굴복하는 까닭은 그가 빅브라더의 잔혹성에 취약하기 때문이며, 「머니볼」에서 오클랜드 애슬레틱스가 우승기를 쟁취하고 빌리 빈이 단장의 자리를 지킨 까닭은 그가 자신의 판단에 대한 믿음을 결코 잃지 않았기 때문이다. 이렇게 가치와 원인을 결합한 단순하고 명쾌한 진술로 스토리의 의미가 한 문장에 표현된다.

6장에서는 의미를 채우고 감정으로 에워싼 절정의 장면이 어떻게 고객-관객을 수익성 있는 행동으로 움직이게 하는지 살펴볼 것이다. 그러나 그 창작의 마지막 단계를 준비하기 위해 먼저 스토리의 여덟 단계를 하나하나 펼쳐서 그 내용물을 자세히 분석해 보자.

5

완결형 스토리

앞장에서는 스토리의 여덟 단계를 넓은 각도(wide-angle)에서 접근하여 스토리의 주요 구성 요소들로 해부해 보았다. 이 과정을 빨리 익히려면, 각자 좋아하는 스토리에서 여덟 단계를 찾아보면서, 보편적인 스토리 형식의 패턴이 어떻게 수면 위로 올라오는지 눈으로 확인해 보길 권한다.

지금부터는 여덟 가지 단계와 각 단계의 다양한 양상들을 클로즈업 close-up으로 접근해서 각자 자신의 스토리를 만들 수 있도록 기초를 다질 것이다. 작곡을 하는 사람처럼 스토리텔러 역시 다양한 악기의 연주법을 익혀 둬야 궁극적으로 조화로운 음의 고조를 이끌어 낼 수 있다.

1단계: 타깃 관객
주요 원칙: 유의미한 정서적 효과

소설이든 연극이든 영화든 픽션을 쓰는 작가는 자신이 쓰는 스토리의 구매 대중을 상상하는 일이 별로 어렵지 않다. 좋은 스토리 작가는 작품 활동을 하면서 자신에게 이상적인 타깃 독자/관객을 알아보는 예리한 감각이 길러지고, 작품이 겨냥하는 정서적 효과에 대해서도 감이 발달한다. 코미디 작가는 웃음을 유발하려고, 로맨스 작가는 눈물을 뽑아내려고 애쓴다. 액션 작가는 짜릿함을 추구하고, 복잡한 심리물 작가는 그에 상응하는 복잡한 정서적 효과를 기대하며 글을 쓴다. 하루 작업을 마치고 전업 작가가 자기 작업의 질을 판단하는 잣대는 작업이 자신에게 미치는 효과가 아니라, 자신의 독자 혹은 관객에게 미치기를 기대하는 효과를 얼마나 거두느냐다.

그런데 마케팅 스토리의 크리에이터들은 타깃 관객을 설정하기가 훨씬 더 까다롭다. 목적 전달 스토리의 1단계에 대해서는 다음 장에서 다차원적으로 살펴볼 것이다.

2단계: 소재
주요 원칙: 균형

무미건조한 토양에서는 강력한 스토리가 나오지 않는다. 잘 준비된 설정이 반드시 필요하다. 그래서 우선 독자/관객을 파악한 스토리텔러는 이제 자신이 하고자 하는 이야기를 밑바닥부터 차근차근 쌓아 올린다. 스토리 안의 세계가 놓일 토대를 닦는 일부터 이야기의 전개를 차곡차곡 준비해 나간다.

스토리 소재에서 중요한 요소는 세 가지다. 물리적·사회적 설정, 주인공, 그리고 핵심 가치. 이 각각에 대해 인생은 스토리텔러에게 무한한 다양성을 제공한다.

실제로 탁월한 스토리에 불을 붙이는 독창적인 아이디어는 좀처럼 작가가 한가로이 공상하는 사이에 찾아오지 않는다. 오히려 스토리 세계의 토대를 닦고 장치를 심는 지루한 작업과 씨름하는 도중에 작가의 상상력에 번쩍 불이 들어올 때가 많다.

그렇기 때문에 세계를 구축하는 작업이 스토리텔링의 중요한 두 번째 과정이다. 이 단계에서 유력한 선택을 해 둘수록 성공의 가능성이 커진다. 빈약한 선택은 산사태처럼 뒤에 올 단계들을 파묻어 버린다. 구체성보다 일반성을 선호하는 선택이야말로 최악의 선택이다.

베스트셀러를 노리는 작가는 자신의 스토리가 최대한 많은 독자 혹은 관객에게 영향을 미치기를 원하고, 따라서 유일무이한 세계보다는 누구에게나 두루 통용되는 일반화된 세계를 택하기도 한다. 이 불운한 행보로 사실상 미래의 독자 혹은 관객층이 확대되기는커녕 축소될 뿐이다.

정신은 보편에서 구체가 아니라 구체에서 보편으로 이동할 때 가장 잘 작동한다. 예를 들어 "가구 한 점"이라는 표현을 생각해 보자. 이 어구를 읽다 보면 불분명한 이미지로 상상력이 흐릿해지고 생각이 멈춰선다. 정신은 보편에서 특수로 뒷걸음질 치지 않으려는 경향이 있기 때문이다. 대신 "핏빛 가죽을 씌운 고풍스러운 안락의자"라고 한다면, 선명한 이미지가 머릿속에 떠오른다. 본능적으로 우리의 상상은 이 특수에서 일반으로 이동하며 묘사된 의자를 '가구'라는 범주 안에 끼워 넣는다. 스토리가 구축하는 물리적 사회적 세계의 모든 측면에 이런 원리가 적용된다.

그러니 설정이 구체적일수록 스토리가 더 보편적인 호소력을 갖는다는 원칙을 기억하자.

최종적인 목적에 유념하면서 스토리텔러는 설정의 모든 요소들을 하나하나 확인하고, 낱낱이 심층 조사를 거쳐 독창적인 선택지를 만든 다음, 마지막에 이 요소들을 정밀하게 통합시켜야 한다. 이런 과정을 거쳐 탁월한 전개에 걸맞은 독특한 스토리 세계가 창조된다.

시간

스토리의 설정에는 두 가지 차원의 시간이 들어 있다. 하나는 '시대적 위치'이고 다른 하나는 '지속 기간'이다.

1. 시대적 위치

대다수의 스토리가 지금 이곳, 동시대 사회의 현재 시점에서 일어난다. 그 외에는 역사적 설정이나 가상의 미래에서 일어나는 스토리이고, 많지는 않지만 영원한 환상의 세계를 배경으로 하는 스토리도 있다.

2. 지속 기간

'스토리의 지속 기간'이라 함은 등장인물들의 삶에서 이야기가 진행되는 구간의 길이 대비 실제 스토리를 전달하는 데 걸리는 시간을 말한다. 스토리 전달 시간은 짧게는 유튜브의 몇 초부터 멀티 시즌 장편 TV 시리즈물의 100여 시간까지 폭이 넓다. 몇 가지 예외가 있기는 하지만, 스토리 속 삶의 구간이 실제 전달에 걸리는 시간보다 훨씬 길다.

공간

스토리의 공간 역시 두 가지 차원으로 구성된다. 첫째, '물리적 차원'은 수평적 경관과 그 위에 존재하는 모든 사물을 가리킨다. 둘째, '사회적 차원'은 사회의 권력 구조와 수직 이동 가능성을 보여 주는 수직적 위계질서를 가리킨다.

1. 물리적 장소

무대 위 혹은 시트콤의 경우, 막혀 있는 한 공간에서 벌어지는 스토리가 많다. 이를테면 거실에서 가족들이 지도를 바닥에 펼쳐 놓고 어디로 휴가를 갈지 옥신각신하는 장면을 떠올릴 수 있다. 반면 지면이나 영상으로 전달되는 스토리는 대부분 이리저리 공간을 옮겨 다닌다. 집 앞 도로에서 가족들이 여행 가방을 싣고, 해변으로 소풍을 갔다가, 수변 레스토랑에서 저녁 식사를 하는 식이다.

2. 사회적 공간

모든 물리적 설정에는 사회적 설정이 포함된다. 연령, 성별, 소득, 고용, 인종 등의 인구 통계학적 요소를 고려해 등장인물을 구성한다. 게다가 이 인물들이 살고 있는 문화를 규정하는 것은 다른 무엇보다 그 문화의 가치다. '이상 vs. 현실', '마땅히 해야 한다고 믿는 것 vs. 그들이 실제로 행하는 것' 등의 대비가 문화를 말해 준다.

핵심 가치

물리적, 사회적 차원이 스토리의 시공간을 떠받치면 스토리텔러는 그 안에 가치의 형태로 실체를 불어넣는다. 그제야 비로소 3차원의 설정이 가능해진다.

3장에서 언급했듯, 일상에서는 어떤 개인이나 기관이 진실성이나 사랑, 관용, 성실, 충성심 등의 긍정적인 자질을 가지고 있다는 뜻으로 '가치'를 가진다고 말한다. 그러나 스토리를 창작하면서 작가가 자신의 이야기에 투여하는 가치는 단일항이 아니라 긍정값과 부정값의 이중항의 형태를 띤다. 진실/거짓, 사랑/증오, 관용/이기심, 성실/태만, 충성/배신, 삶/죽음, 용기/비겁, 희망/절망, 유의미/무의미, 성숙/미숙, 공정성/부당성 등등 인간 경험의 특성들 가운데 긍정에서 부정으로 다시 그 반대로 역동적으로 값이 바뀌는 것들을 모두 지칭해서 가치의 목록이 만들어진다.

서사의 과정에서 얼마든지 여러 가지 다양한 가치들을 혼합해 이야기를 풀어 갈 수 있다 그러나 무엇으로도 대체할 수 없는 한 가지 가치를 내용의 토대로 삼아야 한다. 이게 바로 스토리의 핵심 가치다. 이가치가 스토리의 본질적인 의미와 감정을 결정한다.

스토리의 핵심 가치가 사랑/증오라 해 보자. 인물이 어째서, 어떻게 사랑에서 증오로, 혹은 증오에서 사랑으로 움직이느냐가 사건에 의미를 부여한다. 스토리가 부정값과 긍정값 사이를 오고 가는 동안, 등장인물들만이 아니라 관객들의 내부에도 감정의 흐름이 생긴다.

그런데 만약 작가가 인물들의 삶에서 사랑/증오의 가치를 빼고 그자리에 도덕성/부도덕성을 넣으려 한다면, 이렇게 뒤바뀐 핵심 가치로 인해 작품은 러브 스토리에서 구원의 플롯으로 바뀌고 전혀 다른 의미와 감정이 생겨날 것이다.

범죄극에서 핵심 가치가 공정성/부당성에서 삶/죽음으로 바뀐다면, 더 이상 범죄극이 아니라 액션물로 돌아설 것이고, 역시 새로운 감정과 새로운 의미가 생성될 것이다. 가족극에서 단합/분열의 가치에 대한 강조가 줄어들고 대신 자녀 중 누구 하나의 성숙/미숙을 강조하는 쪽으로 흐른다면, 플롯의 장르 역시 가족극에서 성장 스토리로 급선회하게 된다. 스토리의 구체적인 의미와 독특한 정서적 효과를 결정하는 것은 스토리의 심장에서 고동치는 핵심 가치다.

주인공

배역 설계는 이글거리는 태양(스토리의 중심인물, 즉 주인공)을 중심으로 행성과 위성과 혜성(조연 인물들)이 궤도를 도는 태양계를 상상하면 가장 정확하다. 대부분 등장인물 한 명이 이 주역을 연기하지만, 때로는 2인 듀오일 수도 있고(「텔마와 루이스」처럼) 팀이 될 수도 있고(「바스터즈: 거친 녀석들」처럼), 기관이 될 수도 있고(「컨테이젼」의 질병관리본부처럼), 심지어 생존을 위해 싸우는 거대한 하나의 집단으로서 인류 전체가 될 수도 있다.(「우주전쟁」처럼)

두 명 이상의 인물이 이 역할을 채울 때는, 모두 하나가 되어 움직인다. 그룹의 모든 구성원들이 원하는 바가 동일하고, 그것을 추구하는 가운데 함께 고통을 받거나 함께 혜택을 입는다. 긍정적이든 부정적이든 한 사람에게 일어나는 일이 그들 모두에게 영향을 미친다.

중심인물은 공감형이어야 하지만, 반드시 호감형일 필요는 없다. 이 두 가지는 다르다. 호감형은 '좋아할 만하다'는 뜻으로, 타깃 관객이 친구나 가족이나 이웃으로 두고 싶을 만큼 다정하고 성격 좋은 사람을 말한다. 이와 달리 공감형은 '나와 비슷함' 즉 중심인물과 타깃 관객이 공통적으로 지닌 고유한 특성이 있음을 뜻한다.

호감은 넣을지 말지 선택할 사항이지만, 공감은 필수적이다. 왜냐하면 관객의 참여는 개인적인 동일시 여부에 달려 있기 때문이다. 등장인물이 아무리 멋지고 매력적인 호감형일지라도 관객은 잘생긴 외모 하나로 연결되지 않는다. 그보다 등장인물의 내면에서 발산되는 긍정적인 인간성에 관객이 무의식적으로 동질감을 느낄 때라야 비로소 심리적인 공감대가 형성된다. 이렇게 공감을 끌어내는 인간성의 특징이 스토리에서 '선善'의 구심점이 된다.

'선'의 구심점

스토리가 관객이나 독자 앞에 모습을 드러내는 순간, 본능적으로 독자나 관객은 가치로 충전된 스토리의 경관을 낱낱이 살펴 스토리 안으로 통하는 감정의 문, 다시 말해 감정을 이입할 장소를 찾으려 한다. 그래서 긍정적인 요소와 부정적인 요소를, 선한 것과 악한 것을,

옳은 것과 그른 것을, 가치 있는 것과 무가치한 것을 가려낸다. 모두가 선의 구심점을 찾으려 하는 이유는 모든 사람이 본능적으로 자신을 선하게 보는 마음을 저 깊은 곳에 품고 있기 때문이다.

우리에게 결함이 있고 윤리적으로 개선이 필요한 부분이 있다는 것은 우리 모두가 아는 사실이다. 그러나 우리 내면의 긍정값과 부정값을 저울에 달아 보면, 이것저것 차감했을 때 대체로 스스로 선한 편이거나 혹은 최소한 옳은 편이라고 생각한다. 최악의 인간들도 자기의 생각과 행동에는 모두 그럴 만한 이유가 있다고 믿어 의심치 않는다. 그들에게 직접 물어보면 쉽게 알 수 있는 일이다. 인간성이 좋은 사람이건 나쁜 사람이건 할 것 없이 모든 사람이 스토리 세계 어디엔가 있을 긍정의 불빛을, 자신의 공감을 매어 둘 지점을 찾아 나선다.

일반적으로 스토리텔러는 이 선의 구심점을 주인공의 내면에 배치한다. 주인공의 내면이 발산하는 긍정적인 인간성이 관객의 직접적인 참여를 끌어내는 것이 이상적이다. 이런 감정이입의 힘이 '거울 스토리(mirror story)'의 기반이 되기도 하는데, 여기에 대해서는 6장에서 다룰 것이다.

한 가지 주의할 사항이 있다. 선의 구심점이라는 원칙을 감상주의나 지나치게 쾌활한 낙천주의와 혼동하지 말자. 지나친 단맛이 치아를 상하게 하듯, 지나치게 달콤한 세계는 진실에 대한 우리의 감각에 해롭다.[1]

삶은 균형 상태로 시작한다

스토리가 시작되기 전까지는 물리적 설정과 사회적 설정, 핵심 가치, 중심인물이 모두 균형 상태에 놓여 있다. 물론 주인공은 일상적인 기복을 겪는다. 누군들 아니겠는가? 그럼에도 불구하고 주인공은 자신의 존재에 대해 합당한 주권을 행사하고 있다. 그러다가 마침내…… 무슨 일이 벌어진다.

```
3단계: 도발적 사건
주요 원칙: 불균형
```

정의: 도발적 사건은 주인공의 삶의 균형을 뒤흔들고 스토리의 핵심 가치를 긍정적으로든 부정적으로든 결정적으로 어긋나게 만들어 스토리를 개시한다. 이 전환점이 다음에 이어지는 사건들에 시동을 걸어 주인공을 행동에 나서게 만든다.

도발적 사건은 거대한 사회적 사건일 수도 있고, 조용한 내면의 사건일 수도 있다. 국가 지도부의 변화일 수도 있고, 마음의 변화일 수도 있다. 우연히 일어날 수도 있고(가령 주인공이 복권에 당첨된다.) 마음먹은 일일 수도 있다.(새로운 비즈니스를 창업하려고 회사를 그만둔다.) 긍정적인 방향 전환을 불러올 수도 있고(주인공이 파격적인 승진을 제안받는다.) 부정적인 방향 전환을 불러올 수도 있다.(주인공이 파산한다.) 자주 보이는 경우들처럼, 처음에는 긍정으로 향하다가(주인공이 대단한 인물과 사랑에 빠진다.) 다시 부정으로 돌아설 수도 있다.(알고 보니 유부남이다.)

도발적 사건이 발생한 시점부터 이제 스토리의 핵심 가치는 전개 과정 전반에 걸쳐 가치값의 역동적인 변화를 겪는다. 그래서 스토리텔링에서 '역동적'이라 함은 단순히 움직임이 '활발하다'거나 '강력하다'는 의미가 아니다. 스토리의 사건에 내재된 가치들이 긍정값과 부정값 사이를 오가며 변화와 진전을 거듭한다는 뜻이다.

관객의 관점에서 보자면, 도발적 사건은 네 가지 효과를 불러일으킨다.

첫째, 관심을 끈다. 앞서 말했듯이 인간의 정신은 변화에 초점을 맞춘다. 도발적 사건으로 주인공의 삶이 급선회하면서 관객의 관심을 집중시킨다.

둘째, 도발적 사건은 중요한 극적 의문을 제기한다. "그래서 앞으로 어떻게 될까?" 이런 의문은 정신의 초강력 접착제다. 돌이켜 보면, 그 야말로 엉터리 같은 스토리를 단지 이 성가신 의문 "그래서 이 쓰레기 같은 얘기가 어떻게 되는데?"에 대한 답을 얻겠다는 일념으로 끝까지 참고 본 경험이 얼마나 많은가?

셋째, 극적 의문에 대한 호기심이 주인공에 대한 공감과 합쳐질 때, 스토리는 서스펜스라는 강렬한 자력을 생성시킨다. 서스펜스는 관객의 참여를 배가한다. 이런 주관적 동일시와 객관적 의문의 결합으로 스토리의 효력이 열 배로 확대된다.

넷째, 주인공의 삶이 균형을 잃고 기우뚱하는 것을 관객이 보는 순간, 관객의 상상 속에서 하나의 이미지가 형성된다. 스토리가 끝나기 전에 관객이 기어이 봐야 한다고 생각하는 장면의 이미지다. 살면서 내내 스토리를 관람한 이력 덕분에 관객은 일단 도발적 사건이 터지고 나면, 부정적인 세력이 주인공의 행동을 계속 가로막다가 위기에 이르러 마침내 주인공이 이 스토리에서 가장 적대적인 힘과 정면으로 마주하리라는 것을 알고 있다.

이 중대한 맞대결을 '의무 장면'이라고 부르기도 한다. 관객들이 이 장면을 상상하도록 해 놓았으니 스토리텔러로서는 이 장면을 관객들에게 제시할 의무가 있기 때문이다. 지키지 않으면 관객에 대한 예의가 아니다.

4단계: 욕망의 대상
주요 원칙: 충족되지 않은 욕구

어떤 사건으로 인해 당신 삶의 균형이 깨진다면, 당신은 무엇을 원할 것 같은가? 인간이라면 무엇을 원하겠는가? 존재에 대한 주권의 회복일 것이다. 삶의 균형을 깨뜨림으로써 도발적 사건은 통제권을 되찾고 균형을 회복하려는 자연스러운 인간의 욕망을 일깨운다.

이렇게 시발점이 된 사건을 겪은 후 주인공은 갑자기 자기가 딛고 선 땅이 아슬아슬하게 기울어진 것을 깨닫는다. 그러면서 욕망의 대상을 마음에 품게 된다. 욕망의 대상은 자기 삶의 안정을 되찾기 위해 반드시 손에 넣어야만 한다고 느끼는 무엇이다. 급여의 대폭 인상이나 제품 혁신, 혹은 나에게 꼭 맞는 인연처럼 물리적인 것일 수도 있고, 승진이나 이혼 혹은 부당함에 대한 복수처럼 상황적인 것일 수도 있고, 자신에 대한 더 깊은 통찰이나 높은 직업적 성취 혹은 지켜야 할 신념처럼 관념적인 것일 수도 있다. 욕망의 대상은 스토리마다 모두 다르다. 하고자 하는 이야기 고유의 독특함을 가진다면 이상적일 것이다.

욕망의 대상은 제각각 다를지라도 모든 스토리는 혼돈에서 질서로, 불균형에서 균형으로 삶을 움직이려는 본질적인 인간의 투쟁을 극劇의 형태로 담아낸다.

욕망의 대상이 지닌 값어치는 감수하는 위험의 크기에 비춰 가늠할 수 있다. 감수하는 위험이 클수록 대상의 값어치도 커진다. 내 시간을 걸고서라도 얻고 싶은 것이 무엇일까? 무엇을 위해서라면 내 목숨을 걸 수 있을까? 내 영혼의 평안과 맞바꿀 수 있는 것이 무엇일까? 비싼 대가를 치러야 하는 대상일수록 설득력이 커지고, 대상의 가치에 비례해 관객의 참여도 커진다. 반대로 진정한 가치가 전혀 없는 무언가를 추구하는 인물을 지켜보는 것만큼 지루한 일은 없다.

스토리는 등장인물이 벌이는 순간순간의 투쟁을 담아내는데, 삶은 소망과 욕구의 미로를 따라 복잡하게 흐른다. 그래서 결국 스토리텔링은 인물의 바람이라는 여러 물줄기를 한데 합치고 엮어서 단일한 욕망의 대상을 겨냥하는 사건의 큰 흐름으로 직조하는 기예라고 할 수 있다.

삶의 균형을 되찾으려는 인물의 투쟁은 특정한 욕망에 집중되고, 이 욕망을 크게 좌우하는 것은 인물이 살고 있는 문화다. 이 문화가 추구하는 이상에 따라 등장인물을 앞에서 이끄는 욕망(인물이 마땅히 원해야 하는 것)과 인물의 선택을 뒤에서 제한하는 욕망(인물이 절대 원해서는 안 되는 것)이 결정된다.

우리는 저마다 살면서 마주치는 모든 사람과 나의 관계를 끊임없이 의식한다. 운전 중에 나의 안전을 의식하고, 식당 매니저가 나를 어느 테이블로 안내하는지 의식하고, 직장 내 위계에서 내 위치가 어딘지 의식한다. 이건 단지 공적인 몇 가지 사례일 뿐이다. 우리는 친구, 가족, 연인과의 사적인 관계도 강하게 의식한다. 또한 우리 내면의 은밀한 자아에도 주파수를 맞추고서 우리의 신체적, 정신적, 정서적, 윤리적 안위에 신경을 쓴다. 그뿐 아니다. 우리는 흐르는 시간 속에서 나의 위치를 의식한다. 과거의 경험과 칼날 같은 현재와 미래에 대한 기대를 자각한다. 이렇게 복잡하게 뒤얽힌 관계 속에서 앞에서 이끄는 욕망과 뒤에서 붙잡는 욕망, 인생에서 마땅히 원할 만한 것과 원해서는 안 되는 것이 생겨난다.

이런 욕망은 인물이 처한 삶의 현재 상황을 공고히 하고 인물의 행위에 제동을 건다. 뒤에서 인물을 붙잡는 욕망은 장면마다 인물을 따라다니며 마치 거미줄처럼 그의 행동을 옭아맨다. 안정을 추구하는 고착된 욕망이 인물의 행동을 제한하고, 원하는 것을 얻기 위해 인물에게 허용되는 말과 행동에 선을 긋는다.

그러나 주인공의 욕망의 대상을 그의 동기와 혼동해선 안 된다. 욕망은 '무엇'을 묻는 물음에 대한 대답이다. 인물이 의식적으로 원하는 것이 무엇인가? 인물이 무의식적으로 갈망하는 것은 무엇인가? 동기는 '왜'를 묻는 물음에 대한 대답이다. 인물은 왜 자신이 원하는 바를 원하는 것인가? 인물은 왜 그 특정한 욕망의 대상을 원하는가?

인간의 동기는 유년기까지 깊숙이 뿌리가 닿아 있고, 그런 이유로 종종 비이성적일 때가 있다. 인물들이 가진 동기의 '이유'를 얼마나 많이 얼마나 깊이 조사할지는 작가가 결정할 일이다. 동기에 집착하는 작가도 있고 동기를 무시하는 작가도 있다.

찰스 다윈, 엘리너 루스벨트, 피카소 같은 역사적 인물의 전기물은 몇 장에 걸쳐 각 인물의 가정교육을 상술하면서, 이 명사들이 그토록 위대한 일을 할 수 있도록 동기를 부여한 유년기의 경험을 꼼꼼히 기록한다.

반면 셰익스피어는 동기를 전혀 언급하지 않는다. 야심만만하던 맥베스가 어째서 죄의식에 시달리는지, 위풍당당하던 오셀로가 왜 질투심에 사로잡히는지, 어리석은 리어왕이 노년의 자신을 딸들이 돌봐줄 것이라고 믿는 이유는 무엇인지, 셰익스피어는 전혀 귀띔해 주지 않는다. 그저 이 비극적인 영혼들은 제 행동을 할 뿐이고 우리는 숨죽인 채 그 흥미진진한 행동을 지켜보게 된다.

5단계: 첫 번째 행동
주요 원칙: 전술적 선택

욕망은 행위를 요구한다. 삶의 균형을 되찾기 위해 주인공은 행동에 나서야 한다. 그러는 사이 주인공이 취하는 행동과 그에게 돌아오는 반응은 그를 욕망의 대상에게 더 가까이 데려가거나 혹은 욕망의 대상에서 더 멀리 떼어 놓는다. 이런 긍정/부정의 동력이 스토리를 절정까지 끌어올린다. 독특하고 흥미로운 행동을 스토리에 담아내려면 작가는 인간의 행위와 그 행위를 좌우하는 원칙을 관찰자의 시선으로 봐야 한다. 예를 들어, 다음의 두 경우를 생각해 보자.

원칙 1. 전술의 특이성

모든 인간은 각자가 느끼는 개연성에 따라, 다시 말해 자신이 의도한 바대로 움직였을 때 일어날 것 같은 상황을 토대로 순간순간 행동을 취한다. 우연에 대한 감感은 잠자는 시간과 깨어 있는 시간을 모두 합해서 각자 살아온 날들의 총량에서 나온다. 개개인은 저마다 살아온 행로에 따라 자기 세계의 물리적, 사회적, 개인적, 내적 차원들이 어떻게 작동하는지 혹은 어떻게 '작동해야 하는지'에 대해 독특한 시각을 갖게 된다. 그러므로 의식적인 고민이든 본능적인 반응이든 개인은 가능성에 대한 자신의 감각이 이끄는 대로, 자기 주변 세계로부터 유익하고 긍정적인 반응을 유도할 목적으로 행동을 취한다.

당장의 욕망과 장기적인 소망에 다가가려는 노력의 일환으로 개인은 자신이 가진 전술들 중에서 전략적으로 유리한 행위를 고른다. 누구나 그렇듯 각자는 유일무이한 존재이므로, 자신의 행동 뒤에 벌어질 일에 대한 느낌 역시 누구와도 같지 않을 것이다. 따라서 그가 선택하는 전술도(적확한 언어, 몸짓, 표정 등등) 결국 유일무이할 것이다.

바꿔 말해서, 모든 행동은 개인의 고유한 관점을 반영한다. 모든 인간은 각기 다른 유전자와 경험의 조합을 몸에 지니고 있기 때문에, 현실 세계에 존재하는 관점의 숫자는 그 당시 살아 있는 사람들의 숫자와 정확히 일치한다. 스토리텔러는 이런 전술적 특이성의 무한함에서 영감을 받아 독특한 인물들을 상상한다. 그래서 최고의 스토리에는 어느 누구와도 똑같지 않은 행위로 관객의 마음을 사로잡는 독특한 인물들이 등장한다.

원칙 2. 위험 회피

진화 과정을 거쳐 모든 생명체의 유전자는 마지막 에너지 한 방울까지 목숨을 아끼고, 불필요한 위험을 감수하지 않으면서 필요한 모든 욕망을 추구하도록 프로그래밍되었다. 그래서 자연의 일부인 인간의 본성은 언제나 보수적인 최소한의 행동이되 원하는 것을 얻기 위해 필요한 만큼의 행동을 취한다.

무슨 까닭으로 굳이 다르게 행동하겠는가? 더 쉽고 더 안전하게 원하는 바를 얻을 수 있는데 무엇 하러 에너지를 소모하고 위험을 감수하겠는가? 그러지 않을 것이다. 자연이 허용하지 않을 것이다.

따라서 이런 원칙이 도출된다. 인물은 해야 하는 것에 못 미치게 행동하지 않을 것이고, 해야 하는 것보다 넘치게 행동하지도 않을 것이다. 대신 안정된 삶에 가까이 가기에 충분하다고 믿는 최소한의 보수적인 행동을 할 것이다. 그러나 더하지도 덜하지도 않고 꼭 알맞은 것을 고르는 '골디락스Goldilocks의 선택'이 개인에 따라 엄청나게 달라진다는 점을 명심해야 한다.

우리는 매일 매 순간 어떤 행동을 취할지 선택을 하고, 그때 우리의 선택은 대부분 정확하다. 우리의 행동 중 99%는 어느 정도 우리가 예상하는 반응을 불러온다. 택시를 향해 손을 흔들면 택시가 선다. 구글에 질문하면 위키피디아가 답변한다. 친구에게 전화를 걸면 친구는 내 목소리를 반긴다. 우리가 행동을 취하면 일어나리라 예상한 일이 일어나고, 우리는 그렇게 하루하루를 지낸다. 우리의 삶이 이렇지만 이건 결코 스토리가 아니다.

관객에게 유의미한 정서적 경험을 만들기 위해 스토리텔러는 모든 공허한 순간들, 모든 사소하고 시시한 것들을 내보내고, 가치로 충전된 변화를 일으키는 사건, 오직 그런 사건들만을 받아들인다.

가치로 충전된 변화를 만들기 위해, 스토리텔러는 중심인물이 느끼는 개연성을 현실의 필연적인 힘과 겨루게 한다. 우리가 행동을 취하기 전에 앞으로 일어나리라고 상상하는 것이 개연성이고, 우리가 행동을 취할 때 실제로 일어나는 것이 필연성이다. 중심인물의 첫 번째 행동(인물이 느끼는 주관적인 개연성에 근거한 행동)이 스토리 세계의 첫 번째 반응(현실의 객관적 필연성에 근거한 반응)과 충돌할 때 중심인물의 삶에서 중요한 가치는 극에서 극으로 값이 뒤바뀐다.

$$\boxed{\begin{array}{c} \textbf{6단계: 첫 번째 반응} \\ \textbf{주요 원칙: 기대의 위반} \end{array}}$$

첫 번째 반응의 기저에는 여러 가지 힘과 요인들이 깔려 있다. 이것을 하나하나 파헤쳐 보자.

기대의 위반

인물의 세계가 갑자기 인물이 상상한 것과 다르거나 더 강하게 반응하면, 이런 기대의 위반은 처음에는 놀라움을 그리고 뒤이어 통찰의 깨달음을 불러온다. 본인의 예상과 실제 돌아온 결과 사이의 충돌로 인해 인물은 충격을 받고 그의 현실은 쪼개진다. 말하자면 인물은 자신의 주관적 기대와 객관적 결과 간의 간극을 직시하게 된다. 이때 어떤 통찰이 밀려들면서 인물은 자기 주변의 세계가 '실제로' 어떻게 작동하는지, 예견하지 못한 적대 세력이 어떻게 자신의 진로를 가로막는지 불현듯 깨닫는다.

적대 세력이라는 말이 그 자체로 꼭 악당을 지칭하지는 않는다. 장르에 따라서 악당이 반드시 등장하기도 하고, 터미네이터처럼 적소에 등장하는 악당은 스토리 안에서 훌륭한 적수가 되기도 한다. 더 정확히 말하면, 적대 세력이란 물리적인 갈등이든 상황적인 갈등이든 어떤 갈등에서 비롯되는 여러 가지 부정적인 장애물을 일컫는다.

예상치 못한, 심지어 예상에 반하는 장애물은 주인공의 기대를 위반하고, 주인공이 행동을 취하기 전보다 더 멀찌감치 주인공을 욕망의 대상에서 떼어 놓는다. 주인공은 이제 자신이 원하는 것을 쉽게 얻지 못하리란 걸 깨닫는다. 적대 세력은 현실의 네 가지 층위, 즉 물리적, 사회적, 개인적, 내적인 층위 중 어느 하나에서 나오기도 하고, 두 가지 이상의 층위가 결합해서 나오기도 한다. 현실의 층위마다 많은 장애물이 감춰져 있을 수도 있다.

1. 물리적 장애물: 자연계, 그리고 인간이 만든 우주 안에 존재하는 시간, 공간, 모든 사물의 거대한 힘. 무슨 일을 하기에 충분하지 않은 시간, 무언가를 가지러 가기에 너무 먼 거리, 토네이도부터 바이러스에 이르기까지 자연의 큰 재난, 음침하고 위험한 도시의 거리, 시동이 걸리지 않고 말썽을 부리는 자동차.

이런 현실의 힘들 외에도 판타지 장르에는 무한한 상상이 만들어 낸 가지각색의 초자연적인 마법의 힘이 등장한다.

2. 사회적 장애물: 기관과 기관에 속한 개인들의 강력한 힘.

모든 수준의 정부 기관과 국제적, 국가적, 지역적 법률 체계, 기업, 종교 조직, 학교, 병원, 군대, 심지어 자선단체까지도 사회적 장애물에 포함된다.

장소를 불문하고 모든 기관은 권력 피라미드의 형태를 갖는다. 상층부에 있는 사람들은 큰 권력을 쥐고, 밑바닥에 있는 사람들은 권력을 거의 쥐지 못하고, 중간에 있는 사람들은 일부를 가지는 형태다. 어떻게 권력을 가지게 되고 어떻게 권력을 잃게 되는가? 어떻게 피라미드를 오르고 어떻게 내려오는가? 이런 사회적 지위의 이동에 영향을 미치는 요인들은 여러 가지다. 교육, 성격, 의지력, 거기다 운도 많이 좌우한다.

3. 개인적 장애물: 가족, 친구, 연인 간의 친밀하면서도 쉽지 않은 관계에서 발생하는 쾌락과 고통의 힘.

구애부터 이혼까지, 선물부터 돈이 얽힌 다툼까지 모두 여기 포함된다.

4. 내적 장애물: 인물의 신체, 감정, 정신의 내부에서 그 의식적, 무의식적 욕망과 다투는 모순된 힘.

기억이 나를 배신할 때, 내 몸이 망가질 때, 내 감정이 상식을 압도할 때 어떻게 대처해야 하는가? 가령 외견상 인물의 직장 생활에 아무런 변화가 일어나지 않을 때라도, 불안으로 인해 인물의 내면에서 성공의 척도가 마구 널을 뛰기도 한다.

전환점

장면이 '전환된다'는 건 장면의 가치값이 바뀐다는 뜻이다. 예상치 못한 적대 세력이 기대를 위반하고 해당 장면의 중요한 가치를 긍정에서 부정 혹은 부정에서 긍정으로 돌려놓는 바로 그 순간을 가리켜 '전환점'이라 한다. 전환점이 변화를 유도하는 방식은 오직 둘 중 하나다. 직접적인 행동과 그것이 일으킨 반응에 의해서, 혹은 비밀이나 이전에 몰랐던 사실이 폭로되면서 그것이 불러온 대응에 의해서.

이상적으로 모든 장면은 전환점을 중심으로 한쪽에서 다른 쪽으로 방향을 튼다. 그러지 않는 장면은 비사건(nonevents), 즉 변화를 일으키지 않는 활동일 뿐이다. 비사건이 지나치게 연이어 되풀이되면 스토리가 지루하게 무너진다. 반대로, 꾸준하고 점진적인 변화는 마치 죔쇠처럼 우리를 단단히 붙든다.

전환점은 삶의 이성적 측면과 정서적 측면을 동시에 합쳐 놓는다. 이런 이중 효과를 이해하려면, 먼저 두 측면을 각각 따로 살펴보아야 한다.

전환점의 이성적 효과

기대의 위반은 본질적으로 미지의 원인이 낳은 결과다. 따라서 전환점은 머릿속에 이런 질문들을 던져 놓는다. "도대체 왜 일의 향방이 이렇게 예상치 못한 쪽으로 돌아섰을까? 인물은 어째서 이런 결과를 내다보지 못했을까? 나는 왜 몰랐지? 이런 깜짝 반전을 초래한 게 무엇이길래?"

전환점으로 인해 현실에 구멍이 뚫린다. 호기심이 발동한 관객은 지식으로 이 구멍을 메꾸려 하기 때문에 머릿속으로 앞선 장면과 이미지들을 재빨리 돌려보며 미처 보지 못하고 지나친 원인을 찾아 "왜?"라는 수수께끼를 풀어 보려 한다. 정답은 스토리의 복선(set-ups) 아래 미리 심어져 있었다. 이 감춰진 진실을 관객이 알아채는 순간 "아하, 알겠다!" 싶은 통찰이 폭죽처럼 터지면서 관객에게 재미와 깨달음을 안겨 준다.

예를 들어 보자. 영화 「머니볼」에서 스카우트 팀장과 감독에게 새로운 세이버메트릭스 방법을 제시하면서 빌리 빈 단장은 팀의 인력들이 자신만큼 이 새로운 방법의 가능성에 흥분하리라고 기대한다.

전환점: 감독과 팀장은 이 방식은 질색이라며 실행을 거부하고 한 치의 양보도 없이 맞선다. 지켜보는 우리는 깜짝 놀라고 왜 그러는 것일까 의아해진다. 그때 불현듯 통찰이 밀려들며 우리는 깨닫는다. 따지고 보면 야구라는 경기는 19세기의 고안물이다. 평생 전통에 따라

일하고 경기를 치러 온 사람들이 싸우지 않고 순순히 21세기의 방식으로 돌아설 리가 없다.

이렇게 부정적인 바닥을 치고 나서 스토리는 새로운 방향으로 움직인다. 빌리의 전술이 반항하는 그들을 21세기로 잡아끌며 절정으로 영화를 몰고 간다. 그 과정에서 「머니볼」은 야구 역사와 현대 야구의 기법들, 그리고 인물 내면의 진실에 관한 통찰을 제공함으로써 관객의 집중에 보상한다.

아리스토텔레스가 밝힌 바대로, 관객으로서 가장 깊은 쾌감은 누가 가르쳐 주지 않았는데 얻는 배움에 있다. 의미를 솜씨 좋게 극화한 서사는 관객에게 아무런 정신적 부담을 지우지 않으면서, 인간의 마음과 세계의 작동 방식에 대해 더 풍부한 이해를 얻을 수 있게 해 준다.

전환점의 정서적 효과

감정은 자극에 대한 반응으로 시작된다. 눈앞의 광경, 소리, 맛, 촉감이 감각을 건드리면, 정신이 곧바로 그 감각의 의미를 분석해 긍정적인 것과 부정적인 것, 유익한 것과 유해한 것, 친숙한 것과 낯선 것, 아름다운 것과 추한 것, 나와 나에 맞서는 것 따위로 분류한다.

그리고 변화의 가능성이 있느냐 없느냐를 기준으로 우선순위를 매긴다. 삶의 조건이 중립 상태를 유지하는 한, 정신은 개의치 않고 하던 임무를 계속한다. 하지만 변화가 발생하면, 의식에 경고등이 딸깍 켜진다. 변화가 생존에 위협이 될 수 있다고 우리의 동물적 본능이 경고를 보내기 때문이다.

변화가 긍정과 부정 중에 어느 쪽으로 기울지 일단 정신이 판단을 내리면, 몸 안에서 어떤 분비샘이 열리면서 모종의 혼합물질이 혈류에 쏟아져 들어온다. 이런 화학물질의 투입이 우리가 경험하는 '감정'이다. 앞서 언급한 대로, 가장 원초적인 수준에서 우리가 느끼는 감정은 단 두 가지, 쾌락과 고통이지만, 여기에는 여러 강도와 변형과 복잡성이 존재한다. 동일한 자극에 두 사람이 전혀 상이한 반응을 보이는 것은 이런 이유 때문이다. 한 사람이 한 가지 자극을 서로 다른 두 가지 방식으로 해석하고 이른바 '혼합 정서'를 경험하는 것도 이 때문이다.

그러므로 감정은 변화의 부산물인 셈이다. 부정에서 긍정으로 바뀌는 변화를 감지하면, 정신은 쾌감을 주는 화학물질을 내보낸다. 반대로 긍정에서 부정으로 바뀌는 움직임이 포착되면, 고통스러운 물질을 내보낸다.

이 현상을 스토리텔링에 적용하면, 전환점의 역동적 설계에 영감을 얻을 수 있다. 유니레버Unilever의 도브 브랜드 작업을 예로 들어 보자.

도브 '리얼 뷰티' 캠페인

《애드 에이지Ad Age》는 '리얼 뷰티Real Beauty'를 금세기 최고의 광고 캠페인 다섯 가지 중 하나로 꼽았다. 이 캠페인의 출발점이 된 것은 오길비 앤드 매더Ogilvy&Mather의 시장조사 결과였다. 여성들의 2%만이 스스로를 아름답게 생각하고 나머지 98%는 흠을 잡으며, 상당수 여성이 비현실적일 만큼 극단적으로 본인을 못마땅해한다는 것. 2004년 유니레버는 여성들에게 그들이 타고난 아름다움을 납득시키겠다는 미션으로 캠페인에 착수했다.

그리고 2013년 휴고 베이거가 '도브 리얼 뷰티 스케치Dove Real Beauty Sketches'라는 제목의 동영상을 세상에 내놓았다.[2] 스토리는 이상한 실험에 자원한 한 무리의 여성들을 따라간다. 참가자들의 동의하에 초상화가가 여성들 한 사람 한 사람의 초상화를 그린다. 단 이 초상화가는 여성들을 직접 볼 수 없고, 대신 여성들이 자신의 생김새를 화가에게 말로 전달한다. 여성들의 용기 있는 행동은 순식간에 관객의 공감을 불러일으킨다.

이렇게 여성들 각자의 초상화를 완성한 화가가 두 번째 초상화를 그리는데, 이번에는 그날 이 여성들을 처음 만난 사람들이 들려주는 첫인상을 토대로 그림으로 표현한다. 두 초상화를 나란히 놓고 보면, 낯선 이의 관찰을 토대로 그린 초상화가 여성들의 혹평에 가까운 자기묘사보다 확연히 더 매력적이고 사실에 가깝다. 자신을 그린 두 가지 초상화 앞에서 여성들은 두 시선의 차이를 실감하며 감동의 눈물을 흘린다.

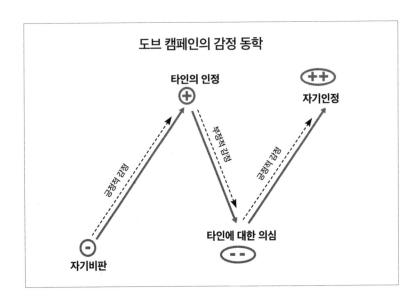

감정의 동학

위의 그래프는 '도브 리얼 뷰티 스케치' 동영상에 나타난 감정의 동학을 따라가고 있다. 이 영상의 전환점은 핵심 가치의 양극 사이에서 방향을 틀어 자기비판에서 자기인정으로 움직인다.

스토리 전개는 이렇다. 블라인드 초상화 실험에 동의한 여성들이 각자 썩 호의적이지 않은 말로 자신을 묘사한다.(도발적 사건) 이런 자기비판적 행동이 그들의 삶의 균형을 흔들어, 그들의 감정 상태가 중립에서 부정으로 돌아선다.

그러나 낯선 타인에게 남긴 인상을 바탕으로 그려진 초상화에 자신들에 대한 찬사가 담긴 것을 보는 순간, 감정의 동학은 긍정으로 선회한다. 참가자들은 쾌감의 미소를 짓는다.(첫 번째 행동) 이 전환점이 스토리를 '자기비판'(부정)에서 '타인의 인정'(긍정)으로 나아가게 한다.

그런데 대조적인 자신의 초상화 두 점을 번갈아 바라보던 참가자들이 타인의 긍정적인 의견에 반발하면서 의심에 빠진다.(위기) 낯선 타인을 신뢰할 수 있을까? 누구를 믿어야 하지? 나 자신인가 아니면 다른 사람들인가? 이 전환점은 참가 여성들을 '타인의 인정'(긍정)에서 '타인에 대한 의심'(이중부정)으로 돌려놓는다. 그러면서 관객에게도 그에 상응하는 부정적인 감정을 불러일으킨다.

그러나 믿고 싶다는 참가자의 바람이 자기의심이라는 내면의 장애물에 맞서 싸운 끝에(두 번째 행동) 마침내 내면의 더 나은 본성이 이기고, 남들이 자신을 보듯 스스로를 바라보도록 설득한다.(두 번째 반응) 스토리는 '자기인정'이라는 이중 긍정으로 절정에 이른다. 이 결정적인 변화를 지켜보며 관객은 참가 여성들이 자기비판을 극복하고 거둔 승리감을 공유하며 함께 긍정적인 감정을 맛본다.

잘 짜여진 스토리는 삶이 어떻게, 어째서 변화하는지를 담아낸다. 그리고 위에서 확인한 것처럼, 변화는 감정이라는 부산물을 낳는다. 하지만 이런 감정은 삶이 이행 과정을 거치는 동안에만 찾아온다. 스토리가 긍정에서 부정으로 이동할 때 관객은 어두운 감정을 느끼고, 부정에서 긍정으로 이동할 때 밝은 감정이 솟아난다. 그러나 일단 변화가 완결되면, 감정은 재빨리 소멸해서 언제든 새로운 방향으로 움직일 준비를 한다. 정서적인 개입을 붙잡아 유지하려면, 스토리 안에서 가치들이 변화를 거듭하며 역동적인 이행을 거쳐야 한다. 변화가 없으면, 아무리 생기와 활력이 넘치는 사건이라도 결국 "……그리고 그래서 그런 다음……"의 감정 없이 지루한 반복으로 흩어져 버린다.

7단계: 위기의 선택
주요 원칙: 통찰

주인공이 행동과 전환점을 하나하나 거치며 욕망의 대상을 추구해 가다 보면, 서사의 종결이 가까운 어느 지점쯤 주인공의 삶에서 가장 첨예하게 충돌하는 세력이 그의 앞길을 막아서는 순간이 도래한다. 이것이 관객이 기다려 온 '의무 장면'이다. 이 최악의 고비에서 주인공은 이미 가능한 전술을 모두 써 버리고 단 하나의 전술만 남아 있다. 중대 결정을 내려야 하는 강렬한 순간이다. 취할 수 있는 몇 가지 행동 중에서 주인공은 삶의 균형을 되찾기 위한 최후의 노력으로 하나 남은 마지막 전술을 선택해야 한다.

선택의 성격

결정에는 두 가지가 있다. 확실한 선택 vs. 딜레마, 즉 쉬운 선택 vs.

어려운 선택.

'확실한 선택'은 긍정 vs. 부정의 선택지를 제시한다. 그러니 나 대신 이미 결정을 내려 주는 쉬운 선택이다. 확실한 선택은 '항상 긍정적인 것을 선택하라.'는 순리를 따른다.

동물이든 식물이든 모든 생물은 본능적으로 에너지와 생명의 보존을 관장하는 두 가지 이치에 귀를 기울인다. 첫째, 원하는 것을 얻을 수 있는 더 쉬운 길이 있다면, 어떤 불필요한 행동도 하지 않는다. 둘째, 원하는 것을 얻을 수 있는 더 안전한 길이 있다면, 어떤 불필요한 위험도 감수하지 않는다. 이 두 가지 이치가 만나 자연의 순리가 된다. 긍정 vs. 부정의 선택에 직면하면, 항상 부정보다 긍정을, 그른 것보다 옳은 것을, 악한 것보다 선한 것을 선택하라.

하지만 현실에서 사람들은 순수하게 이성적인 이유만으로 선택을 내리는 경우가 드물다. 이치를 따를 때에도 관점의 영향을 받고, 주관적이고 비이성적인 편견이 작용하기도 한다.

우리는 모든 인간이 긍정을, 주관적인 관점에서 긍정적으로 보이는 것만을 선택하는 이치를 이해한다. 그러나 다른 한편으로 우리의 주변 세계를 휩쓰는 악의 쓰나미도 목격을 한다. 그럴 때면 인간의 정신을 두려워하는 마음으로 한 걸음 물러나는 수밖에 없다. 인간의 두뇌는 경이로울 만큼 합리화에 능해서, 제 생존을 보호하도록 설계된 기계처럼 부정을 긍정으로 바꿔 놓으니 말이다.

'딜레마'에도 두 가지 형태가 있다. 두 개의 긍정 혹은 두 개의 부정

사이의 선택을 제시하기 때문에 어느 쪽이든 결정이 어렵다. 전자를 가리켜 '양립 불가능한 선' 중의 선택이라 하고, 후자를 가리켜 '차악의 선택'이라 한다.

전자의 딜레마에서는 주인공이 두 가지 선 가운데 하나를 택해야 한다. 주인공은 둘 다를 원하지만 상황은 하나만 선택하도록 강요한다. 후자의 딜레마에서는 주인공이 두 가지 악 가운데 하나를 택해야 한다. 주인공은 둘 다 원하지 않지만, 역시 상황은 하나를 반드시 선택하도록 강요한다. 딜레마라는 어려운 선택은 선택하기 전에는 불안을 초래하고, 선택의 과정에서는 위험을 야기한다. 어느 쪽을 선택하든 주인공은 가치 있는 무언가를 얻기 위해 가치 있는 무언가를 잃게 되는 입장이다. 반드시 대가를 치러야 한다.[3]

허구를 들려주는 창작물에서는 위기 상황의 결정을 앞두고 주인공이 둘 중 하나의 딜레마에 직면하면서 엄청난 스트레스의 중압감이 주인공을 내리누른다. 그러나 다음 장에서 살펴보겠지만, 목적을 전달하는 마케터의 스토리에서는 절정의 순간에 주인공의 선택에 결코 스트레스나 중압감이 따라와선 안 된다.

8단계: 절정의 반응
주요 원칙: 종결

주인공의 전략이 주효한다. 절정에서 주인공이 마지막으로 선택한 행동이 주인공이 바라던 반응을 불러온다. 주변 세계가 주인공에게 욕망의 대상을 안겨 주고 주인공의 삶이 스토리가 시작될 때보다 더 완벽한 균형을 회복하면서, 주인공은 원하는 것과 필요로 하는 것을 손에 넣는다. 스토리는 모든 질문이 대답을 얻고 모든 감정이 충족되는 종결에 도달한다.

점진적 진행의 원칙

스토리 안에서 사건들이 위의 예처럼 하나의 전환점에 머물지 않고 증식해서 장편(가령 한두 시간 이상의 영화나 연극처럼) 혹은 더 긴 형식으로 (500쪽 분량의 소설이나 멀티 시즌 TV 시리즈물처럼) 확장되는 경우, 점진적 진행의 원칙에 따라 서사가 이뤄진다.

이 경우 전환점이 여러 차례 이어지며 주인공을 점진적으로 욕망의 대상에서 더 멀리 떼어 놓거나(부정) 더 가까이 데려간다.(긍정) 이런 과정을 거쳐 주인공의 욕구가 최종적으로 충족되는 스토리의 절정을 향해 서사가 서서히 고조된다. 장편이나 더 긴 형태의 스토리 구조에서는 다양한 층위의 적대 세력들이 위력과 집중을 키워 가며 서사에 깊이와 폭을 더한다. 갈등의 얽힘이 심화될수록, 삶의 균형을 회복하려는 주인공의 노력도 점차 강도를 더해 가고 주인공은 정신적, 정서적, 신체적 능력은 물론 자신의 의지력을 더 깊숙한 데서 끌어올려 대응한다.

스토리에서는 한 장면 한 장면이 스토리의 가치값을 따라 긍정에서 부정으로 역동적인 이행을 보여 준다. 그리고 이 장면들이 모여 갈등과 위험의 점진적 진행을 따라 큰 포물선을 그린다. 주인공은 욕망의 대상을 추구하는 과정에서 갈수록 많은 것을 잃는 입장에 처한다. 주인공의 투쟁이 진행될수록 적대적인 힘들도 세력을 키워 간다. 그래서 갈수록 주인공에게 더 대단한 능력을 요구하고, 갈수록 더 큰 위험 요소를 양산하며, 점점 더 까다로운 결정을 내리기 위해 점점 더 큰 의지력을 발휘하도록 요구한다. 그런 진행을 계속 따라가면, 그 길의 끝에 최후의 절정이 기다리고 있다.

이런 웅대한 구조의 본보기로, 86회의 에피소드를 내놓은 AMC의 유명한 시리즈 「브레이킹 배드」를 떠올려 볼 수 있다.

첫 회에서 주인공 월터 화이트는 담배를 입에도 대지 않던 자신이 폐암 말기라는 사실을 알게 된다. 가족의 생계를 마련할 시간이 얼마 남지 않았다는 생각에 그는 고도의 전문 지식을 활용해 스타트업을 차려 경쟁사보다 우수한 '부띠끄 제품(마약)'을 만들기로 한다. 미덥지 않은 동업자에 무자비한 경쟁자들이 둘러싼 상황에서 결코 쉽지 않은 일이다.

월터는 한편으로는 원료의 부족, 다른 한편으로는 공급망의 차단에 끊임없이 시달린다. 거기다 모든 사업가의 골칫거리인 정부 규제도 피할 수 없다. 월터의 경우, 상대는 미연방 마약단속국(DEA)이다.

자수성가한 사람들이 그렇듯 월터 역시 그의 탁월함에 위협을 느끼면서도 그의 비전을 이해하지 못하는 사람들과 맞서야 한다.

그가 사업체를 키워 가는 동안 개인적인 차원에서도 중요한 걸림돌들이 등장한다. 아내의 불륜에 대처해야 하고, DEA 요원인 동서도 노련하게 처리해야 한다. 갈수록 더 큰 위험이 그의 의지력을 시험하고, 점점 더 큰 보상이 그를 계속 몰아간다. 시리즈는 월터가 가족을 경제적으로 넉넉하게 부양하고, 동업자의 목숨을 구하고, 가장 강력한 적수를 물리치는 데서 절정에 이른다.

다음 장에서는 목적을 전달하는 스토리에 맞게 스토리의 여덟 단계를 적용해 본다. 이어서 스토리의 견인력을 장착해 마케팅의 다양한 미션에 박차를 가하는 방법들도 다뤄 볼 것이다.

6
목적 전달 스토리

앞서 4장과 5장에서는 선사시대 신화부터 21세기 TV 시리즈까지 지금껏 등장한 모든 스토리의 기초적인 사건 설계를 펼쳐 보았다. 여기서는 그 오래된 형식을 '목적 전달 스토리'에 적용해 21세기에 걸맞는 혁신적인 마케팅 방안을 세워 보려 한다.

먼저 허구 전달 스토리와 목적 전달 스토리를 비교하여 후자의 독특한 구성 요소를 자세히 살펴보자.

허구 전달 스토리 vs. 목적 전달 스토리

긴 구성 vs. 짧은 구성

공연 시간의 표준을 처음 세운 것은 모닥불 주위로 부족민들을 불러 모은 최초의 스토리텔러들이었을 것이다. 그들은 '한 번 앉은자리'에 맞도록, 다시 말해 사람들이 한자리에 편안하게 앉아 흐트러짐 없이 주의를 집중하는 시간의 길이에 맞춰 이야기를 구성했다. 이런 관행을 이어받아, 연극, 오페라, 발레, 영화 등의 전통적인 공연 시간이 대략 120분으로 정해졌다.

닐 오럼의 24시간 길이 연극 「더 와프The Warp」(기네스북에도 올라 있다.)처럼 드문 경우를 논외로 하면, 소설가들과 TV 시리즈 작가들이 「전쟁과 평화」나 「소프라노스」 같은 방대한 작품을 집중 단위에 맞게 장별로 그리고 에피소드별로 나눠 놓는 이유 역시 '한 번 앉은자리'라는 원칙으로 설명이 된다.

그러나 장편 길이의 픽션과 달리, 목적을 전달하는 스토리는 사건을 축약한다. 전형적인 비즈니스 스토리는 30초 광고나 3분 길이 유튜브 영상처럼 아주 짧은 이야기다. GE사의 '오언Owen' 광고와 '도브 리얼 뷰티 스케치'가 좋은 예다.

전환점을 기준으로 횟수를 세 보면, 장편 픽션의 다중 스토리라인에는 순간적인 전환이 수백 번까지 일어난다. 그러나 마케팅 스토리는 다르다. 목적 전달 스토리에서 기대와 결과 간의 간극이 벌어지는 건 대개 단 1회이고, 많아도 2~3회를 넘지 않는다.

전체 기억 vs. 세부 기억

스토리는 오래간다. 앞서 말했듯, 인간의 정신은 스토리를 만들고 스토리를 저장하는 장치다. 그래서 스토리가 사실과 숫자보다 훨씬 더 오래 생생하게 기억에 박힌다. 하지만 허구를 전달하는 스토리는 대부분 규모가 방대해서 관객들이 플롯의 개요와 특정 등장인물들이 남긴 인상 정도만 기억한다. 수천 가지의 정확한 디테일은 가물가물하거나 까맣게 지워진다.

목적 전달 스토리는 간결하고 압축적이어서 기억하기가 쉽다. 브랜딩이나 수요 창출 스토리에서 가장 중요한 디테일은 이야기의 핵심에 놓인 '이름'이다. 좋아하는 음악이 청취자의 머릿속에 온종일 맴돌 듯, 목적 전달 스토리는 관련 제품이나 서비스가 필요하다는 쪽으로 소비자의 생각이 흘러갈 때마다 소비자의 머릿속에서 저절로 재생된다.

만족 vs. 행동

허구 전달 스토리가 개입이라는 울타리로 관객을 단단히 에워싼다면, 목적 전달 스토리는 반대로 그 울타리를 부순다. 두 방식 모두 처음에는 호기심과 공감으로 관객을 붙잡고(도발적 사건), 중반 내내 관객과의 접속을 심화한다.(점진적 얽힘) 그러나 보상의 순간이 오면(위기/절정) 허구 전달 스토리는 관객의 경험을 완료하는 반면, 목적 전달 스토리는 결정적으로 한 걸음 더 관객의 경험을 연장한다. 목적 전달 스토리의 관객들은 스토리화된 경험을 현실 세계로 가지고 나가 해당 제품이나 서비스를 구매할 때마다 매번 그 경험을 다시 체험한다. 말하자면, 목적 전달 스토리의 목적은 스토리의 절정이 주는 미학적 쾌감을 시장의 실행 가능한 행동으로 변환하는 것, 즉 관객을 소비자로 전환하는 것이다.

목적과 허구 중 무엇을 전달하든 최상의 스토리는 유의미한 정서적 경험으로 관객을 만족시킨다. 이제껏 웃기다고 생각해 보지 않은 것을 보며 웃게 되고, 이제껏 비극이라고 생각해 보지 않은 것을 놓고 울게 된다. 특히 중요한 점은 두 경우 모두 이제껏 몰랐던 삶에 대한 통찰을 얻게 된다는 것이다. 게다가 이제껏 느껴 보지 못한 감정들이 그런 통찰을 감싸고 있다. 이런 생각과 감정의 융합이 우리 내면의 삶에 크든 작든 일정한 풍요를 더해 준다. 아름답게 말해진 스토리는 그 세계에 들어갈 때보다 더 성숙한 인간으로 우리를 내보낸다.

일회 경험 vs. 반복 경험

그러나 두 방식에는 결정적인 차이가 있다. 허구를 전달하는 스토리는 한 번의 '텔링'으로 전달이 완료되는 반면, 목적을 전달하는 스토리는 소비자가 해당 제품을 구매하거나 서비스를 이용할 때마다 매번 소비자의 머릿속에서 다시 재생된다. 목적 전달 스토리는 소비자를 첫번째 선택으로 이끄는 데 그치지 않고 몇 번이고 구매를 되풀이하게 만든다. 덧붙여 제값을 지불함으로써 회사의 수익이 쌓이도록 해 준다.

집중하는 경험이 즐거운 것은 시간의 경과를 의식하지 못한 채 시간을 보내기 때문이다. 우리의 시간 감각은 상당히 주관적이라 악기를 연주하거나 좋아하는 팀의 경기를 보거나 비디오게임을 하거나 잘쓴 소설에 몰입할 때는 시간이 감쪽같이 사라진다. 훌륭한 연극, 소설, 영화, TV 시리즈에 담긴 스토리에는 우리를 정신없이 빠져들게 만드는 힘이 있다. 그러다가 문득 재미의 마법이 풀리면 그때서야 우리는 흘끗 시간을 확인하고 "와, 그새 세 시간이 지났어?" 하며 놀라게 된다. 스토리 감상을 즐기는 사람 중에는 아끼는 고전을 두 번, 세 번, 혹은 몇 번이고 다시 몰입해서 체험하는 이들도 있다. 그렇게 거듭 경험하더라도 스토리의 절정은 번번이 그들을 다시 일상의 현실로 돌려보낸다.

마켓을 겨냥한 스토리 역시 관객의 관심을 사로잡고 관객의 머릿속에서 시간을 삭제한다. 이런 스토리 역시 무제한 반복 재생될 수 있다. 목적 전달 스토리가 대중적으로 반복되면 이른바 입소문이라는 연쇄적 핵분열을 일으킨다. 허구 전달 스토리에서도 비슷한 상황이 발생할 수 있지만, 대개 작품 제목의 수명이 브랜드의 수명보다 짧다는 차이가 있다. (물론 「스타워즈」 같은 예외도 없지는 않다.)

작가에 대한 충성 vs. 브랜드에 대한 충성

허구 전달 스토리의 독자는 오로지 작품을 쓴 작가에게만 충성심을 품고, 작가의 다음 작품이 다시 그런 즐거움을 안겨 주리라고 기대한다. 반면 목적 전달 스토리의 관객은 창작자를 보지 않고 대신 브랜드에 대한 충성심을 느낀다. 브랜드 충성심과 그에 따른 평생 구매를 이끌어 내는 힘은 목적 전달 스토리에 핵심적인 '거울 경험(mirror experience)'에서 나온다.

거울 경험

잘 짜여진 스토리는 거울처럼 서로를 비추는 두 가지 동시적 경험을 만들어 낸다. 이성적 경험과 정서적 경험이다.

'이성적 거울 경험'은 호기심으로 시작해서 호기심으로 끝난다. "다음에는 무슨 일이 일어날까? 이제 어떻게 되는 거지? 이 스토리가 어떻게 결말을 내려나? 주인공은 욕망의 대상을 얻게 될까?" 스토리의 도발적 사건은 아직 대답이 나오지 않은 이런 질문들로 관객의 머릿속을 살살 애태운다. 스토리의 이성적인 거울 경험은 우리가 일상생활에서 매일 던지는 똑같은 염려와 질문을 거울처럼 비춰 보인다. 셰익스피어 말마따나, 스토리는 인간의 본성을 향해 거울을 비춘다.

'정서적 거울 경험'은 공감으로 시작해서 공감으로 끝난다. 주인공의 내면에서 긍정적인 인간성이 빛을 발할 때, 이 '선善의 구심점'은 동료 인간과 접속하고픈 소비자의 자연스러운 본능을 일깨운다. 소비자는 어느새 주인공과 무의식적인 동일시, 즉 공감에 빠진다. 앞장에서 짚었듯, 목적 전달 스토리에는 공감이 필수적이다. 인간 사이의 이 본질적인 유대감이 없다면 어떤 스토리도 구매는커녕 어떤 행동을 하도록 사람을 움직이지 못한다.[1]

허구 전달 스토리에서는 정서적 거울 경험이 두 단계로 이뤄진다. 그리고 목적 전달 스토리에서는 세 번째 단계가 추가된다.

첫째, 동일시다. 타깃 소비자가 자신과 주인공이 공유하는 인간성을 인식하는 순간, 그는 본능적으로 동질감의 논리를 따른다. "저 인물도 나와 같은 인간이다. 그래서 나는 저 인물이 원하는 것을 얻으면 좋겠다. 내가 저런 상황에 놓인 저 인물의 입장이라면, 나 역시 똑같이 원했을 테니까." 이렇게 유대가 형성된다.[2]

둘째, 무의식적 전환이다. 일단 타깃 관객이 주인공과 자신을 동일시하면, 그때부터는 이것을 '자신의' 스토리로 느끼고, 주인공의 스토리화된 욕망을 자신의 현실 욕망으로 대체하게 된다. 주인공이 스토리 안에서 욕망의 대상을 획득하도록 응원하면서 관객은 자신의 현실 욕망을 간접적으로 응원한다.

관객은 본능적으로 '마치' 자신에게 일어나는 것처럼 스토리의 사건을 경험한다. 스토리의 변화 곡선을 따라 관객 역시 부정에서 긍정으로, 문제에서 해답으로 변화를 느끼다가 마침내 절정의 정점에서 자신의 욕구에 대한 대리 충족을 경험한다.

이렇게 허구에서 개인의 현실로 무의식적 전환이 가능하다는 사실이야말로 잘 짜여진 목적 전달 스토리가 어떻게, 어째서 그토록 저력 있는 결과를 가져오는지 간단명료하게 설명해 준다.

셋째, 재연의 단계다. 소비자의 거울 경험은 그에게 행동할 동기를 부여한다. 목적 전달 스토리의 긍정적인 가치를 다시 체험하고 싶은 마음에서 소비자는 스토리를 관통하는 해당 제품을 구매하거나 서비스를 이용한다. 소비자의 사후 재연은 소비자의 욕구와 마케터의 목적을 동시에 충족시킨다. 그렇게 관객이 소비자가 된다.

과학적 접근

거울 경험이 정확히 어떻게 일어나고 왜 주효한지 이해하기 위해, 한 걸음 물러나 신경과학의 측면에서 스토리를 살펴보자.

3장에서 짚었듯, 뇌에서 가장 덩어리가 큰 브로드만 영역 10이 기억의 호출, 추론, 문제 해결, 선택 결정, 행동 계획의 실행 기능을 수행한다. 뇌의 다른 영역들도 이런 결정을 수행하지만 의식을 책임지는 곳은 브로드만 영역 10이다. 여기서 과거가 미래로 흘러간다.[3]

인간의 정신은 과거 사건들의 기저에 깔린 인과 관계의 패턴을 기억해서 미래의 행동을 전략화할 수 있다. 여러 해 동안 이런저런 사건을 겪으면서 우리는 세상일이 어떻게 돌아가는지, 주변 세계의 다양한 힘들이 어떻게 서로 연결되어 있는지 지식을 수집한다. 그러다 새로운 상황이 발생하면, 정신은 이런 과거의 패턴을 토대로 취할 수 있는 가능한 전술을 상상하고, 이런 행동이 야기할 법한 개연성 있는 반응을 예측한다.

사실적 경험만이 아니라 허구적 경험의 기저에도 이렇게 과거의 접촉을 미래의 결과와 연관 짓는 과정이 깔려 있다. 정신이 스토리에 빠져들면, 스토리에서 벌어지는 가상의 사건들이 브로드만 영역 10의 극장에서 상연된다. 그러면 기억은 이런 허구의 사건들을 현실 사건들과 대등한 '마치 ~인 것처럼'의 상태에 집어넣는다. 하지만 시간이 흐르면서 '마치'라는 가정이 사라진다. 미래에 대한 대비를 할 때 정신은 굳이 허구적 사건과 실제 사건을 구별하지 않는다. 오히려 그 둘에 공통된 하부 구조에 집중한다. '실재'와 '가정' 둘 다를 떠받치는 인과의 패턴을 추출해 한데 합친다. 이렇게 축적된 인과 관계의 지식을 토대로 미래의 선택을 준비한다.

우리 각자는 저마다 독특한 개연성의 의식에 따라 행동한다. 행동을 선택한 이후에 아마도 어떤 일이 벌어질 것 같은지 실제와 허구를 합한 개인적 경험의 총합에 판단을 맡긴다. 인간에게 고유한 이런 사고의 과정에서 스토리는 반드시 필요한 통찰의 원천이다. 인간이 미래의 결정에 참고할 기틀을 세우는 데 일조하며, 한 가지 행동에서 다음 행동으로 방향을 안내하는 역할을 한다. 현명한 마케터는 이런 성향을 지렛대 삼아 자신이 하고자 하는 목적 전달 스토리에 활용한다.

스토리 설계의 8단계

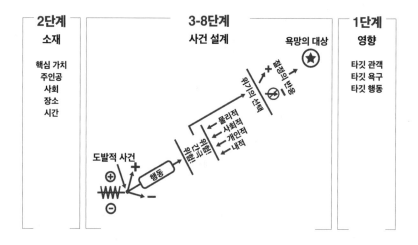

목적 전달 스토리의 창작

목적 전달 스토리의 창작은 앞서 살펴보았던 허구 전달 스토리와 동일하게 여덟 단계를 거쳐 진행된다. 단, 수익성 있는 재연으로 소비자를 유도하는 겨울 경험을 만들어 내는 것을 목표로 삼는다. 목적 전달 스토리의 변화 곡선은 삶의 결핍에서 결핍의 충족으로, 욕구에서 만족으로 소비자를 안내한다.

1단계: 세 가지 타깃

4장에서 개괄한 바 있듯이, 스토리 설계의 1단계는 타깃 설정이다. 허구 전달 스토리의 작가들은 관객층을 폭넓게 상정하는 경향이 있는데, 목적 전달 스토리의 크리에이터들은 그럴 수 없다. 마케터는 자신이 겨냥하는 지점을 정확히 알고 있어야 한다. 이 말인즉 타깃 시장/관객, 타깃 욕구, 그리고 무엇보다 최종 결과인 타깃 행동을 규정해야 한다는 뜻이다.

스토리 설계의 8단계

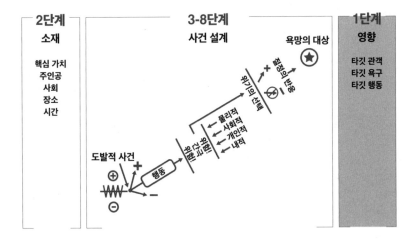

스텝 1. 타깃 관객을 조사한다

요즘 같은 빅데이터의 시대에는 일반적으로 타깃 시장의 인구 통계(연령, 성별, 교육, 소득 등등과 관련한 소비자, 고객, 투자자에 대한 정보)가 잘 알려져 있다. 혹시 아직 파악되지 않은 정보라도 조사로 쉽게 알아낼 수 있다.

스텝 2. 욕구/필요/문제를 파악한다

우리가 발견해야 할 것은 소비자의 은밀한 자아가 깊이 품고 있는 욕구다. 빅데이터는 겉으로 보기에 어떤 사람들인지를 말해 줄 뿐 사람들의 진짜 모습은 말해 주지 않는다. 설문 조사를 통해 사람들이 집에 무엇을 사 두는지는 알 수 있지만, 사람들이 마음에 무엇을 품고 있는지는 알 수 없다.

가장 효과적이고 강력한 마케팅 스토리를 구축하려면, 인구 통계에 머물지 않고 한 걸음 더 나아가 "어디가 괴로운가?" 하는 광고인다운 질문을 던져야 한다.

여기에 진정한 천재성을 발휘한 인물이 스티브 잡스였다. 그는 모두가 보지 못하고 놓친 점, 컴퓨터가 못생겼다는 점을 발견해 냈다. 잡스는 델Dell의 제품을 "비혁신적인 베이지색 상자"라고 부르곤 했다.[4] 그리고 그가 옳았다. 전선을 주렁주렁 매단 델의 무겁고 커다란 플라스틱 상자는 들고 돌아다니기는커녕 쳐다보기조차 부담스러웠던 것이 사실이다.

잡스는 소비자들이 무의식적으로 원하지만 의식적으로 깨닫지 못하던 바를 알아차렸다. 그것은 바로 독특한 정체성, 즉 스스로를 반항적이고 창의적인 엘리트로 바라보는 시각이었다. 그래서 잡스는 아름다움과 촉감과 우아함으로 이런 특징을 표상하는 기기를 만들어, 이 공간에서 저 공간으로 책상에서 주머니로 이동을 가능하게 했다. 잡스가 꿈꾸던 휴대전화는 소비자들이 가지고 있던 무언의 욕구에 말을 걸었다.

애플은 그의 비전을 탁월한 광고 시리즈로 스토리화했고, 그렇게 브랜딩의 역사를 새로 썼다.

내 스토리의 타깃 욕구를 찾고 싶다면, 이런 질문을 던지자.

"무엇이 내 고객을 괴롭히는가?"
"고객이 필요로 하지만 아직 모르는 것이 무엇인가?"
"해법을 요구하는 감춰진 문제가 과연 무엇인가?"

스텝 3. 타깃 행동을 설계한다

마케팅 스토리가 아무리 큰 인기를 끈다 해도 대중이 그 스토리를 한 조각 허구로 즐기고 머릿속에서 지운다면 아무 소용이 없다. '도브 리얼 뷰티 스케치'의 스토리텔링은 사람들의 마음을 깊이 움직였고, 그 결과 사람들은 매장으로 달려가 전례 없는 수량으로 도브 비누를 구입했다.

그러니 내가 스토리를 통해 관객에게 구체적으로 기대하는 행동이 무엇인지 고려해야 한다.

기업 대 기업의 상황이라면, 고객이 계약에 서명하기를 바랄 것이다. 기업 대 소비자의 상황이라면, 소비자들이 매장에서 제품을 구매하기를 기대할 것이다. 고가 품목의 중개인이라면, 소비자들이 자신의 쇼룸을 방문해 영업의 기회가 생기기를 바랄 수 있다. 전문직 서비스 제공자라면, 소비자들이 내 웹사이트를 방문해 예약하기를 기대할 것이다.

브랜딩 캠페인의 운영자라면, 내가 기대하는 타깃 행동은 관객의 머릿속에서 일어난다. 브랜드를 전혀 모르던 상태에서 브랜드를 인지하게 된다든지, 가능하다면 관객의 인식이 부정에서 긍정으로 바뀌기를 기대할 수 있다.

이런 타깃들이 너무 뻔하다고 생각할 수도 있겠지만, 많은 홍보 활동들이 이 타깃에서 한참 빗나가 있다. 그들은 목적을 규정하는 수고를 하지 않은 채, 그저 자랑하고 장담하며 "지금 사주세요!" 애걸할 뿐이다.

2단계: 소재

스토리를 구축할 소재를 마련하려면 다음과 같이 중요한 세 가지 스텝을 해결해야 한다.

스토리 설계의 8단계

스텝 1. 핵심 가치를 발견한다

1단계에서 충족되지 않은 소비자의 욕구를 파악했으면 이제 2단계의 첫 과제로 넘어가자. 발견한 문제의 해법, 즉 이 괴로움의 치유법을 가장 잘 극화하는 핵심 가치가 무엇인지 찾을 차례다. 스토리화된 마케팅 캠페인이 사실상의 소멸 위기에서 브랜드를 구해낸 '도브 리얼 뷰티' 캠페인을 예로 들어 보자.

앞장의 감정 창출 부분에서 설명했듯이, 타깃 관객의 도발적 사건과 욕망의 대상에 대한 통찰을 바탕으로 오길비앤드매더는 '자기비판 vs. 자기인정'이라는 핵심 가치를 중심으로 한 편의 목적 전달 스토리를 엮었다. 그리하여 2013년 4월 14일 '도브 리얼 뷰티 스케치'라는 3분 길이 마케팅 영상을 선보였다. '자기비판 vs. 자기인정'이라는 핵심 가치의 동학과 그것을 표현한 스토리가 도브의 관객층과 접속에 성공하면서 유튜브에서 97.6%의 긍정적인 피드백을 받았다. 영상 조회 수가 불과 일주일 만에 1,500만을 넘어서더니 열흘이 채 되기 전에 3,000만에 이르렀다. 두 달 사이에 전 세계에서 1억 6,300만까지 조회 수가 폭발하고 영상은 칸 국제광고제의 그랑프리를 거머쥐었다. 전체적으로 매체 노출 횟수 46억을 기록하면서 제품 판매량이 거의 두 배로 증가했다.[5]

스텝 2. 주인공을 선택한다

기업은 본질적으로 수행하는 기능에 따라 '자원 개발', '제품 생산', '서비스 수행'의 세 범주로 크게 묶인다. 세 가지 기능을 모두 실행하는 회사도 없지 않으나, 각 기업의 진정한 정체성은 결코 외부에 위탁하지 않을 한 가지 과업에서 나온다. 전통적으로 마케팅 캠페인은 해당 기업 브랜드의 이런 고유성을 표현하려고 노력해 왔다. 자연히 마케터로서는 그 유일무이한 정체성에 부합하는 주인공을 캐스팅하는 것이 관례였다. 이런 이유로 마케팅 스토리들은 해당 기업의 핵심 기능에 따라 전혀 다른 세 유형의 주인공 중 하나를 택하는 경향을 보인다.

유형 1. 자원 중심 기업

자원 중심 기업은 천연자원이나 원자재 개발에서 경쟁사들보다 더 높은 효율성과 창의성을 보여야 경쟁에서 이긴다. 가령 광산 업체는 지구의 광물을 발굴하고, 제약회사는 인체와 화학물질에 관해 새로운 지식을 찾는다. 일단 광물을 파내거나 인체의 신비가 밝혀지면, 자원 중심 기업들은 그런 자산에 대해 독점권을 가지므로 시장을 지배할 수 있다. 게다가 아주 먼 미래까지 제조, 포장, 구매의 단계를 거친다 생각하면, 그 끝에 누가 최종 사용자가 되는지 가늠하기 어려울 정도다. 이런 경우 B2B 마케팅은 어떤 스토리를 펼치든 회사 자체를 주인공으로 삼는다.

간단한 일은 아니다. 거대한 기업을 하나의 인격체로 축소하는 것은 미연방 50개 주를 엉클 샘Uncle Sam으로 상징되는 미국 정부 안에 밀어 넣는 것과 비슷하다. 불가능하지는 않으나 뛰어난 창의성의 도약이 요구되는 작업이다.

유형 2. 제품 중심 기업

제품 중심 기업은 기능과 외형과 편리성과 내구성이 더 뛰어난 제품을 만들어야 경쟁에서 승리한다. 이런 기업의 마케팅 스토리는 제품에 주인공의 역할을 맡기고, 목소리나 인격, 혹은 어떤 원형으로 제품을 의인화하곤 한다. 예를 들어 애플의 '겟어맥Get a Mac' 캠페인은 정직하고 상식적인 맥 컴퓨터로 배우 저스틴 롱을, 이에 맞서는 기만적이고 오락가락하는 PC로 코미디언 존 호그만을 등장시켰다. P&G의 '가사 노동 문제/해결' 스토리는 만화화된 미스터 클린이 새로운 헤라클레스나 병에서 나온 지니로 등장해 문제를 신속하게 해결한다.

유형 3. 서비스 중심 기업

서비스 중심 기업은 우월한 서비스를 제공해야 경쟁사를 뛰어넘는다. 의료 서비스라면 최종 사용자에게 더 나은 건강을, 금융 서비스라면 더 많은 자산을, 법률 서비스라면 더 나은 안전을 제공한다. 서비스 전문가는 소비자의 삶을 향상시키는 데 자신이 가진 재능과 기술을 쏟아붓는다. 그래서 전통적으로 이 분야의 마케팅은 해당 서비스의 전문가를 영웅이 아닌 조력자로 묘사하고, 대신 소비자를 주인공으로 등장시킨다. NGO, 자선단체, 정부 부처 같은 비영리기관 역시 똑같은 마케팅을 구사한다.

지난 한 세기 동안은 이런 세 가지 캐스팅 전략이 마케팅 스토리의 가이드라인 역할을 했다. 그런데 어느 순간 인터넷이 등장했다. 쇼핑객들이 온라인에서 소매업자들에게 때로는 고마움을 담아 때로는 비난을 실어 평점을 매기면서 모든 것이 달라졌다. 즉각적이고 빠르게 퍼지는 입소문 때문에 소비자 중심주의가 현대 마케팅의 모토로 자리 잡았다. 오늘날 대부분의 마케팅 캠페인은 실제 서비스를 제공하는 회사든 아니든 일종의 서비스 회사로 기업을 묘사하고, 그 회사의 소비자들을 주인공으로 캐스팅한다.

다 좋다. 고객 중심 스토리텔링은 세계 무역의 긍정적 진화를 표상한다. 스토리의 서사가 창의적으로 설득력 있고, 저열한 아첨을 삼가며 무엇보다 정직하다는 전제하에서다. 밀레니얼 세대와 Z세대 소비자들은 헛소리를 질색한다.

공감이 필수다

타깃 관객은 각자가 스토리의 주인공과 자신 사이에 인간적인 공통점을 감지하지 않으면, 관심을 두거나 귀담아듣지 않고 동일시하지도 않으며 행동할 마음은 더더욱 품지 않는다. 공감이 절대적이다. 이렇게 자명한 원칙을 두고도 마케터들은 전형적인 합리화에 기댈 때가 많다. 밋밋한 스토리를 그대로 믿고 나가는 그들의 논리는 이렇다. "스토리가 아무리 진부해도 주인공이 전형적인 구매자처럼 보이기만 하면 자동적으로 정서적 개입이 작동한다. 따라서 진부함의 치유법은 캐스팅이다." 이 논리의 오류는 이미 쓰디쓴 경험으로 배운 바 있다. 주인공의 평범함이 소비자 중심의 지향성을 보장해 주진 않는다. 소비자가 원하는 것은 인간적인 친밀감이지 상투적인 복제가 아니다.[6]

사실상 비즈니스 스토리에서 논리적으로 택할 수 있는 유일한 주인 공은 제품이거나 기업인 경우가 많다. 그런 경우 이야기의 서사가 그런 관점에서 이뤄져야 한다. 하지만 그러자면 스토리텔러가 넘어야 하는 까다로운 문제가 있다. "주인공이 생명 없는 물체이거나 비인격 적인 기관일 때 어떻게 주인공과 소비자 사이에 공감적 연결을 성사 시킬 수 있을까?"

제품과의 동일시

주인공은 주인공이니 당연히 자유의지로 선택을 할 수 있어야 한다. 하지만 제품은 물건이고, 물건은 자의식이나 의지력이 없으니 선택을 하거나 행동을 취할 수 없다. 보통 이에 대한 해법으로 판타지의 힘을 빌린다. 애니메이션으로 만든 인물이나 배우가 제품을 의인화하기도 하고, 오즈의 마법사처럼 사물이 살아 움직이는 세계를 만들어 내기도 한다. 가구 소매 업체 피어원Pier1, 주거 자동화 전문회사 네스트 랩스Nest Labs, 보험회사 가이코Geico의 최근 캠페인에는 말하는 찻주전자, 수다스러운 전원주택, 기운이 넘치는 호주 파충류가 등장한다.

판타지 세계의 인물을 만들어 내자면 상상력과 혁신과 창조적 실행이 반드시 필요하다. 그런 과제를 해결하기보다 차라리 스토리텔링을 포기하고 대변인을 내세워 제품의 성능에 대해 불확실한 장담과 허풍을 늘어놓는 방식을 선호하는 캠페인들이 여전히 많다.

기업과의 동일시

앞장에서 설명했듯이, 중요인물의 내면에는 뚜렷한 인간적 특징이 자리하고, 이것이 스토리에서 선의 구심점이자 공감을 끌어내는 자석 같은 힘을 발휘한다. 기업을 공감할 수 있는 주인공으로 만들려면 마케터는 먼저 회사의 제1가치를 알아내야 한다. 회사의 본질에 필수적이어서 이것을 놓치면 회사도 함께 사라지는 그런 가치가 무엇인지 찾아야 한다. 다음으로, 마케터는 회사라는 중요인물에 이 가치를 불어넣어 주인공의 선택과 행동이 스토리를 구축하도록 이 가치를 움직여야 한다.

하지만 실제로 기업이 중요인물의 역할을 맡는 경우, 중심이 공허해 보일 때가 많다. 어떤 회사는 돈으로 호감을 살 수 있으리라는 기대에 경기장의 명명권을 따내기도 한다. 심장 이식을 하듯 홍보를 맡은 기업과 자선단체를 짝짓는 홍보회사들도 있다. 자선활동이 기삿거리가 되기는 하겠지만, 다국적 기업에 대한 소비자의 반감을 극복하기에는 역부족이다. 선의 구심점이 표현되는 것은 머릿속의 연상이 아니라 행동임을 늘 명심하기 바란다.

그런데 기업의 미션이 들려주는 스토리는 또 다르다. 스타벅스, P&G, 로열DSM을 비롯한 많은 기업들이 빈곤층 교육, 재난 복구, 제3세계 질병 치료 같은 사회적 대의에 관여해 오고 있다. 이런 미션에서 나오는 스토리는 해당 기업을 인도주의적 역할에 캐스팅해서 공감을 이끌어 낼 수 있다. 뿐만 아니라 자축하는 홍보 영상들과 달리 부정에서 긍정으로 변화의 곡선이 그려지면서 목적 전달 스토리에 자연스러움이 더해진다.

브랜드와의 동일시

개개인은 자신을 둘러싼 문화에서 개인적인 정체성을 끌어낸다. '당신은 누구십니까?'라는 질문에 사람들은 자신의 국적, 부족, 종교, 직업, 결혼 여부 등과 함께 좋아하는 음악, 영화, 책, 예술, 음식, 스포츠팀 등을 열거한다. 저마다 독특한 경험과 성취를 덧붙일 수도 있는데, 여기에도 역시 날 때부터 그들을 에워싼 문화가 영향을 끼쳤을 것이다. 늘 이렇게 돌아가던 세상에 현대인의 삶은 한 차원을 더 보탰다. 그게 브랜드다. 20세기 전반부에는 라벨을 가리거나 잘라 냈지만 이제는 더 이상 그러지 않는다.

브랜드와의 동일시, 그리고 그에 따라 배지badge를 부착하는 현상은 2차 세계대전 이후에 등장해 뉴욕의 매디슨 애비뉴Madison Avenue를 본거지로 퍼져 나갔다. 요즘은 다들 가슴팍에 로고를 과시한다. 이런 배지는 브랜드 자체를 광고할 뿐 아니라 소유자의 취향, 계급, 정치, 성적 취향, 개성, 그 외에도 여러 가지 많은 것들을 시사한다.

자원 중심이든 제품 중심이든 서비스 중심이든 상관없이 브랜드 자체가 한 나라를 방불케 할 만큼 거대한 복합성을 띨 때도 많다. 브랜드는 배경에 놓인 기업과 전경에 내세운 라이프스타일 둘 다를 표상한다. 브랜드마다 고유한 아우라를 내뿜으며 이 세상에서 존재감을 발산한다. 예컨대 IBM=천재, 버드와이저=좋은 시절, 루이비통=럭셔리의 등식이 성립한다. 이런 본질적인 특성은 수십 년간의 노력으로 획득한 것이므로, 기업이나 기업의 제품이 마케팅 스토리의 주인공으로 등장하는 경우 브랜드의 아우라가 곧 주인공의 페르소나가 되고, 이 개성을 강화하는 방식으로 스토리텔링을 전개해야 한다.[7]

오버독Overdog을 피해야 하는 이유

주인공을 정할 때 명심할 사항이 있다. 무릇 인간이라는 존재가 가진 자기 모순적 동학을 유념하자. 사람은 찢어진 청바지서부터 다이아몬드 반지까지, 맥도널드 햄버거에서 최고급 요리까지 어느 것에서든 자신의 정체성을 발견할 수 있다. 사람들이 자아감의 형성에 특정 제품을 이용한다고 해서, 제품을 만드는 기업에 공감한다는 뜻은 아니다. 권력은 동일시의 대상이 아니다. 사람들은 권력을 존중하고, 권력에서 안정감을 찾고, 권력에 저항하고, 권력을 숭배할지언정 권력과 자신을 동일시하는 경우는 거의 없다. 가령 상위 몇 퍼센트의 부자들이라면 최고급 럭셔리 제품에서 정체성을 확인하기도 할 것이다. 그러나 그렇게 확실한 사회적 명망에도 불구하고, 남들 모르게 속으로는 스스로 언더독(Underdog, 이기거나 성공할 가능성이 적은 약자—옮긴이)이라는 느낌에 밤잠을 설치기도 한다. 이런 인식이야말로 보편적이다.

세상에서 자신이 처한 위치를 돌아볼 때 인간은 본능적으로 자기 앞에 압도적인 힘이 가로막고 있다고 느낀다. 사랑의 예측 불가능성이나 죽음의 불가피성은 이런 힘의 일부분일 뿐이다. 인생의 부정적인 힘의 총량이 내리누르는 압력에 우리는 모두 어느 정도는 스스로를 약자로 느끼는 날들이 있다.

스토리의 도발적 사건으로 주인공의 삶의 균형이 깨지면, 관객은 강력한 적대 세력이 주인공의 앞을 가로막고 있다고 느끼기 마련이다. 약자라는 인식은 다른 어떤 명분보다 더 빠른 공감을 불러일으킨다. 그러니 '강자'를 주인공으로 설정하는 일만큼은 어떤 경우라도 피해야 한다. 기업을 주인공으로 택한다면, 기업의 규모나 범위, 자산, 영향력에 대한 자랑은 삼가기 바란다. 제품을 주인공으로 택한다면, 제품의 유명세나 최신 유행의 신상이라는 자랑은 하지 말자. 세상은 오버독에게 공감을 할애하지 않는다. 겸손한 품위를 지키는 마케팅을 하자.

스텝 3. 창의적인 설정을 택한다

사회적, 물리적 장소

목적 전달 스토리의 사회적, 물리적 설정은 관념적 설정에서 구체적 설정까지, 애니메이션에서 실사까지, 개인에서 거대 사회까지 두루 포괄한다. 애플 광고 두 편 '겟어맥Get a Mac'과 '오해Misunderstood'의 스토리텔링을 비교해 보자.

'겟어맥' 캠페인은 2006년부터 2009년까지 30초 길이의 스토리 66편을 내놓으며 엄청난 성공을 거뒀다. 각 스토리에는 극도로 미니멀한 유백색 공간에 경쟁 컴퓨터 브랜드를 상징하는 두 인물이 등장한다. 캐주얼한 옷차림의 인물(배우 저스틴 롱)이 자신을 맥 컴퓨터라고 소개하고, 정장에 넥타이 차림인 다른 인물(코미디언 존 호그만)은 자신이 PC라고 소개한다. 매 편마다 두 '컴퓨터' 사이에 재빨리 갈등이 생기고 단 한 번의 전환점을 돌아 매번 맥이 승리하는 구조로 모든 미니 스토리가 진행된다. '겟어맥' 캠페인은 2007년 그랜드에피 어워드를 수상했다.[8]

'오해' 편은 사실주의적 접근으로 현실에서 볼 법한 교외의 가정에서 크리스마스를 보내는 실제에 가까운 가족의 모습을 담는다. 왁자지껄한 가족 모임에 섞이지 않고 혼자 종일 아이폰에 코를 박고 있는 십 대의 스토리가 극사실주의적 이미지로 그려진다. 그러다 전환점에서 뜻밖의 놀라움을 선사한다. 사실 소년은 아이폰으로 가족의 흥겨운 휴일을 기념하는 짧은 영상을 만들고 있었다는 것. 2013년 크리스마스 시즌에 진행된 이 광고는 에미상 우수광고 부문을 수상했다.

어떤 물리적, 사회적 공간 안에 스토리를 설정하느냐에 따라 스토리 안에서 가능한 것의 한계가 정해진다. 일정한 세계에서 가능한 것들은 제한될 수밖에 없다.

시대적 위치와 지속 기간

스토리의 시간적 배경을 과거나 미래로 설정하는 광고들이 이따금 있다. 심지어 그림형제나 안데르센의 초월적 세계로 설정해 헤어 제품부터(예컨대 『라푼젤』처럼) 침실 가구까지(『공주님과 완두콩』처럼) 온갖 것을 소개하기도 한다. 그러나 목적 전달 스토리는 대개 친밀성과 접근성에 따라 시대적 배경을 설정하기 때문에, 대다수의 스토리가 동시대 현실 세계를 배경으로 이뤄진다.

시간의 길이는 전혀 다른 문제다. 스토리텔링은 피스톤처럼 시간을 압축하는 마력을 발휘해 한 시간을 한순간으로 바꿔 놓을 수 있다. 예를 들어 TV 광고에서 결혼식의 전 과정을 30초로 극화할 수도 있고, 투자 설명서에서는 수십 년의 기업 역사를 대여섯 쪽으로 압축할 수도 있다. 마케터에게는 이 점이 대단히 유리하다. 스토리를 짜내기에 필요한 만큼 주인공의 인생을 길게 혹은 짧게 가져와 쓸 수 있는 유연함이 허용된다.

3단계: 도발적 사건

도발적 사건은 정상적이던 주인공의 삶을 갑자기 뒤흔들고 핵심 가치를 긍정에서 부정으로 급전환시키며 스토리를 시작한다. 이런 깜짝 사건이 소비자의 호기심을 붙들고 스토리의 전개 과정을 따라가게 만든다. 이 과정에서 "이게 과연 어떤 결과로 이어질까?" 하는 물음이 제기되고 절정에 가서야 비로소 이 물음의 해답을 얻을 수 있다.

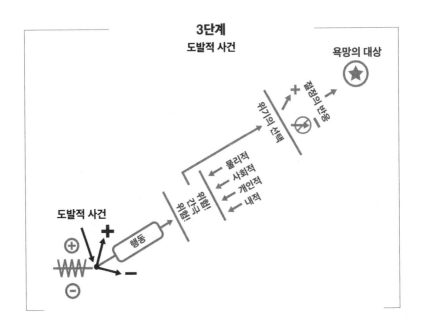

3단계
도발적 사건

욕망의 대상

위기의 선택

결정의 반응

물리적
사회적
개인적
내적

위험!
위험!

도발적 사건

행동

목적 전달 스토리에서 도발적 사건과 그것이 초래하는 불균형의 정확한 특징은 주인공의 유형에 따라 달라진다. 예를 들어, 중심인물이 기업을 표상한다면, 합병, 매입, 인수, 소송 등이 도발적 사건이 될 수 있다. 제품이 중심인물인 스토리라면, 혁신과 노후화의 어디쯤에서 사건이 시작될 수 있다. 중심인물 자리에 소비자가 놓이는 스토리라면, 출산에서 가족의 상실까지 인간이 겪는 어떤 사건이든 일어날 수 있다.

그러나 주인공을 어떻게 규정하든 중요한 건, 도발적 사건에 대한 주인공의 반응이 관객의 공감과 정서적 관심을 불러일으키고, 주인공이 스토리에서 선의 구심점에 위치해야 한다는 점이다. 호기심과 공감을 통한 이중의 개입은 일시적이었던 소비자의 관심을 긴장감으로 바꾸고, 이로써 5단계에서 튀어나올 놀라운 반전의 기초가 마련된다.

게다가 관객의 관점에서 보자면, 느닷없이 운이 역전되는 주인공의 삶에 자신의 삶이 거울처럼 겹쳐진다. 마케터가 스토리의 설정을 조사하면서 발견한 타깃 욕구, 즉 관객 자신의 충족되지 않은 욕망이 거기에 투영되는 것이다. 이렇게 관객의 시선을 붙잡아 시작되는 '거울 스토리'는 관객을 절정까지 이끌고 관객의 행동을 촉구한다.

레오버넷 마드리드 에이전시가 스페인 국영 복권인 SELAE를 위해 제작한 '12월 21일' 캠페인을 예로 들어 보자.

배경지식을 보태자면, 스페인 크리스마스 복권은 세계에서 두 번째로 오래된 복권으로 1812년 이래 발행이 중단된 적이 없다. 두 세기를 넘긴 지금은 스페인 국민 75%가 연간 추첨에 참가하는 일종의 국가적 현상이다.[9] 2016년에는 연 1회의 크리스마스 추첨 티켓 판매액이 무려 26억 유로를 넘어섰다.[10]

크리스마스 복권은 다른 복권들과 운영 방식이 상당히 다르다. 잠재적 추첨번호가 00000에서 99999까지 10만 개뿐이다. 1등('엘 고르도 El Gordo' 즉 '기름진 것'이라 불린다.) 추첨 번호와 정확히 일치하는 번호를 고른 모든 티켓 소지자에게 각각 400만 유로를 지불한다. 2016년에는 165명이 엘 고르도 티켓에 당첨되어 총합 6억 6,000만 유로의 당첨금을 받았다.[11]

장당 200유로라는 복권 티켓 가격은 개인들이 지불하기에는 부담이 큰 액수다. 하지만 티켓 한 장을 절취선에 따라 데시모decimos, 즉 10분의 1이라 불리는 10장의 소小티켓으로 나눌 수 있어서 여러 명이 티켓을 공동 구매할 수 있다. 데시모 한 장당 각 티켓 당첨금의 10%를 받는다. 이런 방식으로 복권이 해마다 크리스마스를 앞두고 친구와 동료들을 같은 꿈으로 난합시킨다.

최근 몇 년 사이 스페인은 일반적인 정치적 논쟁을 넘어서 사회 분열이 심화되어 왔다. 카탈로니아 독립운동의 확대도 한 가지 이유다. 이런 분열은 티켓 공동 구매 모델에 위협이 되었다. 과연 단체로 티켓을 함께 구매하는 움직임이 전보다 줄어들까? 만약 그렇게 된다면, 복권에 참가하는 행위가 이기적으로 비춰지지는 않을까? SELAE는 스토리텔링의 힘을 빌려 이런 위험 요소에 맞서는 동시에 사람들의 단합을 돕는 존재로 복권을 포지셔닝 하고자 했다.

'12월 21일' 캠페인은 스페인의 해변 마을에서 사랑하는 손자를 위해 과일과 토스트와 우유로 가벼운 아침 식사를 준비하는 할머니의 모습으로 시작한다. 할머니는 세심하게 쟁반에 손자의 식사를 차려 거실에 있는 손자에게 가지고 간다.

손자는 휴대폰에 정신이 팔려 할머니에게 밥 생각이 없다고 무심히 말한다. 그 사이 할머니의 시선은 거실 TV로 향하고, TV에서는 아나운서가 엘 고르도의 실시간 추첨을 알린다.

할머니는 사 두었던 티켓을 부리나케 찾아와 자신의 숫자가 당첨되는 것을 휘둥그레진 눈으로 지켜본다. 어안이 벙벙한 채로 할머니는 집을 뛰쳐나가 당첨 티켓을 함께 구매한 이웃들을 만나러 간다.

그런데 할머니가 나가자마자 TV에 아나운서가 등장해 이렇게 설명을 한다. "지금까지 지난해 추첨 장면을 보셨습니다. 드디어 대망의 날이 내일로 다가왔습니다."

마침 할머니의 아들이 들어와 여전히 휴대폰에 정신이 팔린 손자에게 "할머니 어디 계시냐?"고 묻는다. 손자가 이렇게 대답한다. "(친구) 찾으러 밖에 나갔어, 복권에 당첨된 줄 알고." 걱정이 된 아들이 할머니 뒤를 쫓아 나갈 때, 이미 아들의 삶은 균형이 깨진 상태다.

할머니의 오해로 스토리의 도발적 사건이 작동하기 시작한다. 관객이 "다음에 무슨 일이 벌어질까?" 하고 궁금하게 만듦으로써 관심을 붙잡는다. 그 장면에서 주인공에 대한 공감도 아울러 형성된다. 스토리가 전개되면서 마을 사람들, SELAE의 소비자들이 주인공 그룹으로 등장한다. 그룹의 구성원 중 한 명인 아들의 얼굴은 어머니의 착각을 알기에 근심이 서려 있고, 이 근심 어린 얼굴은 관객에게 공감을 불러일으킨다. 관객으로서 우리는 문득 깨닫는다. 만약 일생일대의 행운이 찾아왔다고 착각하고 있는 저 할머니가 우리 어머니라면, 우리도 어머니를 따라 거리로 나가는 저 아들처럼 어떻게든 추락의 충격을 완화해 어머니가 상처받지 않도록 보호할 방법을 찾고 싶지 않겠는가 하고 말이다.

4단계: 욕망의 대상

4단계는 스토리의 절정을 향해 가는 관객의 호기심과 공감에 초점을 맞춘다.

삶의 균형을 회복하기 위해 주인공은 구체적인 목표를 마음에 품는다. 앞서 스토리 구성 요소를 설명하며 이 목표를 욕망의 대상으로 지칭했다.

도발적 사건과 마찬가지로 목적 전달 스토리에서는 주인공의 정체성이 사업체인지 제품인지 소비자인지에 따라 욕망의 대상도 달라진다. 새 아이폰처럼 물질적인 것일 수도 있고, 재정의 안정성이나 승진처럼 삶을 개선하는 조건일 수도 있고, 멋진 로맨스처럼 더 추상적인 무엇일 수도 있다. 유일무이한 서사를 만들고 싶다면, 내가 가진 지식에 상상력을 더해 이런 물음을 던져 보자. 내 브랜드, 혹은 내 회사, 내 제품, 내 소비자가 원하는 것이 정확히 무엇일까?

이 물음에 대한 답을 구했으면, 이제 두 가지 물음을 더 던질 차례다. 첫째, 이 욕망의 대상이 스토리의 핵심 가치(예컨대, 공정/부당, 부/가난 등)와 어떻게 연결되는가? 둘째, 더 나아가 스토리의 핵심 가치는 내 회사의 핵심 가치와 어떻게 연결되는가? 대답이 꼭 완벽하게 일치할 필요는 없지만, 완전히 단절되어서도 안 된다. 가치와 욕망은 반드시 서로를 투영해야 한다. 그래서 스토리와 그 스토리를 만드는 회사의 통합이 이뤄져야 한다.

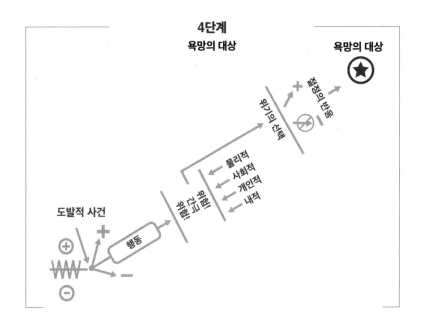

4단계
욕망의 대상

욕망의 대상
★

위기의 선택

정점의 막판

위험!고

물리적
사회적
개인적
내적

위험!고

도발적 사건

⊕

행동

−

⊖

　욕망의 대상을 어떻게 규정하든, 사물이든 상황이든 관계없이, 중요인물은 자기 삶의 긍정적인 균형을 되찾기 위해 그것이 필요하다고 느낀다. 이 욕망이 인물을 추동하고 스토리에 힘을 싣는다.

　'12월 21일' 캠페인에서 마을 사람들이 가진 욕망의 대상은 할머니가 무안함과 실망감을 맛보지 않도록 돕는 것이다. 이 목표를 이루자면, 점점 더 많은 사람들이 함께 힘을 모아 갈수록 복잡한 계획을 실행해야 한다. 할머니와 손자 사이에 거의 소통이 없는 첫 장면에서부터 전혀 다른 결말까지 스토리가 전개될수록, '고립/하나됨'이라는 핵심 가치가 모습을 드러낸다.

5단계: 첫 번째 행동

5단계에서 이제 주인공은 탐색에 나선다. 욕망의 대상에 도달하기 위해, 중요인물은 자신이 생각하는 최선의 예측을 기반으로 행동을 취한다. 즉흥적으로 혹은 의식적으로 주인공은 자신이 기대하는 긍정적인 반응을 주변 세계에서 끌어내기 위해 자신의 말과 행동을 전술로 삼는다. 주인공이 취하는 고유한 행동을 결정하는 것은 주인공의 고유한 정체성이다.

따라서 목적 전달 스토리의 크리에이터는 중요인물의 심리를 치밀

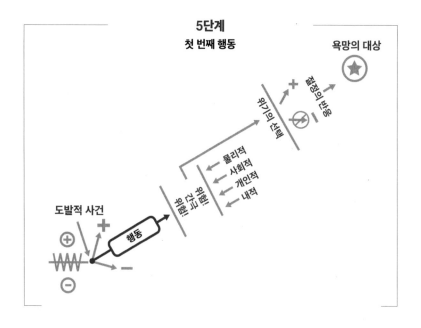

하고 심도 있게 조사해야 한다. "내 인물이 원하는 것이 무엇일까?"라는 물음에 지식과 상상력이 요구되듯이, "내 인물은 무슨 일이 일어나리라고 예상할까? 그 일이 일어나게 만들려면 인물이 과연 어떤 행동을 취할까?"라는 물음에 답을 찾을 때도 역시 지식과 상상력이 요구된다.

다시 '12월 21일' 캠페인을 예로 들어 보자. 아들이 주인공 그룹을 대표해 취하는 첫 번째 행동은, 어머니의 외투를 들고 밖으로 나서면서 어머니에게 사실을 말하고 외투로 어머니를 포근하게 감싸리라 예상하는 대목이다. 물론 이 예상이 지속되지는 않겠지만.

6단계: 첫 번째 반응

6단계에서는 주인공의 기대에 위반하는 상황이 발생한다. 행동을 취하던 당시 앞으로 벌어지리라고 주인공이 상상한 바와, 갑작스럽고 예상치 못한 주변 세계의 반응 사이에 뜻밖의 간극이 벌어진다. 주변의 반응은 주인공의 예상과 전혀 다르거나 더 강력하거나 때로는 둘다일 수도 있다.

스페인 복권 스토리의 경우, 아들이 어머니를 발견하고 보니 어머니는 거리에서 번호가 같은 티켓 소지자 중 한 사람인 이웃과 축하를 나누는 중이다. 아들과 이웃이 눈빛을 교환하는데, 이웃은 아들에게 다 알고 있다는 표정과 몸짓을 보낸다. 마치 '이 순간을 만끽하시게 그냥 두자.'고 말하는 것 같다.

장편 픽션이라면 여러 층위의 갈등(내적, 개인적, 사회적, 물리적 층위 등)을 이리저리 조합해서 이런 반응을 이끌어 낼 수 있다. 하지만 대개 마케팅 스토리는 간결하게 결과에 뚜렷이 초점을 맞춘다. 그래서 인물들을 좀처럼 한 층위 이상의 갈등에 연루시키지 않는다.

설득력 있는 스토리를 전개한다는 것은 관객이 공감할 수 있는 갈등, 관객의 삶에 놓인 긍정/부정의 이중성을 반영하는 갈등을 만들어 낸다는 뜻이다. 한번 생각해 보자. 우리 삶의 시간들은 해결해야 할 문제, 채워야 할 욕구, 충족해야 할 욕망으로 가득 차 있다. 우리는 주어진 일을 끝마칠 시간이 부족하고, 필요한 것은 손에 넣기에 너무 멀리 떨어져 있으며, 연애는 위태위태하고, 질병은 치유되지 않는, 그런 삶 속에 놓여 있다.

부정적인 힘이 인물의 욕망을 가로막으면, 이런 갈등은 인물로 하여금 자신의 마음속을 읽어 어려운 선택을 내리고 행동에 옮기도록 만든다. 관객의 관점에서 보면, 스토리화된 주인공의 분투는 관객들 자신이 분투하는 현실을 투영하고 있어서, 관객의 관심이 집중되고 개입이 깊어지며 구매할 마음을 불러일으킨다.

스토리텔링을 강력하게 만드는 창의적 동력은, 프랑스의 철학자 장 폴 사르트르가 가르쳐 주었듯, 결핍이다. 우리가 사는 이 세계는 무엇도 충분하지 않다. 식량도 충분하지 않고, 사랑도 충분하지 않고, 시간은 더더욱 충분하지 않다. 가장 기본적인 욕구에서부터 가장 꿈이 담

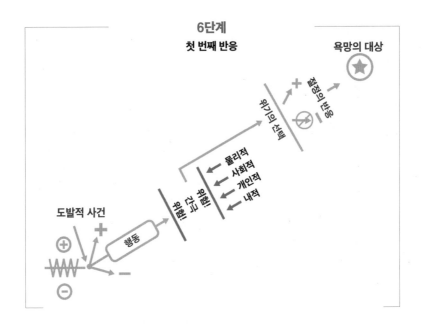

6단계
첫 번째 반응

욕망의 대상

결정의 반응

위기의 선택

물리적
사회적
개인적
내적

위험!
갈등

위험!

도발적 사건

행동

긴 욕구까지 인간으로서 욕구를 충족하려면, 우리의 열망을 부정하는 결핍과 전투를 치러야 한다. 한마디로, 부정에 맞선 인류의 부단한 분투야말로 현실의 본질이다.

유쾌하고 소박한 장면 셋을 나란히 붙여 놓은 TV 광고가 있다고 해 보자. 아주 행복한 가족이 나오고, 이어서 더 행복한 가족이 나오고, 끝으로 세상에서 제일 행복한 가족이 등장한다면?

과연 이렇게 달달한 삼중 설계가 어떤 반응을 불러일으킬까? 첫 숟가락은 미소가 지어질 수 있겠지만, 두 번째 숟가락은 미소 짓던 입가를 일그러뜨릴 것이고, 세 번째에 가면 화년에 제시된 그것을 절내 사지 않겠다고 속으로 다짐하게 된다. 감상에 젖어 요란한 광고를 보고 신용카드를 꺼내는 사람은 아무도 없다.

마케팅 스토리는 문제에서 해법으로 이어져야 한다. 해법에서 해법으로, 그리고 다시 해법으로 이어지는 게 아니다. 긍정적인 절정에는 부정적인 설정이 필요하다. 아무리 해피한 해피엔딩이라도 그저 희망으로 고무된 장면들 뒤에 나오면 아무 소용이 없다. 불필요한 중복이 관객의 기억에서 행복한 이미지를 지워 버리기 때문이다.

이를 좀 더 자세히 살펴보면 다음과 같다.

한계효용체감의 법칙

한 가지 원인이 자주 되풀이될수록 효과는 점점 줄어든다.

반복은 효과를 없애는 역할을 한다. 이 원칙을 실행에 옮겨 보면 정확히 3단계의 유형이 성립한다. 무엇인가를 첫 번째 경험할 때는 온전한 효과가 전달되고, 두 번째 경험에서는 본래 효과의 절반 이하가 전달되며, 세 번째에 이르면 결과가 역전돼 정반대의 효과가 야기된다. 치즈케이크의 첫 조각은 맛이 좋고, 두 번째 조각은 삼키기가 쉽지 않다가, 세 번째 조각에서는 속이 뒤집히는 법이다. 이런 유형이 스토리 설계에도 그대로 적용된다.

스토리의 첫 번째 적은 반복이고, 이것이 두 번째 적, 즉 공허함을 낳는다. 어째서 그토록 많은 브랜딩 캠페인이 '그리고, 그래서, 그래

서, 그래서……'의 지루한 반복으로 귀결되는 것일까? 어째서 그토록 많은 제품 광고, 서비스 광고가 미비한 효과밖에 내지 못하는 것일까? 그건 스토리의 서사에서 갈등의 조짐 자체를 고의로 회피하기 때문이다. 무엇 때문에? 바로 '부정 공포증' 때문이다.

부정 공포증: 부정적인 모든 것을 두려워하는 증상

부정 공포증(Negaphobia)은 마케팅 교육의 부산물이다. 비즈니스 쿨이 생겨나고 마케팅이라는 특이한 과목이 커리큘럼에 포함된 이래, 마케터들은 '가로되 긍정성을 강조하고 부정성을 제거하라.'는 훈련을 받아 왔다. 처음에는 상식과 교양처럼 보이던 것이 일종의 정서적 전염병으로 전이되어 이제는 대외 브랜딩부터 대내 팀 구성까지 기업 활동의 전반을 감염시키고 있다. 가령 요즘은 "저 사람은 너무 부정적이야." 하는 말이 직원들이 서로에 대해 할 수 있는 최악의 평가로 여겨진다.

아마도 문제의 직원은 그저 불리한 점을 빼놓지 않고 상황을 있는 그대로 바라보는 현실주의자일 가능성이 크다. 그런데 서슬 퍼런 현실을 직시하지 못하는 사람들이 직시할 수 있는 사람들을 기피하는 현상이 사무실마다 벌어진다. 이렇게 부정적인 것이 두려워 진실을 무시하는 태도는 당연히 근시안적이다. 이는 사실을 직시하지 못하는 사람들의 경력이 빠르게 단축되는 것으로도 알 수 있다. 그렇다면 도

대체 자신의 미래를 위태롭게 하면서까지 부정적이라는 이유로 실재하는 것을 무시하는 이유는 무엇일까? 여기에는 세 가지 주된 요인이 있다.

첫째, 앞서 말한 대로, 모든 비판으로부터 브랜드를 보호하라는 비즈니스스쿨의 금언을 들 수 있다.

둘째, 오늘날 과잉보호 문화에 길들여진 극도로 민감한 사람들이 불편한 진실을 위협으로 받아들이기 때문이다.

셋째, 제 한몸 지키기에 급급한 사람들 때문이다.

가령, 흥미로운 도발적 사건으로 출발해 절정에서 멋지게 긍정의 팡파르를 울리는 광고인데, 어떤 알 수 없는 이유로 판매가 증가하지 않는다고 해 보자. 광고가 실패한 진짜 원인을 창작에서 배급까지 연쇄 사슬의 어느 한 고리에서 발견할 수 있을 텐데도, 비난의 화살은 감히 광고의 부정적 토대를 승인한 사람을 겨냥할 것이다.

사전에 비난을 봉쇄하기 위해 마케팅 임원들은 일말의 부정적인 요소도 광고에 등장하지 않도록 금지시켜 자기 자리를 보전한다. 불행히도 부정 공포증은 비즈니스적 판단을 왜곡할 뿐만 아니라 메시지의 효과를 삼켜 버리는 결과를 낳는다.

부정의 원칙(The Principle of Negation)

설득력 있는 마케팅 스토리는 삶의 부정적인 측면까지 아우른다.

그러자면 도발적 사건이 주인공의 삶의 균형을 깨뜨리는 3단계나 스토리의 적대 세력이 예상치 못한 반응으로 주인공을 막아서는 6단계에서 스토리에 부정적인 토대를 깔아 둬야 한다.

예상치 못한 놀라움은 이내 인물의 머릿속에 그리고 동시에 관객의 머릿속에 '왜?'라는 물음을 던진다. 호기심에 이끌려 인물과 관객은 스토리 안의 질서와 설정을 더 깊숙이 들여다보게 된다. 불현듯 '왜'에 대한 대답을 발견하는 순간, 인물과 관객은 어떤 힘이 주인공의 욕망을 가로막는지, 주인공의 세계는 실제로 어떻게 작동하는지 깨닫는 통찰의 순간을 경험한다. 소비자들은 이렇게 자연스럽게 스토리화된 방식으로 진실을 깨닫고 싶어 한다. 진실을 말로 설명하지 않고 보여주는 스토리를 원한다. 가만히 교실에 앉아 있는 것이 아니라 깜짝 놀랄 만한 생생한 발견에 나서고 싶어 한다.

이렇게 얻은 통찰은 소비자의 욕구가 충족되고 해결되는 경로로 소비자의 거울 스토리를 작동시킨다. 구체적으로 어떻게 해결될지 몰라도 언젠가는 될 테니, 한눈을 팔기가 어렵다. 쉴 새 없이 집중을 흩뜨리는 세계에서도 이런 호기심은 예상 고객의 관심을 붙들어 둔다.

마케팅 스토리는 일반적으로 간결하다. 욕망의 대상을 추구하는 과정에서 주인공이 대개 단 한 번의 전환점을 거친다.

하지만 앞서 '12월 21일' 캠페인처럼 좀 더 긴 스토리에서는 5단계와 6단계가 점진적으로 발전한다.

6단계에서 주인공의 기대를 위반한 적대적 힘이 이제 욕망의 대상

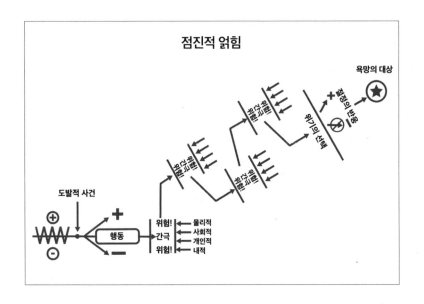

에 이르는 주인공의 경로를 가로막는다. 그러나 동시에 이 예상치 못한 반응을 통해 주인공은 주변 세계를 새롭게 이해하게 된다. 7단계에서 주인공은 이렇게 얻은 통찰을 활용해 마지막 행동을 선택한다.

7단계: 위기의 선택

7단계에서 스토리는 긴장과 서스펜스가 최고조에 이르는 위기에 도달한다. 주인공은 새롭게 얻은 지식을 토대로 새로운 전술을 택한다. 이 전술이라면 욕망의 대상을 안겨 줄 반응을 주변 세계로부터 끌

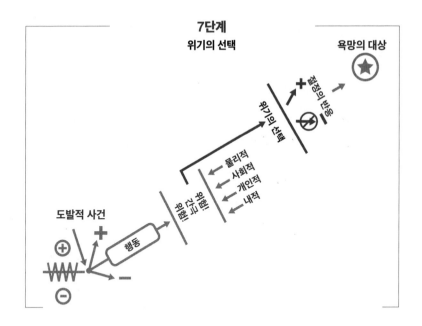

7단계
위기의 선택

욕망의 대상

결정의 순간

위기의 선택

물리적
사회적
개인적
내적

위기!
간극!

도발적 사건

행동

어낼 수 있으리라 기대를 품고 있다.

이 시점에서 대부분의 허구 전달 스토리의 주인공은 딜레마에 놓인
다. 양립 불가능한 두 가지 긍정적 가능성 사이에서, 혹은 결코 내키지
않은 두 가지 부정적 선택지 사이에서 억지로 하나를 택해야 하는 상
황이다.

그러나 마케팅 스토리는 경우가 다르다. 오히려 6단계에서 통찰을
얻은 덕분에 주인공은 자신이 원하는 것을 손에 넣기 위해 무엇을 해
야 하는지 선택이 명확해진다. 주인공은 새로운 전술을 구상하고 실
행에 옮긴다.

주인공이 행동에 나서면서 긴장이 최고조에 이르고 관객은 주변 세계의 다음 반응으로 "그래서 결국 어떻게 될까?" 하는 중요한 질문에 답을 얻게 되리라고 직감한다.

'12월 21일'에서는 사건이 점진적으로 진행되다가 마침내 오늘이 끝나 가고 있음을 주인공이 깨닫는다. 마을 잔치의 흥이 서서히 가라앉으면서, 주인공들은 할머니가 400만 유로의 상금을 탈 일이 없다는 사실을 곧 알게 될 거라고 직감한다. 아들은 사실을 털어놓기로 결심하고 어머니에게 다가간다.

8단계: 절정의 반응

8단계는 기대한 대로 거두는 단계다. 주인공의 두 번째 행동이 주변 세계로부터 긍정적인 반응을 불러일으키면서 주인공은 욕망의 대상을 획득하고 삶의 균형을 회복하게 된다. 이 절정의 사건은 스토리의 결과에 관한 관객의 정서적 호기심을 충족할 뿐만 아니라, 관객이 자기 삶의 '거울 문제(mirror problem)'를 어떻게 해결할 수 있을지, 그래서 관객 역시 필요하고 갈망하는 것을 어떻게 획득할 수 있을지 극화해서 보여 준다.

'12월 21일'의 초반부에서 어머니를 보호하려던 아들의 첫 시도가 실패한 뒤, 아들과 어머니의 이웃 푸리는 술집에서 어머니의 '당첨'을

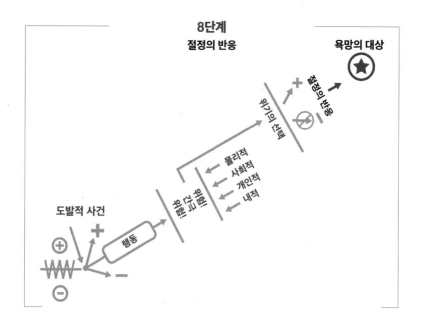

8단계
절정의 반응

욕망의 대상

절정의 반응

위기의 선택

물리적
사회적
개인적
내적

위험!

위험!

도발적 사건

행동

축하하기로 뜻을 모은다. 그러자 곧이어 적대 세력이 등장한다. 술집 주인과 다른 손님들은 아직 복권 추첨이 이뤄지지 않았다는 사실을 알고 있다. 지나가는 누군가 한 마디만 던지면 어머니의 특별한 오늘이 산산조각 날 노릇이다. 할머니가 마을을 가로질러 걷는 동안, 가족과 친구들이 미리 술집 주인에게 연락을 취해 술집에 있는 모든 사람이 장단을 맞춰 주도록 부탁을 해 둔다. 일행의 도착과 동시에 술집에서는 샴페인을 따른다.

술집에서 축하를 나누고 나서, 할머니는 친구들을 맞이하려고 다시 살롱으로 출발한다. 더 많은 마을 사람들이 이 눈속임을 유지하는 일에 참여하면서 할머니의 뒤를 따르는 무리가 점점 많아진다.

그러다 문득 할머니는 "TV에서 촬영하러 와야 하지 않나?" 하는 의문을 품는다. 아들이 거의 포기하고 진실을 밝히려는데, 아까까지 무관심하던 손자가 아버지를 말린다. 활기찬 분위기에 함께 들뜬 손자는 비디오카메라로 할머니를 인터뷰할 수 있는 친구들을 찾으러 뛰어간다. 마을 사람들은 이 정도면 할머니가 흡족하겠거니 생각하는 참인데, 인터뷰를 마친 할머니가 사람들에게 마을 잔치를 하자며 무리를 이끌고 등대로 향한다.

'12월 21일'은 마지막 전환이 일어나며 끝을 맺는다. 아들이 어머니에게 진실을 털어놓으려는데 어머니가 아들을 제지하며 이렇게 말한다. "네가 무슨 말 하려는지 다 안다." 아들은 어머니가 이미 상황을 깨닫고 실망했다고 생각하며 한숨을 내쉰다. 그런데 어머니가 주머니에서 '당첨된' 복권 티켓을 꺼내 아들에게 건네는 것이다. "그래도 너는 내 아들이니 항상 엄마 말을 들어야지. 네가 이 복권을 받으면 엄마는 훨씬 더 행복할 거란다."

아들은 어머니를 끌어안고 이웃 푸리와 시선을 주고받는다. 두 사람은 이 눈속임이 계속 흘러가도록 그냥 두기로 한다. 바로 그 순간 관객은 불쑥 한 가지 통찰을 얻는다. 할머니를 그토록 신나게 만든 건 뜻밖의 횡재가 아니었다. 그 돈이 마을에 행복을 가져다주리라는 걸 알았기 때문이다. 마을이 함께 축하하고 더 잘 살 방도가 많아지리라고 할머니는 생각한 것이다. 어두워지는 화면을 보면서 우리는 그날 하루의 모험을 경험하며 그들이 일등 복권에 당첨이 되든 아니든 상관 없이 함께함을 통해 행복을 성취했음을 깨닫는다. '12월 21일'은 점진적 얽힘을 훌륭하게 진행해 관객의 관심을 절정까지 끌고 간다.

오픈마인드의 순간

스토리의 절정은 "아하, 알겠다!"라는 깨달음이 불현듯 머리를 스치면서 밀려드는 유의미한 정서적 통찰로 관객의 생각을 두드린다. 이렇게 이해가 한껏 고양되는 순간 관객의 생각이 열린다. 신경과학자들이 이 오픈마인드 현상을 측정해 보니 약 6~8초가량 지속되는 것으로 밝혀졌다. 이런 경이와 쾌감의 순간에 인간의 사고에 제시되는 것은 무엇이든 기억에 저장된다. 따라서 현명한 마케터는 바로 이 지점에 브랜드의 로고를 심어 둔다. 스페인 복권의 5분짜리 스토리는 마지막에 정확히 이 임무를 해내며 "나눔보다 더 큰 상금은 없다."라는 표어를 깔아 두는 것도 잊지 않는다.

행동 촉구

오픈마인드 순간의 최종 효과는 전체 스토리를 하나의 거대한 '행동 촉구(call to action)' 메시지로 바꿔 놓는 것이다. 그래서 주인공의 승리를 복제하도록 관객들을 현실 세계로 내보낸다. 거울 스토리를 다시 체험하고 싶은 관객은 스토리의 핵심에 놓인 제품을 구매하거나 서비스를 이용하게 된다.

명시적 스토리텔링 vs. 암묵적 스토리텔링

스토리의 여덟 단계를 모두 검토한 시점에서 기억해 둘 것이 있다. 모든 마케팅 스토리가 관객에게 여덟 가지 단계를 하나하나 명시적으로 반드시 거치게 해야 하는 것은 아니라는 점이다. 앞서 말했듯 인간의 정신은 스토리를 흡수하고 스토리를 만드는 장치다. 핵심적인 문구 혹은 이미지 하나가 전체 스토리를 함축하기도 한다. 표현되지 않은 단계들을 관객이 머릿속으로 상상하기 때문이다.

나이키의 유명한 명령화법, "저스트 두 잇Just Do It."을 예로 들어 보자. 이 세 단어가 어떤 스토리를 함축할까? 보통 이렇게 진행된다.

어느 날 계단을 오르던 나는 꼭대기까지 다 오르기가 힘겹다.[주인공의 상황 설정] 갑자기 몸 상태를 관리해야겠다고 깨닫는다.[도발적 사건] 이러다가는 계단 오르다 죽겠다 싶다.[욕망의 대상: 신체 단련] 나는 나이키 운동화를 한 켤레 사서 달리기를 시작한다.[첫 번째 행동] 고통이 엄습한다.[첫 번째 반응] 그러나 그만두지 않는다.[두 번째 행동] 하루하루 고통에 맞서 밀어붙인 끝에 마침내 살이 빠지고 컨디션

이 좋아져 지역의 10킬로미터 달리기 대회에 참여한다.[두 번째 행동/절정]

- 행동 촉구: 나이키를 사라.

말이 필요 없는 스토리도 있다. 가령 이 이미지를 내세운 유명한 미쉐린타이어 광고를 보자.

이 광고를 보면서 어떤 스토리가 머릿속에 펼쳐지는가? 이렇게 글로 옮겨 볼 수 있겠다.

나는 운전 중이다.[소비자가 주인공] 뒷자리에 가족을 태우고 폭풍우치는 밤 구불구불한 길을 달리고 있다.[균형 상태의 설정] 느닷없이 앞에 달리던 트럭의 차체가 꺾이며[도발적 사건] 가족이 위험에 처한다.[욕망의 대상: 가족의 안전] 나는 갓길로 방향을 튼다.[첫 번째 행동] 내 차의 타이어가 진흙탕에 빠진다.[첫 번째 반응] 그러나 차체가 틀어진 트럭 옆으로 돌아 나오는 동안[두 번째 행동] 나의 미쉐린타이어가 갓길에서 미끄러지지 않고 버텨 줘서 무사히 트럭을 지나쳐 다시 도로로 올라온다.[두 번째 반응/절정]. 미쉐린타이어 덕분에 가족을 안전하게 지킨다.

- 행동 촉구: 미쉐린타이어를 사라.

아름답게 전달하면, 굳이 많은 말이 필요치 않다.

3

스토리 작동법

**STORY
NOMICS**

서론

매력적인 소재는 좋은 스토리가 될 가능성이 크다. 그리고 이 가능성을 실현하는 것은 능수능란하게 스토리를 펼쳐 가는 솜씨다. 그러나 기업이 낡은 방식을 버리고 새로운 방식으로 고객과 연결되려면 그것만으로는 부족하다. 노련한 목표 설정과 목적에 충실한 서사가 반드시 필요하다. 그리고 그 과정이 제대로 작동하기 위해서는 앞장서 싸울 사람이 필요하다. 지금부터는 스토리로 움직이는 새로운 세계에서 마케팅 총괄책임자인 CMO가 하는 역할을 살펴보는 것부터 논의를 시작할 것이다.

조직 전체가 스토리 형식을 충분히 숙지했다면, 이제 성취하려는 목표에 맞춰 각각 다른 유형의 스토리를 만드는 법을 익힐 차례다. 브랜딩, 광고(현 모델의 수명을 연장하는 차원에서), 광고 이후 시대(post-advertising world)의 수요 및 잠재 고객 창출, 판매, 이 네 가지 핵심 목표를 달성하기 위해 스토리를 어떻게 응용하는지 살펴보자. 그런 다음 각각의 구체적인 목표에 비춰 스토리텔링의 효과를 어떻게 측정하는지 알아볼 것이다.

7

스토리와 CMO

브랜드 스토리텔링이 현대 마케팅의 흐름을 새로이 쓰고 있는 지금, CMO가 하는 역할은 무엇일까? 최근 인터뷰에서 마케팅의 지각 변동에 대해 언급한 GE의 CMO 린다 보프의 말을 들어 보자.[1] 마케팅의 변화가 완료되면 앞으로 CMO가 어떤 역할을 하게 되리라 생각하느냐는 질문에 보프는 이렇게 대답했다.

"여러분이 양해해 주시면, 지난 주말에 본 영화 이야기를 해 볼게요. 마이클 패스벤더가 주연한 「스티브 잡스」에서 …… 대사 중에 스티브 워즈니악이 스티브 잡스에게 이런 말을 합니다. '너는 엔지니어도 아니고, 제품 개발자도 아니고, 프로그래머도 아니잖아. 대체 네가 하는 일

이 뭐야?' 그랬더니 잡스가 대답하죠. '난 오케스트라를 지휘하는 사람이야.'

글쎄요, 제가 스티브 잡스는 아니지만 …… 저는 마케터의 본질적인 역할이 두 가지라고 생각합니다. 기업이라는 오케스트라를 지휘하는 역할과 북극성의 비전을 설정하는 역할이지요."

지금까지 수석마케터의 주된 업무는 광고 캠페인을 만들고 최대한 활용하는 일에 집중되었다. 선임자들의 계획안을 다듬고, 새로운 활로와 신기술을 추가해 수정하고, 지속적인 실적 향상을 꾀했다. 그러나 오늘날 CMO는 회사 내에서 이전 어느 때보다 새롭고 결정적이며 훨씬 더 포괄적인 역할을 담당한다. 바로 체인지 에이전트change agent, 즉 변화 관리자의 역할이다.

변화 관리자로서 CMO

정보와 엔터테인먼트 소비 패턴이 급격하게 바뀌면서 모든 기업에 업무 전반에 걸쳐 새로운 적응이 요구되는 상황이다. 고객 확충 방식을 개선한 회사는 마켓 주도권을 손에 넣을 것이고, 그렇지 못한 회사는 밀려날 것이다. 그리고 이 새로운 생태계에 최적화된 경쟁사가 그 자리를 대신할 것이다. 이제는 CMO가 나서서 기업 전체를 새로운 현실에 적응시킬 때다.

변화 관리자로서 CMO의 첫 번째 임무는, 광고 중심에서 스토리 중심으로 바뀐 마케팅의 세계적 추세를 경영진에게 교육하는 일이다. 만만치 않은 임무다. 일반적인 통념상 고위 경영진들은, 어린애들이나 스토리에 매달리지 유능한 경영자는 그러지 않는다고 생각한다. 그러나 회사가 일의 방식을 바꾸지 않으면 살아남기 힘들다는 것을 CMO로서 당신은 알고 있다. 그러니 타당하고 치열한 논리로 고위 경영진을 설득하자.

첫째, 3장에서 다룬 과학적 연구를 바탕으로 스토리가 어떻게 인간의 정신에 조응하는지 논증한다. 둘째, 이 둘의 조응이 어떻게 기업 정신을 고객의 생각과 감정에 연결시키기에 더없이 좋은 기회를 제공하는지 설명한다. 셋째, 성공을 목표로 스토리텔링의 긍정적 효과를 측정하고 조정하는 것이 어떻게 가능한지 근거를 제시해 논리를 뒷받침한다. 그러자면 먼저 13장에 실린 스토리노믹스 기법을 충분히 익혀둬야 한다.

일단 경영진이 기본 개념을 받아들이면, 이제 판매, 마케팅, 제품 개발, 소통, 투자자 관리, 리더십에 이르기까지 회사 내 각 부문별로 스토리 창작의 기본 단계에 대한 교육을 실시한다. 그리고 마지막으로, 스토리텔링을 실행에 옮기기 위해 마케팅팀의 사고 습관을 바꾸는 코칭이 필요한데, 다음의 여섯 가지 사항이 대단히 중요하다.

1. 팀의 분석 방법을 바꿔라: 귀납 논리에서 인과 논리로

빅데이터에 대한 유례없는 접근이 가능해지면서 경영진은 관찰의 일관성과 포괄성만 충분히 확보되면 그 정보를 가지고 세상에 대한 일반적 진실을 추론할 수 있을 것이라 짐작한다. 그러나 귀납법 하나를 근거로 세상을 파악하려 들면 비즈니스 리더로서 통찰력 있는 의사결정에 필수적인 인과 관계를 놓치기 쉽다.

예를 들어, 기저귀 회사에서 의뢰한 빅데이터 연구 결과, 2019년생들 가운데 기저귀 사용자가 100%인 반면 2012년생 가운데 사용자는 극소수라는 결과가 나왔다 해 보자. 마케팅팀의 사고가 이 수치에만 머문다면 (다시 말해서 이 수치의 배후 요인으로 배변 훈련이라는 요소를 무시한다면) 젊은 층의 기저귀 사용량이 급등할 것이라는 행복한 예측하에 생산량을 늘릴 수도 있다.

참 터무니없는 가정처럼 들리지만, 실제로 이런 패턴이 상당히 흔하게 발생한다. 지난 수십 년 동안 많은 경영진들이 숫자 기반의 귀납 논리에 눈이 멀어 인과 관계를 보지 못했다. 여기에는 무시무시한 결과가 뒤따를 수 있다. 그러니 데이터의 표층 밑으로 파고들어 그 아래 감춰진 '어떻게'와 '어째서'를 찾아내도록 팀을 코칭해야 한다.

2. 팀의 영업 관행을 바꿔라: 병렬적 접근에서 점진적 접근으로

기존의 교육으로 당신은 회사에 대해 좋은 점, 오로지 장점만을 세상에 말하도록 훈련을 받았다. 열심히 들어주는 사람을 만나면 끝내 상대방이 지칠 때까지 "우리 회사는 이것, 이것, 이것, 이것, 이것까지 합니다."라며 최대한 많은 긍정적 특징들을 나열하기 급급하다. 사실 당신이 첫 번째 자랑을 늘어놓는 순간 이미 상대의 마음은 떠났다. 세련된 고객은 매사에 좋은 점과 나쁜 점이 공존함을 알기 때문이다. 당신이 단지 좋은 점만 제시하면, 상대는 당신이 나쁜 점을 숨기고 있음을 알아차린다. 그는 이런 행동을 속임수라 여기고 당신을 신뢰하기 어렵다고 판단한다.

그러나 스토리화된 접근은 다르다. 최초의 가치값의 변화를 극적으로 제시해 서두를 열고, 더 큰 가치값의 변화로 전개를 이어 가서, 마침내 최대 가치값의 변화로 절정을 찍는 점진적 진행을 통해 성공은 물론 그 과정에 따라오는 장애물까지 모두 드러낸다. 스토리의 점진적 얽힘이 관객의 주의를 집중시키는 동안, 우리 회사에 대해 더 속속들이 신뢰할 수 있는 이야기를 전달할 수 있다.

3. 팀의 세계관을 바꿔라: 좁고 얕은 시야에서 넓고 깊은 시야로

스토리는 어떻게 유의미한 가치값의 변화를 창출할까? 갈등을 통해서다. 앞에서 개괄적으로 살펴봤듯, 인생에는 네 가지 층위의 갈등이 존재한다. 물리적 갈등(허리케인, 질병, 멈추지 않는 시곗바늘과의 싸움처럼), 사회적 갈등(기관에 맞서는 저항, 차별과 관료적 형식주의와 파워게임에 맞선 투쟁처럼), 개인적 갈등(친밀한 관계 안에서 벌어지는 반목처럼), 내적 갈등(상충된 욕망을 둘러싸고 인간의 머릿속에서 벌어지는 전쟁처럼)이 그것이다.

이를 광고에 적용하여 살펴보면 다음과 같다. 도브의 '리얼 뷰티' 스토리는 '자기비판 vs. 자기인정'이라는 내적 갈등을 전면에 내세워 캠페인을 끌고 간다. 애플의 2013년 아이폰 크리스마스 광고는 가족 안에서 벌어지는 오해를 둘러싸고 전개되는 이야기다. P&G의 생리대 올웨이즈Always의 #라이크어걸LikeAGirl 스토리는 전반적으로 여성의 자존감을 끌어내리는 사회적 대립에 주목한다. 앞서 미쉐린타이어 광고에서는 생명을 위협하는 고속도로 상의 충돌을 활용해 어떻게 기업의 스토리를 전달하는지 살펴보았다.

그러니 모든 층위의 대립을 다룰 수 있도록 팀을 훈련해야 한다. 그래야 소비자가 공감하는 스토리를 만들어 낼 수 있다.

4. 가치에 대한 팀의 이해 수준을 바꿔라

스토리텔링의 설득력을 좌우하는 것은 가치의 진정성이다. 따라서 변혁을 꾀하는 CMO라면 회사가 강력한 핵심 가치를 가지도록, 그 가치를 팀 전체가 공감하도록, 그 가치가 조직 내 의사결정에 작용하도록, 그리하여 궁극적으로는 그 가치가 브랜드 스토리텔링에 영감을 제공하도록 만들어야 한다.

회사의 스토리는 마땅히 재미있어야 하지만, 그저 재미를 주는 데서 그치지 않고 더 큰 목적에 기여해야 한다. 당신이 몸담은 비즈니스의 핵심 가치를 스토리 안에 재현함으로써, 회사의 브랜드에 대해 사람들이 가지는 생각에 영향을 미치고, 구매 가능성을 높일 기회를 얻는다. 이런 목표를 어떻게 달성하는지에 관해서는 앞으로 나올 8, 9, 10장에서 다룰 것이다.

5. 팀의 마케팅 이론을 바꿔라: 정서 지능의 수용

"우리 회사의 제품과 서비스에 관해 고객들이 알아야 할 사실이 무엇일까?" 많은 마케터들이 이 질문으로 업무를 시작한다. 그리고 그런 세부 사실들이 전달되도록 캠페인을 디자인한다.

그러나 사실 중심의 마케팅 방식에는 문제가 따른다. 의사 결정의 열쇠는 감정이고, 감정은 정보가 아니기 때문이다. 그러니 감정에 초점을 맞춘 질문을 던져야 한다. "나는 고객들이 어떤 느낌을 가지기를 원하는가?"

마케팅팀은 주인공과 관객 사이에 감정의 융합이 발생하도록 스토리의 틀을 짜야 한다. 감정이입이 일어나면, 점진적 갈등과 가치값의 전환을 활용해 관객의 주의를 집중시키고, 마지막으로 스토리의 절정에서 보상을 제공해 브랜드 혹은 제품 가치를 강화한다.

6. 팀의 사고모형을 바꿔라: 정적인 서술에서 동적인 스토리텔링으로

파워포인트 플랫폼을 치우고, 팀원들에게 데이터를 드라마로 전환하는 방법을 가르치자.

쇼러너로서 CMO

"나는 쇼러너가 되고 싶다."

—린다 보프(GE의 CMO)

CMO가 직접 브랜드 스토리를 창작해야 한다는 말은 아니다. 그보다는 쇼러너showrunner로서 CMO의 역할을 제시하고자 한다. 쇼러너는 쇼비즈니스에서 장편 TV 시리즈물의 제작 총괄책임자를 가리킨다. 쇼러너는 쇼의 비전을 책임지는 인물로, 매 시즌 스토리의 변화곡선을 기획하는 동시에, 매 장면의 세세한 디테일 하나까지도 전체와 조화를 이루면서 이후 결말에 대한 포석이 되도록 점검을 놓치지 않는다.

이 시대의 CMO는 기업의 쇼러너로서 스토리 기예에 능통하도록 팀을 교육하고, 브랜드 스토리텔링 전략을 수립하며 스토리텔링 과정이 굴러가도록 책임지고 이끈다. 크리에이티브 적임자를 영입하고, 브랜드의 목소리가 뒷받침되도록 매 순간 스토리텔링의 방향을 제시하는 한편, 탁월한 안목을 발휘해 브랜드의 예상 고객들에게 양질의 경험을 제공한다.

막중한 역할이 아닐 수 없다.

8

브랜딩의 스토리화

"내 회사, 내 제품에 대해 듣고 싶어 하는 사람은 아무도 없다."

모든 CMO는 이 냉혹한 진실을 직시하며 하루를 시작한다.

지난 200년 동안 마케터들은 매체 앞에 붙잡힌 관객의 즐거움을 중간에 끊고 광고를 끼워 넣는 방식으로 이 저항을 헤쳐 나왔다. 요즘은 일부 운 좋은 브랜드들이 광고를 누르고 대중 인지도에서 포화점을 찍기도 한다. 애플이나 삼성에서 신제품을 출시하면, 그 소식이 뉴스 매체의 1면을 장식하고 골수팬들은 광고를 보지도 않고 줄을 선다. 이런 희귀한 사례를 제외하면, 사람들은 새로운 청바지나 새로운 맛 요거트에 관해 참고 들어주느라 굳이 자기 시간을 할애하지 않는다. 대부분의 소비자들이 구매 직전에 잠깐 머릿속에서 브랜드를 놓고 고민하는 시간은 1분 정도다. 바로 그 귀중한 1분 때문에 현대 마케팅에서 스토리화된 브랜딩이 반드시 필요하다.

목적 전달 스토리가 어떤 경로로 소비자 행동을 촉발하는지는 앞에서 이미 설명한 바 있다. 지금부터는 브랜딩 스토리가 어떻게 소비자의 머릿속에 브랜드를 각인하고 그 이미지 둘레에 긍정적인 연상을 심어 소비자 행동에 필요한 토대를 마련하는지를 실펴볼 것이다. 이 정서적 결합을 확고히 다진 브랜드는 성공한다. GE, IBM, 올웨이즈가 그런 사례다. 그렇지 못한 브랜드는 고전을 면치 못한다.

21세기에 과연 **브랜드**란 어떤 의미를 가지는가? 이 물음으로 논의를 시작하자.

브랜드란 무엇인가

데이비스 브랜드 캐피털(DBC)의 CEO 패트릭 데이비스가 시장 분석과 브랜드 차별화를 위해 개발한 도구가 있다. 앤호이저-부시 인베브Anheuser-Busch InBev, 오토트레이더Autotrader, 치폴레Chilotle, 프로그레시브Progressive, 타겟Target, 버라이즌Verizon을 비롯한 많은 기업이 데이비스가 개발한 도구의 우수성을 증언한다. 모두 DBC를 기반으로 기업 브랜드와 제품/서비스 브랜드를 파악하고 디자인하고 개발하는 회사들이다.

최근 인터뷰에서 데이비스는 현대 브랜드에 대한 자신의 비전을 이렇게 제시했다.

"브랜드는 다른 모든 것을 조직하는 하나의 아이디어이자 다른 모든 것의 출발점 및 기준점이 되는 상위 구성체입니다. 저는 브랜드를 맑은 물에 즐겨 비유합니다. 농사든 빨래든 요리든 맑은 물이 있어서 비로소 가능하니까요. 모든 것에 걸쳐져 있는 그런 구성 요소가 바로 브랜드입니다.

결코 고갈되지 않고 수만 가지 방식으로 이용할 수 있는 깨끗한 수원을 찾아내기가 어렵지요. 말하자면 '브랜드'는 무형이고 추상적이면서도 진짜입니다. 이 모든 요건을 동시에 충족해야 브랜드라 할 수 있습니다.

그것을 손에 잡히는 실체로 만드는 것이 마케터가 할 일입니다. 진실성을 담아 그것이 하나의 이미지든 세 줄짜리 문구든 더 긴 형식이든 무슨 형태가 됐든 설득력 있는 스토리가 되도록 만드는 일이지요. 이 모든 것을 통해 우리는 브랜드가 소비자에게, 그리고 더 나아가 지역 사회와 주민에게 여러 가지 긍정적인 연관 고리가 돼 주기를 바랍니다. 브랜드라는 하나의 거대한 상위 아이디어를 중심으로 우리 모두가 하나가 될 수 있다는 메시지를 전하고 싶습니다.

브랜드는 일종의 신념 체계입니다. 여타의 신념 체계와 마찬가지로 브랜드에도 그 자체의 언어가 있고, 상징이 있고, 의식이 있고 그에 따른

행위가 있습니다."[1]

브랜드 의식이 우리 문화에 스며든 한 가지 확실한 본보기는 배지를 부착하는 현상이다.

데이비스의 설명을 들어 보자.

"버드라이트를 들고 있느냐, 버드와이저를 들고 있느냐, 스텔라 아르투아를 들고 있느냐에 따라 의미하는 바가 전혀 달라집니다. 세 가지 모두 같은 회사가 소유한 브랜드인데, 실제로 소비자들이 주말에 이 브랜드들을 골라 드는 시점은 제각각 다릅니다. 그 브랜드라는 배지, 그러니까 들고 있는 맥주병이 무엇이냐에 따라 소비자의 개성에서 전혀 다른 측면이 부각되기 때문이지요."

우리가 선택하는 브랜드는 우리가 스스로를 어떻게 바라보는지, 혹은 세상이 우리를 어떻게 봐 주기를 바라는지를 반영한다.

데이비스가 지적한 대로 본래 브랜드는 제조업자를 확인하는 수단에 불과했다. 이러이러한 사람이 이 특정한 물건을 만들었다는 사실을 보여 주는 것이 브랜드의 목적이었다. 은 제품, 도기, 가죽 제품 등에는 만든 이의 품질 보증 마크가 찍혔다. 실제로 소 떼에 찍는 낙인처럼 제품에도 브랜드라는 낙인을 찍어 두었다. 만든 이는 그 낙인을 통해 제품의 품질에 책임을 졌다. 문제가 생기면 구매자가 언제든 만든 이를 찾아가 보상을 받을 수 있었다. 그러나 오늘날의 상황은 다르다고 데이비스는 말한다.

"마크는 그저 '브랜드'를 나타내는 단순한 기호일 뿐입니다. '브랜드'는 여전히 존재하고, 제품과 마크를 뛰어넘어 살아남습니다. 바로 이 대목에서 여러분의 작업이 아주 흥미진진해지는 것이죠."

사람들이 자기표현의 일부로 삼을 만큼 사람들에게 아주 중요한 의미를 갖는 브랜드를 과연 어떻게 만들어 낼 수 있을까? 지난 수십 년간은 TV 광고가 성공을 거뒀다. 그러나 이제는 아니다. 오늘날의 관객과 연결되려면 다른 접근이 필요하다. 어지간한 방법으로는 어림없을 만큼 가야 할 길이 험난하다.

기업에 대한 현대인들의 반감

2015년 9월 18일 미 환경보호국(EPA)은 '임의조작 장치'를 장착한 디젤 차량 42만 8,000대를 판매해 고의로 연방 법령을 위반한 혐의로 폭스바겐사를 고소했다. 폭스바겐 측이 환경 테스트를 회피하도록 디자인된 특수 소프트웨어로 해당 차량들을 프로그래밍한 것이다. 그 결과 실험실 테스트에서는 필수 환경 기준을 충족하도록 효율적으로 (그러나 파워에서는 뒤떨어지게) 작동하던 디젤 엔진이 후에 도로 주행 시에는 작동을 달리해 법적 허용치의 40배에 달하는 질소산화물을 배출했다.[2] 2008년부터 2015년까지 폭스바겐이 판매한 디젤 차량의 도로 주행 테스트 결과가 실험실 테스트 결과와 일치하지 않았다. 그런데도

EPA의 공식 발표가 있기 전까지 폭스바겐 측은 거짓 해명으로 일관해 문제를 더 악화시켰다.

EPA의 공식 발표 닷새 뒤 사임한 폭스바겐의 CEO는 환경 기준을 고의로 회피한 팀의 결정에 대해 자신은 아는 바가 없었노라고 주장했다.[3] 이 스캔들과 관련한 소송이 마무리될 무렵, 해당 차량의 숫자는 58만 대로 증가했다. 폭스바겐 측이 지불한 배상금은 200억 달러에 달했다.[4]

환경에 끼친 악영향 외에도 폭스바겐 소비자들은 직접적 피해를 겪었다. 사용하던 중고 차량을 내다 팔 길이 없었다. 법원은 차량의 재판매 가치가 손실된 대가로 소비자들이 이전 차량 구매에 대해 수천 달러를 환불받을 자격이 있다고 판결했다. 그러나 친환경적인 실천의 일환으로 연비가 좋은 폭스바겐 차량을 구매한 다수 소비자들로서는 어떤 환불 조치로도 폭스바겐이 저버린 신뢰를 보상받기 힘들었다.

그보다 5년 전인 2010년 4월 20일 아침, 멕시코만 심해 유정에서 시추 작업 중이던 BP사의 시추선 딥워터 호라이즌호에서 폭발이 일어났다. 승선 인원 126명 가운데 11명이 화마에 희생됐다. 화재 발생 36시간 경과 후 5,000피트 아래 해저로 딥워터 호라이즌호가 가라앉고서야 가까스로 화재가 진압됐다.

이 폭발 사고와 그로 인한 기름 유출은 미국 역사상 최악의 환경 재앙으로 기록됐다.[5] 미국 정부는 복구 작업에 관해 이렇게 보고하고 있다.

87일간 유정에서 원유 배출. 시추선 두 척과 탱크선 수 척, 그리고 지원 선단을 배치해 유정 유출구를 통제하는 한편 스키머skimmer 835대와 약 9,000척의 선박을 동원해 기름 제거 작업 실시. 가장 대응이 험난했던 당일의 경우, 선박 6,000척 이상, 헬리콥터 82대, 고정익 항공기 20대, 47,849명의 인력이 배치됨. 230,000㎢의 어장 폐쇄. 기름에 뒤덮인 야생동물 168마리 발견. 1,157㎞ 길이의 오일펜스 설치. 26차례 현장 소각 실시로 기름 59,550배럴 태움. 291㎞ 길이의 해안선 심각한 오염. 1,632배럴의 분산제 도포. 27,097배럴의 원유 회수.

이 대재앙으로 바다에 유출된 원유량은 490만 배럴로 추산됐다.[6]

미 지방법원 칼 바비에 판사는 "가스 분출, 폭발, 기름 유출을 야기한 BP사의 부주의한 행위가 …… 이윤 추구를 앞세운 결정"이며, "이런 부주의한 사례들을 종합해 볼 때 표준적인 주의 기준으로부터 심각한 일탈과 주지된 위험 요소에 대한 의도적 묵살의 증거가 된다."고 판결했다.[7] BP사와 세 명의 직원에 대한 형사고발도 진행됐다. 회사는 최초 폭발이 야기한 인명 피해에 대해 위법 행위 혹은 부주의의 11가지 중범죄 죄목에 책임을 인정했다.[8] 기름 유출로 피해를 입은 개인 및 사업체의 소송이 10만 건을 넘어서면서, 2016년 7월 기준, 회사가 지불할 비용이 620억 달러에 달한다고 BP 측은 추산했다.[9]

여느 평범한 기업들이 아니다. 폭스바겐은 세계 최대 자동차 제조사[10], BP는 세계에서 여섯 번째로 큰 정유 업체다.[11] 글로벌 은행들의 위험천만한 대출 관행으로 세계 경제가 거의 붕괴 직전에 이른 것이 불과 두 해 전 일이다.

고객과 이웃과 환경의 안녕보다 이윤을 기꺼이 우위에 둠으로써 이 기업들은 개별 기업의 명성에 손상을 입혔을 뿐 아니라 비즈니스 일반에 대한 인식까지 손상시켰다.

'에델만 신뢰도 지표조사Edelman Trust Barometer'에 따르면, 민주주의 국가에 살고 있는 세계 시민 가운데 기업을 신뢰하는 비율은 52%에 불과하며, 그 신뢰도 서서히 무너지고 있다. 게다가 시민들은 문제의 발단이 최상층부에 있다고 믿는다. CEO들을 신뢰할 수 있다고 답한 사람은 전체 조사 대상의 37%에 그쳤다.[12]

수년간의 권한 남용으로 사람들은 기업에 대해 환멸을 느끼고 기업의 주장에 회의를 품게 됐다. 대대적으로 신뢰를 한층 더 약화시킨 요인은 현대 광고의 허풍과 장담이다. 판매 중인 제품이 거듭 장담하듯 주름을 지워 주고, 치아를 희게 해 주고, 허리를 날씬하게 해 주고, 결혼 생활을 행복하게 해 주지 못하리란 걸 모두가 안다. 속임수에 당할 만큼 당한 사람들은 이제 '영리 목적'이라는 말이 '어떤 비용을 치르더라도' 심지어 소비자에게 피해를 입힐 가능성이 있더라도 추구한다는 뜻이려니 짐작한다.

회의심을 극복하기란 중력을 극복하는 것과 같다. 이러한 회의심이야말로 브랜드의 끝없는 허풍과 장담이 부추긴 자연스러운 힘이니 말이다.

스토리, 그리고 영향력의 심리학

잘 짜여진 스토리는 스토리의 의미를 감정으로 잘 감싸 관객의 회의심을 사라지게 만든다. 이런 심리적 힘은 감정이입에 의한 동일시에서 나온다. 관객이 본능적으로 자아의식과 주인공을 연결하는 순간, 의심은 사라진다. 주인공의 선택과 행동이 관객의 대리 선택과 행동이 된다. 주인공의 삶에서 가치값의 변화가 일어날 때마다 동일한 감정의 우여곡절을 거쳐 관객에게도 이런 변화가 전달된다. 주인공이 마지막 행동으로 욕망의 대상을 손에 넣을 때, 감정과 의미의 융합이 일어나 굳이 설명의 말이 필요치 않다.

스토리의 절정은 관객에게 깨달음이 찾아오는 순간이다. 주인공의 행동을 보며 관객의 머릿속에 진실에 대한 통찰이 차오른다. 관객이 아무런 합리화나 회의적 의심 없이 이런 생각을 받아들이는 이유는 한 사람 한 사람의 사고 과정에서 자연스럽게 형성되었기 때문이다. 다른 누구의 것이 아닌 자신의 생각이다. 더구나 이 경험은 갑작스러운 통찰이 불러일으킨 쾌감의 감정으로 관객의 기억에 아로새겨진다. 그리하여 그날 이후로 관객의 의식 속에서 이런 긍정의 기억이 마치 후광처럼 그 브랜드를 에워싸고, 관객의 구매에 영향을 미치는 것이다.

꾸준히 잘 짜여진 스토리는 바로 이런 과정을 거쳐 소비자의 머릿속에 의미 있는 브랜드를 확립한다.

소재 찾기

대상 관객이 정해졌다면(스토리텔링 과정의 1단계), 이제 물리적·사회적 설정, 핵심 가치, 주인공을 포함한 소재를 선택할 차례다.(2단계) 브랜드 스토리에서 택할 수 있는 소재는 기원 스토리, 역사 스토리, 미션 스토리, 제품 스토리, 고객 스토리의 최소 다섯 장르로 분류할 수 있다. 브랜드를 정의하려면 적어도 한 가지 스토리는 반드시 필요하다. 물론 수천 가지 스토리를 들려주는 브랜드들도 없진 않다.

기원 스토리

만화에 보면, 기원 스토리를 통해 어떻게 슈퍼히어로가 불가사의한 능력과 강력한 정의 실현 욕구를 지니게 되었는지를 설명한다. 『스파이더맨』의 피터 파커는 방사성 거미에 한 번 물린 탓에 엄청난 거미의 재주를 갖게 된다. 그러나 삼촌이 강도에게 살해당하는 사건, 자신의 초능력을 사용했더라면 막을 수 있었을 살인 사건이 일어나고 나서야 비로소 그는 범죄에 맞서는 스파이더맨으로 은밀하게 변신한다. 이 기원 스토리는 스파이더맨이 어떻게 스파이더맨이 되었는가를 드라마로 들려주는 동시에 죄책감, 용기, 겸손이라는 인간다운 조합을 활용해 이 기이한 인물에게 관객이 꾸준히 감정을 이입하게 만든다.

혁신으로 유명한 회사일수록 창업주를 주인공으로 내세운 기원 스토리에서 성공적인 브랜딩이 시작되는 경우가 많다. 예를 들어, 애플의 시작은 스티브 잡스와 스티브 워즈니악이 차고에서 가정용 컴퓨터를 만들겠다는 충동에 사로잡힌 1976년으로 거슬러 올라간다. 복잡한 작업이 필요한 업체들만 이런 컴퓨터를 구매한다는 당시 업계의 통념은 오류였음이 드러났다. 오늘날 실리콘밸리에는 애플, 구글, HP처럼 차고라는 역사적인 공간에서 탄생한 비즈니스의 기원 스토리가 두툼하게 쌓여 있다.

역시 핵심은 감정이입이다. 차고 속 천재의 스토리는 토머스 에디슨만큼이나 오래된 이야기들이다. 이런 스토리가 가슴에 와닿는 이유는 상징적인 미국식 비즈니스 히어로가 등장하기 때문이다. 근시안적인 편견과 압도적인 역경에 맞서 근근이 사업을 개척하는 젊은 기업가의 스토리. 만약 당신 회사에도 강력한 기원 스토리가 있고, 그 스토리의 핵심 가치가 브랜드의 핵심 가치와 맥을 같이한다면, 그 스토리를 소비자의 머릿속에 당신의 브랜드를 확립하는 첫 번째 스토리로 삼길 바란다.

기업의 역사 스토리

그러나 현실에서 성공적인 비즈니스가 액션 영화 같은 영웅적 행위에서 출발하는 경우는 거의 없다. 오히려 다음의 세 가지에 뿌리를 둔다. 좋은 아이디어, 성실한 노력, 고집스러운 끈기다. 강력한 기원을 가지지 못한 기업들은 고위 경영진과 이사회에서나 관심을 보일 법한 사건의 연대기를 중심으로 브랜드의 친밀감을 키우려 시도할 때가 많다. 이런 서술은 회사 연혁에 실린 긍정적인 사건들을 열거하는 무미건조한 내러티브가 되기 마련이다. 앞서 4장에서 짚었듯, 스토리는 감정의 동학으로 진행되고 내러티브는 감정이 없는 사실들을 반복한다.

예를 들어, 코카콜라 웹사이트에 올라온 '125년 동안의 행복 나눔'[13] 스토리를 살펴보자.

"상징적 브랜드와 동명의 기업이 거쳐 온 놀라운 발전의 스토리입니다. 1886년 조지아주 애틀랜타 시내 한 소다 판매점에서 탄생한 이래, 코카콜라는 사회적 상호작용의 촉매제로서 혁신을 고취하는 역할을 해 왔습니다. 이런 고유한 순간들이 연대순으로 역사를 수놓으며 매일같이 헤아릴 수 없는 상쾌한 순간을 제공하는 글로벌 브랜드를 창조하기에 이르렀습니다."

이렇듯 거창한 장담이 실제로 지켜지는지 의문이다.

이런 식의 연대기가 과연 일반적인 코카콜라 소비자의 관심을 끌 것 같은가? 호기심을 붙잡아 두고 보상할 수 있을까? 소비자에게 어떤 감흥을 전달하기는 할까? 코카콜라의 마케터들이 던진 질문은 이렇다. "우리 고객들에게 코카콜라에 대해 무엇을 알려 주고 싶은가?" 이 질문에는 감정이 살아 있지 않다.

2017년 슈퍼볼에서 코카콜라는 2014년 슈퍼볼 광고 'It's Beautiful'을 다시 내보내며 문화 다양성에 대한 자사의 헌신을 재차 확인했다. 입장 자체는 긍정적이지만 여전히 스토리 형식으로 전달된 적은 없었다. 코카콜라의 마케팅은 줄곧 소프트한 내러티브(2016년 1월 자사 홈페이지에 올라온 '어느 음식 사학자의 의견A Food Historian's Take……'을 비롯한 기사 참고), 반反스토리(레시피, 설명서, 찾을 수 있는 위치 지도 등), 밀로의 비너스상을 본뜬 병 모양 정도에 머무는 수준이었다.

1891년
아사 캔들러가 처음으로 광고에 달력을 활용했다. 역시 캔들러가 판매한 구강청결제 드렉타라브의 광고도 참고하라. 1892년 이후 캔들러는 코카콜라 사업에 주력했다.

1892년
아사 캔들러. 1888년 코카콜라 사업권을 인수하기 시작해 구매를 확정하고 조지아 주 법인으로 코카콜라 컴퍼니를 설립했다. 1,100달러의 광고 예산안을 승인했다.

1893년
코카콜라 스펜서체 상표를 미 특허청에 등록했다. 2년 차 주주총회에서 투자자들에게 첫 배당금을 지급했다.

1895년
아사 캔들러가 연례보고를 통해 코카콜라가 미 전역에 판매 소비되고 있다고 발표했다.

1890년대

처음 100년간 코카콜라는 20세기 광고에 기대어 세계 시장의 우위를 누려 왔다. 이 상징적 브랜드가 40%의 시장 점유율을 계속 유지하거나 더 높이려면, 이제는 레드불 같은 21세기 음료의 방식을 따라야할 것이다. 즉, 스토리로 가야 한다.

미션 스토리

회사의 창립 스토리에 역경을 이겨 낸 희열이 부족하거나, 회사의 역사 스토리는 연혁이 전문적이긴 하지만 지루한 성장의 기록뿐일 수도 있다. 설사 그렇더라도 회사의 미션을 따져 보면 여전히 공감을 강화하는 스토리를 찾아낼 수 있다. 우리 식으로 정의하자면, 미션이란 이름난 자선단체에 기부금을 보내는 행위를 넘어서 인류에게 기여하는 바를 뜻한다.

밀레니얼 세대, Z세대 소비자들은 민간 기업에 공익사업을 기대하고 더 나아가 요구하기까지 한다. 이윤에는 세상을 더 나은 곳으로 만들 사회적 책임이 따른다고 믿기 때문이다. 순진한 생각이든 아니든 40대 이하 마켓의 기대치가 그렇다. 이에 대한 응답으로 크든 작든 수많은 기업이 저마다 미션을 맡는다. 가장 잘 알려진 (그리고 여러 후발 주자들에게 영감이 되기도 한) 사례가 스타벅스의 '기업의 사회적 책임(CSR)' 계획이다.

이와 뜻을 같이한 사례를 세 가지 더 들자면 다음과 같다.

1. P&G

2005년 9월 허리케인 카트리나 이후, P&G는 세제 브랜드인 타이드 Tide를 내세운 '타이드 희망 배달(Tide's Loads of Hope)' 프로그램을 만들었다. 이를 통해 미국 어느 지역이든 자연재해 혹은 인간에 의한 재난 현장에 세탁기와 건조기를 갖춘 트럭을 보내 혼란에 빠진 가정을 돕고 있다. 절망한 사람들을 다시 일으켜 세우는 데 깨끗한 옷가지가 도움이 된다는 사실을 잘 알고 있는 행보다.

2. 로열DSM

이 네덜란드 다국적 기업은 영양 보조제와 생화학 제품 전문 기업으로서 세계식량계획(World Food Program)과 협력 관계를 유지하고 있다. 다른 한편으로는 글로벌 환경 및 보건 문제 해결을 위해 노력하는 소규모 연구팀들도 지원하고 있다. 미션에 초점을 맞춘 DSM의 스토리 영상 '이름 없는 과학의 영웅들(Unsung Heroes of Science)'을 추천한다.[14]

3. 코스타 델 마르

플로리다에 기반을 둔 프랑스 기업으로서 생분해성 원료를 사용해 고품질 편광선글라스를 생산한다. 플라스틱 추방 캠페인을 통해 세계 해양을 떠다니는 텍사스 면적의 플라스틱 폐기물을 줄이기 위해 노력하고 있다.

이런 미션들은 쉬지 않고 스토리를 양산한다. 때로는 기업 자체가 주인공이 되고, 때로는 기업을 대신해 현장에서 애쓰는 인물이 주인공이 되기도 한다. 어느 쪽이든 즉각적인 감정이입이 일어난다. 작금의 현실에서는 이 세계에 이로운 일을 하려는 이는 누구든 자동적으로 약자의 위치에 놓이기 때문이다. 강력한 미션을 가진 기업의 마케터라면 웹사이트와 광고를 통해 각각의 미션과 맥을 같이하는 스토리를 들려주는 방안을 진지하게 고려해야 한다.

제품 스토리

애플은 기원 스토리에 이어 탁월한 제품 스토리를 내놓았다. 1984년 슈퍼볼에서 처음 전파를 탄 애플의 상징적인 광고는 어마어마한 은유를 담고 있다. 달리는 젊은 여성이 매킨토시 컴퓨터를 상징하고, 다시 그의 반란은 맥의 혁명을 상징한다.

새빨간 반바지 차림의 여자 주인공이 돌격대의 추격을 받으며 잿빛 세상을 질주해 한 극장의 중앙통로에 들어선다. '정보 정화 조치'의 기념일을 축하하는 선전 영화가 극장 스크린을 장식하고, 억압적인 지배 테크놀로지가 승리한다는 장담에 홀린 듯 수동적인 관객들 위로 선전 문구가 메아리친다.

이 광고는 도처에 존재하는 IBM의 업무용 컴퓨터를 조지 오웰이 소설 『1984』에서 그린, 모든 결정이 위로부터 통제되는 사회와 교묘하게 연관 짓는다. 광고의 절정에서 여성이 대형 스크린을 향해 토르의 묠니르를 연상시키는 망치를 집어 던진다. 선전 영화의 이미지들이 산산조각 나고 국가의 상징이 파괴되면서 관객들이 최면에서 풀려난다. 주인공은 욕망의 대상을 성취하기 위해 모든 것을 걸고, 우리가 그의 성공을 기뻐하는 사이 이런 내레이션이 흐른다. "1월 24일 애플컴퓨터가 매킨토시를 소개합니다. 1984년이 소설 『1984』와 다른 이유를 여러분의 눈으로 확인할 것입니다." 이 강력한 선언은 전체주의 소련에 대항해 냉전 중인 미국인의 정서에 깊이 울려 퍼졌다.

애플의 상표에도 '반란 vs. 항복'이라는 동일한 핵심 가치가 담겨 있다. 패트릭 데이비스가 지적하듯, 이 로고는 그냥 사과가 아니라 한 입을 베어 먹은 사과다. 이 이미지는 기독교 전통의 창립 스토리를 재생한다. 선악과 열매를 베어 문 최초의 한 입은 인류가 행한 최대의 반역행위를 기념한다.

제품이 주인공인 애플의 브랜딩 스토리는 그 신화적 로고와 함께 순응이 아닌 자유, 암기가 아닌 창의적 사고라는 기업의 핵심 가치를 드라마화한 결과다.

고객 스토리

위에 제시한 네 가지 스토리 가운데 내 회사에 적합한 것이 하나도 없다면 그때는 어디에 기대야 할까? 궁극의 원천, 고객이다.

가장 자주 인용되는 성공 사례는 레드불이다. 이 회사는 이야기할 만한 기원, 역사, 미션, 제품 스토리가 없지만, 기발한 방법을 찾아 브랜드를 확립했다.

레드불의 시장조사팀이 제일 먼저 발견한 것은 익스트림 스포츠를 즐기는 젊은이가 그들의 골수 고객이라는 사실이다. 이 점을 더 깊이 파고들어 이들은 "우리 고객들은 무엇을 느끼고 싶어 하는가?"라는 질문을 던지고, "광적인 에너지"라는 답을 얻어 냈다. 이 통찰에서 출발해 그들이 발견한 브랜드의 핵심 가치는 '재미/지루함'이었다. 이어지는 논리적 수순에 따라 회사는 고객 중심의 스토리를 온라인에 공개했다. 강력한 글에 심장이 고동치는 독창적인 영상을 결합하여, 소비자의 관점에서 회사의 핵심 가치를 역동적으로 드라마화한 스토리들이다.

여러 편 가운데 한 가지를 예로 들어 보자. 산악자전거인 클라우디오 칼루오리Claudio Caluori를 따라 유타주 버진의 가파른 산봉우리를 질주하는 이야기다. 칼루오리가 택한 길은 때로 폭이 30cm 남짓밖에 되지 않아 보인다. 관객인 우리도 그에게 이입해 그의 모험에 함께 반응하며 심장 박동이 빨라진다. 위험천만한 지점을 앞에 두고 칼루오리가 중대한 선택의 순간을 맞는다. 트랙 중간의 구멍을 뛰어넘어 결정적인 몇 초를 단축할 것인가, 아니면 느리더라도 더 안전한 길을 택할 것인가. 칼루오리가 목숨을 걸고 도약하는 순간 아슬아슬한 흥분이 긴장한 우리의 등줄기를 따라 흐르고, 곧이어 그가 단단한 땅에 착지하면서 안도감이 밀려든다. 그 '오픈마인드'의 찰나에 레드불 브랜드가 화면에 나타나 방금 관객이 느낀 흥분을 브랜드의 이미지와 결합시킨다. 그게 바로 스토리를 통한 브랜딩이다.

　레드불 웹사이트에서도 레드불 음료 캔 사진이나 내용물에 관한 자랑은 찾아보기 힘들다. 어째서일까? 15~25세 사이의 일반적인 남성 고객들은 에너지음료에 무슨 성분이 들었는지 신경 쓰지 않는다는 것을 레드불 측이 알고 있기 때문이다. 사실 이 고객은 편의점에 들어가 냉장고 문을 열 때 외에는 에너지음료 자체에 대해서도 별로 생각하지 않는다. 그러나 마케터들은 안다. 레드불.tv를 이미 본 고객이 레드불과 경쟁사 제품 사이에서 선택을 할 때, 레드불의 스토리텔링이 그의 머릿속에 넣어 둔 그 긴박한 감정을 상기하고 분명 자사의 브랜드로 손을 뻗으리란 것을.

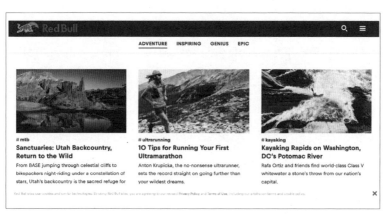

레드불 웹사이트의 콘텐츠

위의 예들이 보여 주듯, 레드불은 물리적 갈등의 층위에서 벌어지는 남성 중심 스토리를 들려준다. 이와 대조적으로, P&G는 내적 사회적 갈등의 층위에서 여성에 초점을 맞춘 스토리에 집중한다. 예컨대, P&G가 선보인 올웨이즈 제품과 '#라이크어걸' 브랜딩 캠페인을 생각해 보자.[15]

역시 이번에도 조사에서 출발했다. 레오버넷 에이전시의 올웨이즈 팀은 "여자애처럼 뛴다."거나 "여자애처럼 던진다."는 무례한 조롱이 여성 일반을 비하할 뿐만 아니라 특히 올웨이즈의 타깃 관객인 사춘기 소녀들을 겨냥한다는 사실을 발견했다. "여자애 같다."는 표현은 소녀의 신체에서 일어나는 극심한 호르몬 변화가 자아의식과 충돌하면서 새로운 정체성 형성을 위해 몸과 마음이 안간힘을 쓰는 중대한 시기에 소녀의 자존감을 약화시킨다.

내적 고통의 해결책은 오직 인식의 변화뿐이다. 이 사례의 경우에는 문화적 층위에서 변화가 시작됐다. 올웨이즈의 영상은 여성 위생이라든가, 올웨이즈 제품이 경쟁사 제품보다 더 나은 점 등을 전혀 언급하지 않는다. 대신 모든 소녀들이라는 거대한 집단을 감정이입의 주인공으로 삼아 한 번의 강력한 전환점을 통해 이 조롱에 지지 않으려고 분투하는 그들의 스토리를 들려준다. 절정의 대목에서 이제 자신감을 찾은 소녀들이 문제적 문구의 부정적 함의를 긍정적 함의로 뒤집으며 마침내 '#라이크어걸'은 여성적 강인함의 상징으로 탈바꿈한다.

인터넷 관객들은 자신의 자긍심을 공유하면서 올웨이즈의 로고를 링크로 연결했다. 이 글을 쓰는 현재, '#라이크어걸' 영상은 150개국에서 유튜브 조회 수 1억을 넘어섰다.

온라인에서 첫 성공을 거둔 뒤, 올웨이즈 측은 '#라이크어걸' 캠페인으로 2015 슈퍼볼 광고를 선보였다. 어도비사의 보고에 따르면, 그해 '#라이크어걸'은 어느 광고보다 더 많은 참여를 이끌어 냈다. 슈퍼볼 경기 도중 무려 40만 명이 소셜미디어를 통해 수천만 팔로워들과 이 광고를 공유했고, '대단히 긍정적'인 멘션이 84%에 달했다.[16]

성공한 여성들이 다음 세대에게 보내는 격려의 의미로 올웨이즈의 해시태그를 달면서 '#라이크어걸'은 하나의 인터넷 밈이 되었다. 캠페인을 시작한 것은 올웨이즈였을지 몰라도, 그다음 단계를 이끈 것은 대중이었고, 이로써 올웨이즈는 더 의미 있는 브랜드로 설 수 있었다.

의미 있는 브랜드

하바스 미디어Havas Media의 정의에 따르면, '의미 있는 브랜드'란 '이 브랜드가 내 삶을 향상시킨다.'라는 생각을 불러일으키는 브랜드다. 이런 향상감은 고객과 브랜드 양쪽 모두에게 행복한 기운을 선사한다.

미국 사회에 사는 사람들은 종종 행복을 경제적 성공과 동일시하는 실수를 저지른다. 두 가지가 서로 연관돼 있기는 하나, 한 개인이 행복을 느끼느냐 불행을 느끼느냐는 옳음/그름, 공정/불공평, 충성/배신, 정의/부정 등 삶의 가치들이 만들어 내는 도덕적 감정에 달려 있다. 가난한 사람이 삶을 뒤돌아보며 세상에서 받은 대우가 공정했노라고, 그러니 내 가난은 내 선택과 행동에 기인한다고 생각한다면, 그의 삶은 불행하지 않을 수 있다. 반대로 부유한 사람이 스스로의 선택과 행동이 최선이었음에도 불구하고 부당한 세상에 속았노라 생각한다면, 그의 삶은 비참할 수 있다. 앞사람은 삶이 의미 있다고 생각하고, 뒷사람은 삶을 회의한다.

 '세계행복보고서(World Happiness Report)'[17]는 이런 상황이 예외가 아니라 일반적임을 폭로한다. 과연 경제성장/고용, 정치적 안정, 민주적 정부 형태 같은 삶의 거시적 측면과 개인 소득, 사적인 자유, 결혼 관계, 사회적 지지망 등의 미시적 측면 중에 어느 쪽이 얼마나 행복에 영향을 미치는 것일까? '보고서'는 이 점을 확인하기 위해 글로벌 데이터를 분석한다.

 '2017년 세계행복보고서'에서 오늘날 미국 사회를 어떻게 분석하고 있는지 들어 보자.

리처드 이스털린의 연구(2016)에 따르면, 현대 미국 경제의 중요한 역설은 1960년 이후 1인당 소득이 대략 세 배로 증가했으나 행복도는 높아지지 않았다는 것이다. 최근 몇 년 새 상황은 더 악화되었다. 1인당

GDP는 여전히 상승하고 있는데 행복도는 사실상 하락하고 있다.

미국 사회의 지배 담론은 경제 성장을 끌어올려 아메리칸드림과 그에 수반되는 행복까지 회복하는 것을 목표로 삼는다. 그러나 데이터는 이런 접근이 잘못됐음을 확실하게 보여 준다. 전적으로 경제 성장에 집중하거나 대부분의 관심을 거기에만 쏟기보다는 미국 사회의 다면적 사회 위기, 다시 말해 불평등과 부패와 소외와 불신의 심화에 대한 고민을 통해서 행복을 끌어올릴 수 있고, 마땅히 그래야 한다. 전자의 노선에 따른 구체적 제안들이 사회 위기의 심화를 개선하기는커녕 악화할 것이기에 더더욱 그렇다.[18]

한마디로 우리는 삶에서 돈보다 더 큰 것을 원한다. 진실한 관계를 맺기를 원하고, 공평한 대우를 원하고, 정직한 처우를 원한다.

이런 맥락을 고려할 때, 소비자의 머릿속에 의미 있는 브랜드가 생성되려면 당연히 진정성이 요구된다. 브랜드가 제시하는 브랜드 스토리와 대중이 말하는 브랜드 스토리, 이 두 가지가 일치할 때 소비자는 그것이 신뢰할 수 있고 의미 있는 브랜드라고 생각한다. 그러므로 어떤 장르의 스토리를 선택하든, 모든 브랜드 스토리가 따라야 하는 단순한 원칙이 하나 있다. 스토리의 핵심 가치가 브랜드의 핵심 가치와 일치해야 한다는 점. 스토리들이 서로 충돌하고 장담한 말들이 지켜지지 않으면, 대중은 배신감을 느낀다. 불의를 감지한 대중은 해당 브랜드를 자신의 삶에 유해한 존재로 여기고 서슴없이 공격한다.

과거에는 이런 양날의 현상이 입소문으로 통했다. 광고주가 제품에 대한 장담으로 소비자를 유혹하고, 소비자는 제품이나 서비스를 사용해 본 다음, 브랜드의 호언장담을 확인하거나 반대로 부인하는 스토리를 가족과 친지에게 들려주었다.

오늘날은 인터넷의 발달로 입소문이 장소의 제한을 받지 않고 즉각적이다. 소비자는 끊임없이 모든 브랜드의 제품 혹은 서비스를 하나하나 1부터 5까지 등급을 매겨 평가하고, 좋든 나쁘든 소비자의 경험을 드라마화한 스토리가 세상에 퍼져 나간다.

의미 있는 브랜드는 여기에 열거한 다양한 스토리텔링 유형을 활용해 브랜드가 제시하는 약속을 명시적/암시적으로 드라마화한다. 제품/서비스의 스토리가 소비자의 기대에 부응하거나 소비자의 기대를 뛰어넘을 때, '이 브랜드 덕분에 내 삶이 향상된다.'는 메시지가 '넷상에서' 입소문을 타면서 인간적인 의미를 브랜드에 불어넣는다.

하바스 미디어는 브랜드의 유의미성이 불균형한 경제적 결과를 낳는다고 보고한다. 34개국 12개 산업에 걸쳐 30만 명을 고용한 1,000개 기업을 대상으로 실시한 글로벌 조사 결과, 충분히 의미 있는 브랜드들은 "그렇지 못한 브랜드에 비해 전반적으로 마케팅 KPI(Key Performance Indicator, 핵심 성과 지표)를 100% 이상 더 훌륭히 달성하는" 것으로 밝혀졌다.

실제로 브랜드 '유의미성'이 10% 향상될 때마다 구매 의도는 6.6%씩, 재구매 의도는 3.2%씩, 소비자 지지도는 4.8%씩, 프리미엄

(premium pricing)은 10.4%씩 증가한다. 의미 있는 브랜드가 그렇지 못한 브랜드에 비해 평균적으로 46% 더 높은 지갑 점유율을 획득한다. 뿐만 아니라 전반적인 주식시장에서도 의미 있는 브랜드의 성과가 133%가량 더 높게 나타났다.

이로써 마케팅팀의 브랜드 스토리와 소비자들의 스토리가 맞아떨어지면, 자연히 소비자의 동일시 현상으로 브랜드 스토리가 반복 재생되고, 이와 더불어 마케팅팀은 물론 주주들에게도 현저히 높은 수익이 돌아온다는 사실이 명확하게 확인된다.

9

광고의 스토리화

"그 광고를 봐서 정말 다행이야."

이렇게 말할 사람이 과연 있을까?

GE가 봉착한 문제를 살펴보자. 회장 겸 CEO였던 제프 이멜트의 지휘하에 GE는 대규모 금융 서비스 사업(GE 캐피탈)을 정리하고 이른바 '디지털산업 기업'으로 변신에 성공했다. 회사는 연결성이 높아지는 세계의 활용을 새로운 방침으로 삼았다. 고객 중심의 사물인터넷이 개개인의 생활 속에 자리 잡은 것처럼, 대형 기계와 기계의 연결에서 꾸준한 수익의 기회를 새로이 포착한 것이다. 현재 GE의 사업 영역은 운송(항공과 철도), 의료 서비스, 에너지에 집중돼 있다. 그러나 단지 기계를 만드는 것으로는 충분하지 않았다. 이멜트의 비전을 완벽하게 실현하려면 최상급 엔지니어 인력이 족히 수천 명은 회사에 필요했다. CMO 린다 보프의 설명을 들어 보자.[1]

"우리의 주력 사업 중 하나가 산업 디지털화입니다. 이제는 단순히 제트엔진 같은 하드웨어를 판매하는 것으론 부족한 시대입니다. 우리 고객들이 생산적인 결과를 달성하도록 지원하는 비즈니스를 운영해야 합니다. 그런 목표로 소프트웨어 전문 인력 수천 명을 모아 우리 회사에 신규 그룹을 만들었습니다. 이들이 현재 구축하고 있는 분석 정보와 데이터 덕분에 장차 우리 고객들은 철도, 항공, 발전소, 식음료 등 부문을 불문하고 더 효율적이고, 더 적은 비용으로, 더 생산적인 운용이 가능해질 것입니다. 효율화가 이뤄진 분야는 ······ 예컨대 안전상 제트엔진의 분리 필요성 여부를 예측하는 것이 가능할 수도 있고 ······ 풍력발전소의 다음 확장 지역을 예측하는 것이 가능해질 수도 있습니다."

하지만 비행기와 열차와 풍력발전소를 가동하고 모니터링하고 성능을 최적화할 최신 소프트웨어를 만들어 내려면 먼저 세계 최강 엔지니어들을 영입해야 했고, 이들을 영입하려면 먼저 회사의 새로운 방침에 대해 대외적으로 알리는 작업이 선행돼야 했다. 대부분의 소프트웨어 엔지니어들은 GE가 기술 분야에서 복잡하고 흥미로운 도전을 시작한 사실을 모르는 상태였고, 여전히 애플, 마이크로소프트, 페

이스북, 아마존, 넷플릭스, 구글 같은 기업의 일자리에 인력이 몰려 있었다.[2]

GE를 바라보는 엔지니어들의 시각을 바꾸는 과제가 GE의 마케팅 팀에 주어졌다. 보프가 스토리를 출발점으로 삼은 이유는 이렇다.

"저와 우리 팀은 아이디어에서 생성된 미디어가 프로그램에 의한 미디어를 곧 누르리라고 생각합니다. 규모는 중요하지 않아요. 우리는 빈도가 아니라 파장을 구매합니다. 빈도를 획득할 만큼 돈을 쓰기도 어렵거니와 저는 아이디어가 돌파구가 돼 주리라고 믿어 의심치 않기 때문입니다."

해서 보프의 팀은 GE의 광고 대행사와 힘을 모아 스토리를 만들었다. 거기서 오언이 등장한다.

GE의 주인공 오언은 공학을 전공하고 GE에 입사한 젊은 엔지니어다. GE의 캠페인 '오언이 왜 저래?What's the Matter with Owen?'는 오언의 입사 소식에 대해 친구와 가족이 보이는 반응을 포착한다. 캠페인의 한 장면, 오언이 GE에서 일하게 된다는 사실에 흥분한 그의 부모가 조부의 큰 해머를 오언에게 물려준다. 오언은 자신이 기계를 만드는 게 아니라 기계와 기계가 서로 소통하도록 해 주는 코드를 설계한다는 점을 부모에게 설명해야 한다.

이번에는 다른 장면, 오언은 피크닉 테이블에 모인 친구들에게 GE

에서 프로그래밍을 하게 되었다는 취업 소식을 알린다. 다른 친구 역시 '재지스Zazzies'[3]라는 가상의 회사에 최근 취직이 됐다고 알린다. 재지스는 그림 속 동물에 과일 모자를 씌우는 앱을 제공하는 회사다. 재지스 앱의 열렬한 팬이었던 친구들은 신이 나서 이 두 번째 취직 소식에 정신을 뺏긴다. "나는 도시에 전력을 공급하는 터빈을 보조하는 일을 한다고." 오언이 항의하니 친구가 이렇게 받아친다. "나는 고양이에게 터번을 씌웠어." 이에 오언이 "나는 병원들이 더 효율적으로 돌아가게 만들 수 있어." 하고 반박하자 다른 친구가 끼어든다. "그걸로 경쟁이 되겠니!"

이 광고가 불러온 효과는 대단했다. GE의 새로운 전략과 사업에 발맞춰 GE의 브랜드가 재정립되었을 뿐만 아니라, 소프트웨어 엔지니어들의 구직 신청이 열 배까지 늘어났다. 모두 좋은 스토리 덕분이다.

광고를 스토리화하면, 브랜드와 관객 사이에 정서적 연결고리가 생긴다. 오언은 언더독이다. 우리는 모두 스스로 세상의 언더독이라고 생각한다. 세상이 오언을 오해할 때 우리는 오언에게 동질감을 느낀다. 그에게 감정이입을 하다가 스토리가 끝날 때쯤에는 오언이 뭔가 중요한 일을 하고 있다는 사실을 세상이 이해해 주기를 바라게 된다. 그는 대형 기계들이 전보다 훨씬 더 잘 작동하게 해 주는 소프트웨어를 만들고 있지 않은가.

만약 GE 광고가 대놓고 이렇게 말한다면 어땠을까? 기업 로고가 TV 화면을 채울 때, 이런 음성이 들리는 거다.

"우리 GE는 세계 최상의 초대형 기계들을 연결하는 소프트웨어를 창조합니다."

과연 관객이 이 말을 믿을까? 신경이나 쓸까? 미심쩍다. 오언 스토리는 허풍과 장담이 결코 닿을 수 없는 감정을 움직인다. 힘이란 그런 것이다.

스토리 안에 스토리를 넣자

비록 방송 광고의 장기적 미래는 암울하지만, 당분간 TV와 라디오는 비용을 감당할 수 있는 기업들의 마케팅 플랫폼으로 계속 기능할 것이다. 그러니 전략상 드라마와 코미디 중간에 광고를 내보내야 한다면, 최대한 스토리 안에 스토리를 넣는 방식으로 기지를 발휘하기 바란다.

인간의 정신은 스토리와 스토리 사이를 비교적 쉽게 옮겨 다닌다. 가령 괜찮은 프로그램을 찾아 채널을 돌릴 때, 혹은 중심 플롯에서 서브플롯으로 스토리라인이 옆길로 새다 다시 돌아올 때, 관객의 참여 모드도 곧바로 적용을 한다. 스토리는 언제든 환영받는 대상이다. 때문에 스토리가 다른 스토리로 중단되는 광고라면 이행이 비교적 매끄럽겠지만, 깊이 몰입하던 진행형 내러티브를 중간에 끊고 허풍과 장담의 판매 홍보를 내보낸다면, 사람들은 질색하며 무시할 것이다.

광고의 슈퍼볼이라 할 수 있는 슈퍼볼 광고를 떠올려 보자. "조용히 해 봐! 광고 나오잖아!" 1년 중에 이런 이상한 면박이 들리는 유일한 날이다. 거기에는 그럴 만한 이유가 있다. 이날의 광고 스폿을 채울 스토리를 짜내느라 브랜드와 광고 대행사들은 1년을 꼬박 작업한다.

슈퍼볼 팬들은 경기 도중 어느 광고가 가장 마음에 드는지 설전을 벌이고, 다음 날에는 베스트와 워스트 광고 목록을 온라인에 발표한다. 허풍과 장담을 늘어놓는 구닥다리 광고들이 순위의 맨 아래로 밀려나고, 스토리화된 광고들이 최상위에 진입하는 광경을 목격하지 않는가?

스토리화된 광고는 시장에서도 성공을 거둔다. 조사를 거쳐 고객을 제대로 이해하게 된 브랜드는 마켓을 뒤흔들 스토리를 만들어 낼 수 있다.

인도의 사례를 들어 보자. 세탁 세제 브랜드 아리엘Ariel의 마케터들은 가정에서 각각 남성과 여성에게 요구되는 사회적 규범 간에 깊은 격차가 있음을 발견했다. 남성의 70%가 세탁을 아내의 일로 여기고, 자녀들 역시 세 명 중 두 명은 가사노동이 여성의 책임이라고 생각했다.[4] 오늘날 인도 여성들이 가사노동에 쓰는 시간은 하루 평균 6시간이며, 이에 비해 남성들의 가사노동 시간은 1시간 미만이다.[5] 이 차이는 그 자체로도 불공평하지만, 시간이 흐를수록 더 광범위한 불평등의 원인이 된다.

젊은 여성이 학업과 취업 준비에 쏟는 시간은 남성보다 연간 거의

2,000시간이 적고, 이로 인해 일자리의 질이 낮아지고 기회가 줄어들며 급료는 내려간다. 이미 직장생활을 하는 여성의 경우 일과 가정의 균형을 다르게 맞춰야 하기 때문에 승진의 기회가 더 적어진다.

인도 노동 시장에서 여성이 차지하는 비율은 2004년 31%에서 2011년 24%로 하락했다. 노동 시장 참여율 하락이 여성의 삶과 인도 경제의 전반적 성공에 미치는 악영향에 관해서 하버드대학의 로히니 판데 교수는 이렇게 설명한다.

"취업과 거기서 발생하는 자산의 통제권은 가정폭력의 비율을 낮추고 가정 내에서 여성의 의사결정을 증가시킨다. 그리고 참여 가능한 모든 시민이 노동 시장에 참여할 수 있는 경제가 더 효율적이고 빠르게 성장한다."[6]

인도 여성들은 변화를 갈망한다. 인도 여성의 85%가 일터와 가정에서 투잡을 뛰는 심정이라고 응답했다. 남성이 가사노동을 분담해야 한다고 생각하는 여성은 83%에 달했다.[7] 아리엘의 마케터들과 광고 대행사 BBDO인디아(뭄바이) 측은 이런 불평등의 심화를 이해하고, '셰어 더 로드Share the Load(나눠 할까요?)'라는 광고를 만들어 불평등의 사회적 암류로서 갈수록 커지는 부당함에 대한 의식에 한 걸음 다가섰다.[8]

'셰어 더 로드' 광고는 어느 저녁 집 안을 종종거리는 딸에게 편지를 쓰는 주인공 할아버지의 내레이션으로 시작한다. 직장에서 돌아와 남편을 위해 차를 준비하고 자녀를 돌보며 곡예 하듯 가사를 감당하는 딸을 지켜보던 할아버지는, 딸에게 이런 사회적 고정관념을 고스란히 물려준 것이 자기 자신이었음을 깨닫는다.

스토리는 이런 사회적 규범이 과거부터 지금까지 어떻게 세대에서 세대로 대물림되는지 보여 줌으로써 강력한 부정적 토대를 깔아 둔다. 그런 다음 딸이 아버지의 메모를 읽고 앞으로는 아내와 집안일을 나눠 하며 다른 이들에게 모범을 보이겠다는 아버지의 약속을 발견하는 사이, 부정에서 긍정으로 스토리가 변화한다.

여기서 내건 핵심 가치, 즉 부당함에서 공정함으로 바뀌는 가치의 전환이 인도 여성들에게 공감을 얻으면서 인도 곳곳에서 대화가 불붙듯 번져 나갔다. 50일 만에 영상의 조회 수가 5,000만을 넘어섰다. 20억 회 이상의 온라인 광고 노출이 생겨났는데, 이 정도 노출을 금액으로 따지면 1,100만 달러의 광고비에 맞먹는다. 토크쇼들은 가정에서 남성과 여성 역할에 균형 맞추기라는 주제로 회차 전체를 구성해 내보냈다. 주요 의류 브랜드들은 태그의 세탁법 표기를 바꿔 기존의 설명에 "세탁하는 남성 혹은 여성"이라는 문구를 추가했다. 200만 명 이상의 남성이 아리엘의 세탁 세제 사이트를 방문해 #ShareTheLoad 서약에 서명했다. 데이트 주선 사이트들은 기존 프로필에 "셰어 더 로드 하시겠습니다?"라는 새로운 질문을 추가했다. 덕분에 더 나은 균형 회복을 약속한 사람들끼리 만남이 가능해졌다.[9]

스토리화된 이 캠페인의 사회적 영향이 아리엘의 마케터들에게 안겨 준 기쁨은 분명 '인도 내 아리엘 판매 전년 대비 75% 증가'라는 통

계가 안겨 준 기쁨보다 결코 적지 않았을 것이다.[10]

스토리화된 광고는 허풍과 장담의 광고보다 훨씬 더 효율적이며 강한 관심을 끌어낸다. 그러나 소비자가 광고의 방해를 받지 않는 경험을 추구하는 세계에선 그것으로도 충분하지 않다. 매달 수백만 명씩 무광고 서비스로 옮겨 가는 상황에 맞춰 마케터들의 접근 방식도 달라지지 않으면 안 된다.[11]

오늘날 마케터는 고객에게 독특하고 소중한, 그리고 무엇보다 막힘없고 연속적인 경험을 제공해야 한다. 미디어 기업들이 수십 년간 시청자와 독자층을 확보하고 유지했던 방식처럼, 브랜드들도 고객의 존중을 얻고 유지하기 위해 꾸준한 속도로 스토리를 들려줘야 한다.

10

수요·잠재 고객 창출의
스토리화

CMO의 평균 임기는 불과 44개월이다.[1] 살아남기 위해 CMO는 신속한 비즈니스 성과를 낼 수 있음을 입증해 보여야 한다. 많은 시니어 마케터들이 막상 CMO 자리에 올라가면 브랜딩에 투자할 시간이 없다는 사실을 깨닫는다. 회사는 당장 분기별 성과를 달성할 수요 고객(B2C)이나 잠재 고객(B2B) 창출을 필요로 하기 때문이다.

과거에는 CMO들이 빠듯한 분기별 수익 목표를 맞추기 위해 광고 예산을 늘리거나 아니면 이익에 맞춰 예산을 삭감하곤 했다. 그러나 광고의 도달과 효과가 급감하는 상황에서는 새로운 곳으로 눈을 돌려야만 한다. 어떻게 해야 브랜드가 소비자를 구매로 이끌고 비즈니스 구매자와 판매팀 사이에 디리를 놓을 수 있을까? 이것을 알아내려면,

오늘날 사람들이 어떻게 정보와 엔터테인먼트를 발견하고 소비하는지 생각해 봐야 한다.

20세기 사람들은 조간신문, 출근 중 듣는 라디오, 저녁 시간대 TV가 뒤섞인 경로로 그날의 뉴스를 접했다. 그러나 오늘날 미국인들 가운데 유명한 뉴스 진행자나 활자 매체 저널리스트의 이름을 하나라도 기억하는 사람은 27% 미만이다.[2] 대신 요즘은 '적극적인 발견'은 온라인 검색을 통해, 그리고 '소극적인 발견'은 소셜미디어를 통해 이뤄진다.

적극적 발견 vs. 소극적 발견

지식을 바로 손에 넣기 위해 요즘 사람들은 인터넷 검색엔진을 찾는다. 구글, 빙, 얀덱스(러시아), 바이두(중국) 외에 애플의 시리, 마이크로소프트의 코타나, 구글의 헤이 구글(안드로이드와 구글 홈에서 사용) 같은 음성 검색 기능도 있다. 어디선가 누군가 목표를 가지고 적극적인 발견에 나서는 횟수가 월별 1,750억 건이 넘는다.

같은 기간 동안, 300억 명 정도가 특정한 목표 없이 호기심이 이끄는 대로 페이스북, 트위터, 링크드인, 인스타그램, 스냅챗, 핀터레스트 등을 방문했다가 순전한 우연으로 재미있거나 가치 있는 무언가를 알게 된다. 이런 우연한 발견은 랜선 너머에서 온 선물처럼 느껴진다. 그래서 사람들은 종종 수동적인 발견의 결과물을 친구나 가족과 공유하곤 하는데, 이런 뜻밖의 재미난 발견까지 합하면 그 수가 300억~900억 건에 이른다.

수백억 건에 달하는 이런 발견은 마케팅의 관점에서 보면 전례 없는 기회다. 단, 고객이 찾는 정보와 엔터테인먼트를 제공한다면 말이다.

온라인 소비자행동 분석가들의 보고에 따르면, 사람들이 검색 페이지에서 다른 페이지로 나갈 때 85%의 경우 탭이나 광고가 아니라 다른 링크를 클릭한다. 소셜미디어에서 다른 페이지로 나갈 때는 다른 링크를 클릭하는 비율이 90%로 올라간다.

이 말인즉슨 마치 고속도로 옆에 세워진 빈 광고판처럼, 검색 및 소셜서비스를 통한 발견이 CMO들에게는 고객에 도달해 진행형의 관계를 확립할 새로운 길을 제시해 준다는 의미다. 그러나 이 공간을 그저 광고로만 채우는 마케터는 진입 가능한 마켓의 대다수를 놓치고 말 것이다. 따라서 효과를 예측할 수 없는 전통적 방식의 광고가 아니라 지속적인 콘텐츠 창작을 통해 고객에게 도달하는 방식에서 해답을 찾아야 한다.

한 가지 더, 이러저러한 경로로 내 회사의 웹사이트에 들어오는 사람이 있다면, 가장 먼저 무엇이 눈에 들어올지 생각해 보자. 우리 제품일까? 로고일까? 슬로건일까? 회사에 대한 자랑일까? 과연? 첫인상의 힘을 과소평가하지 말자. 고객이 처음 방문할 때, 선물을 안겨 줄 방법을 고민하자.

콘텐츠 마케팅

콘텐츠 마케팅은 회사나 자사 제품의 특징과 이점을 설명하는 메시지의 반복 대신 고객이 원하거나 필요로 하는 내용을 만들어 낸다.

이런 방식 자체는 새롭지 않다. 1895년 존 디어는 농부들에게 기술과 수익성에 관한 정보를 제공하는 잡지 《더 퍼로우*The Furrow*》를 창간했다. 이 잡지는 40개국 이상에서 150만 독자와 만남을 이어 가며 여전히 건재함을 과시하고 있다. 명시적으로는 농부들이 필요로 하는 신기술을 소개하고, 암시적으로는 존 디어 농기계의 인지도를 높이는 역할을 한다.

1900년에는 한 프랑스 제조업자가 고급 음식점과 호텔과 관광지에 대한 안내서를 발간했다. 이 출판물은 그 뒤로 꾸준히 훌륭한 안내서의 역할을 해 오며 그 분야의 권위 있는 잡지로 자리매김했다. 오늘날 '미슐랭 스타'는 레스토랑에 수여하는 최고의 영예로 인정된다. 타이어 회사의 업적치고 훌륭하지 않은가.

《더 퍼로우》와 《미슐랭 가이드》가 보여 주듯, 콘텐츠 마케팅의 전략은 처음부터 지금까지 간단명료하다. '먼저, 선물을 건넬 것.'

판매 홍보를 시작하기에 앞서, 구매자에게 청구서나 보증서를 들이밀기에 앞서, 선물처럼 유의미한 정서적 경험을 선사하자. 고객이 이제껏 알지 못한 통찰을, 이제껏 경험하지 못한 감정으로 잘 감싸 건네자. 한마디로, 스토리로 고객을 맞이하는 것이다.

방문자가 브랜드에서 받는 첫인상이 자연, 과학, 역사 혹은 그 밖에 뭔가 새롭고 흥미로운 주제의 스토리가 담긴 매력적인 글이나 눈을 뗄 수 없는 영상이라면, 이 깜짝 선물로 매장의 문이 열리는 셈이다. 일단 문 안으로 들어와 주위를 둘러보는 사이, 방문자는 익명의 소비자에서 예상 소비자로 옮겨 간다. 예상 고객을 고객으로 실현하는 다음 단계는 판매팀의 몫이다.

과거《더 퍼로우》나《미슐랭 가이드》같은 콘텐츠 마케팅 프로젝트는 비싼 비용을 치러 가며 광고를 보완하는 방법이었다. 브랜드마다 예상 관객을 찾아 매주 혹은 매달 최신 주제에 관해 조사와 집필을 거쳐 콘텐츠를 인쇄하고 포장해서 유료로 배포해야 했다. 오늘날은 이와 다르다. '오럴 케어 센터Oral Care Center'[3]를 갖춘 콜게이트Colgate, '시큐리티인텔리전스닷컴SecuriyIntelligence.com'을 운영하는 IBM처럼, 예상 고객의 삶을 개선할 수 있는 상시 경험을 제공하는 브랜드가 늘고 있다.

글로벌한 연결망 덕택에 출간과 배포가 비교적 간단해지고, 전통 미디어의 인쇄, 마케팅, 배송 비용에 비하면 비용도 얼마 들지 않는다. 게다가 검색엔진과 소셜미디어에서 쉽게 발견되도록 콘텐츠를 제작하면, 도달 범위는 전례 없는 규모로 확대된다. 스토리화된 콘텐츠 마케팅을 지속적으로 능숙하게 운영하기만 한다면 관객 확충 비용을 최소화할 수 있고, 따라서 중간 광고보다 높은 투자수익률을 낳을 수 있다.

이런 까닭에 지금껏 콘텐츠 마케팅 게임에 참가하지 않던 브랜드 마케터들도 이제 현장에 뛰어들고 있다. 하지만 그런 게임의 경험이 없는 CMO들은 어떤 옵션이 있는지, 어느 것이 가장 적합한지, 혼란스러울 수 있다. 이런 어려움을 해결하고, 광고 중심 마케팅에서 스토리 중심 마케팅으로 전환하기 위해 거쳐야 할 단계들을 안내하고자, 우리는 마케팅 연속체(Marketing Continuum)라는 틀을 고안했다.[4]

마케팅 연속체

이 마케팅 연속체는 기업이 콘텐츠 마케팅을 전략으로 흡수하는 5단계 발전 과정을 제시한다. 단지 제품에 초점을 맞춘 콘텐츠만 창작하

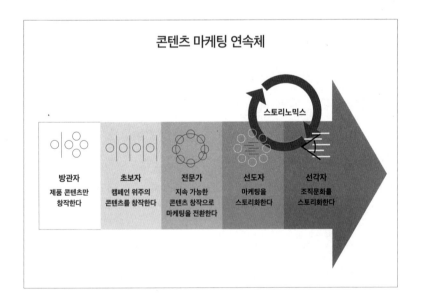

는 방관자의 단계인가? 아니면 마케팅과 판매 전반을 스토리화하려는 선도자인가? 이 틀에 비추어 내가 속한 조직이 현재 어디에 위치하는지 진단하고, 광고 중심에서 스토리 중심으로 단계별 전환을 이끌어 보자.

방관자

방관자는 과거에 중독된 존재들이다. 이런 기업은 쉼 없는 자화자찬과 자사 제품에 대한 허풍과 장담에 도취돼 있다. 그리고 여느 중독자들이 그렇듯 다른 이들이 이런 자아도취에 공감하지 못하는 것을 깨닫지 못한다. 그러니 이런 기업은 CMO가 마치 치료사처럼 경영진과 마케팅팀, 판매팀의 생각을 바꿔 놓고, 자신들이 아니라 고객의 필요와 욕구에 집중하도록 이끌어야 한다.

초보자

초보자 상태의 브랜드는 일단 첫걸음을 떼고 고객 중심 콘텐츠를 발행한다. 그런데 앞서가는 다른 경쟁사들에 비해 여전히 광고 캠페인이라는 해묵은 전략에 매여 초보자 상태를 벗어나지 못한다. 단기적으로 드문드문 콘텐츠를 발표하지만, 이런 방식의 취약함을 모르지는 않는다. 그래서 그것을 벌충해 보려고 콘텐츠 창작과 발행을 위해 빌린 미디어 공간을 통해 관객을 매수하는 데 비용을 내서 지출한다.

가령 미디어 기업으로부터 광고 지면을 사서 단발성 정보 광고를 게재하는 초보자 기업들이 더러 있다. 광고를 통해 자사 제품과 관련된 정보를 예상 고객들이 이해하기 쉽도록 전달한다. 이런 콘텐츠는 고객의 문제 해결을 돕고 유익한 조언자로서 브랜드의 가능성을 입증해 보인다.

예컨대, 자산운용사인 뱅가드Vanguard는 은퇴 설계 칼럼과 계산기 양식을 제공해, 어째서 과세 연도가 끝나는 시점이 아니라 시작하는 시점에 개인연금 계좌에 돈을 넣어야 하는지 예상 고객들에게 가르쳐 준다. 카메라 제조 업체 캐논은 영감을 주제로 한 유명 사진가들과의

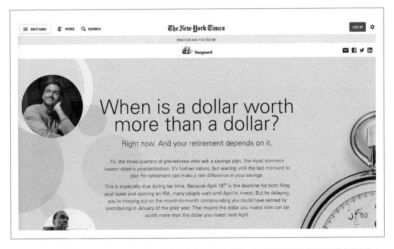

《뉴욕타임스》 사이트에 실린 자산운용사 뱅가드의 은퇴 설계 칼럼. 아래에는 이렇게 쓰여 있다. "4월 18일이 세금신고 및 개인연금계좌 개설 마감일이라 많은 분들이 4월까지 납부를 하지 않고 기다립니다. 그러나 이렇게 미루다가 무엇을 놓칠까요? 전년도 1월부터 납입했더라면 발생했을 월별 복리를 놓칩니다. 지금 투자하는 1달러가 돌아오는 4월의 1달러보다 더 큰 가치를 가질 수 있습니다."

《뉴욕타임스》웹사이트

인터뷰를 후원해서, 카메라 소유주들에게 사진 기술을 연마할 새로운 방법들을 제시한다.

실제로《뉴욕타임스》에서 제공하는 네이티브 광고 패키지를 구매하면, 'T브랜드 스튜디오'라는 내부 팀의 도움을 받아 신문 구독자들을 움직일 정보 광고와 홍보 방안을 개발할 수 있다.

소셜 플랫폼은 이미 일찌감치 이런 기회를 알아차렸다. 처음 서비스를 개시할 당시 여러 소셜미디어가 수익을 위해 광고 공간을 팔면서 기업들이 원하는 대상에게 자유롭게 콘텐츠를 공개할 수 있도록 허용했다. 그렇게 내용이 소비되고 언급되고 지인들에게 전달되면서 한동안 이 브랜드들은 사회적으로 엄청난 노출 기회를 누렸다. 그러나 얼마 지나지 않아 소셜 플랫폼들이 자체 알고리즘을 바꿔 이런 자연 관객층이 사라졌다.[5]

캠페인 기반의 모든 단기적 방법은 당언히 규칙적인 발행 리듬을 갖지 못하고, 따라서 소비자의 재방문을 격려할 장치가 없다. 그 이유 하나만으로도 캠페인 위주의 콘텐츠 전략은 의미 있는 성과를 도출하기에 부족하다. 쉽게 분위기를 파악하는 초보적 방법은 될지언정 그 이상은 기대하기 어렵다.

전문가

전문가는 일회성 혹은 캠페인 위주의 습관적 방식에 기대지 않는다. 대신 장시간에 걸쳐 고객을 교육하고 영감과 재미를 주는 지속적이고 믿을 만한 경험을 제공한다. 예를 들어 앞서 얘기한 '오럴 케어 센터'는 콜게이트라는 기업이 고객에게 건네는 선물 같은 사이트다.[6]

콜게이트 웹사이트(Colgate.com)에서 '오럴 케어 센터' 메뉴를 누르면, 치아와 잇몸을 건강하게 유지하는 방법부터 발치나 임플란트처럼 까다로운 치료에 대처하는 법까지 현재 고객과 예상 고객에게 두루 유용한 정보가 제공된다. 치아 문제에 대한 해법을 찾는 사람들은 메이요 클리닉Mayo Clinic, 웹엠디WebMD 같은 전통적인 의료 사이트보다 콜게이트 웹사이트를 훨씬 더 많이 방문한다.

어떻게 콜게이트 웹사이트가 치과 치료 정보에 관한 가장 확실한 출처로 자리 잡게 됐을까?

첫째, '오럴 케어 센터' 팀은 고객들이 가장 많이 검색하는 주제어를 찾아 맞춤한 콘텐츠를 만든다. 검색 질의어에 잘 부합하게끔 각 항목

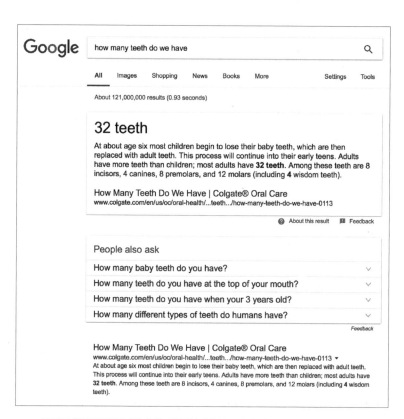

콜게이트 웹사이트의 '오럴 케어 센터'는 구글 검색 페이지를 통해 최적화된 치과 치료 정보를 제공한다.

의 내용을 최적화하도록 힘쓴다.[7] 검색에 최적화된 콘텐츠를 통해 콜게이트 웹사이트는 검색을 종결하는 경험을 제공한다. 고객이 필요한 것을 이곳에서 발견하기 때문이다. 콜게이트 웹사이트는 매월 관객층을 넓혀 가면서 고객과 지속적인 관계를 쌓아 가고 있다.

둘째, 콜게이트는 '오럴 케어 센터'를 이용해 자사 제품의 이점을 홍보하지 않는다. 고객에게 유용한 콘텐츠 제공에서 왕년의 허풍과 장담으로 초점이 바뀌는 순간, 브랜드는 신뢰성을 잃는다.

대신 '오럴 케어 센터' 콘텐츠는 구강 건강의 선도자로서 콜게이트를 포지셔닝 하고 예상 고객들에게 확실한 혜택을 전달한다. 브랜드에 관한 콘텐츠 생산에서 고객이 실제로 추구하는 콘텐츠 생산으로 전환함으로써, 콜게이트는 콘텐츠 마케팅의 전문가 대열에 올라섰다.

선도자

지속적인 콘텐츠 생산에서 지속적인 스토리텔링으로 옮겨 가는 기업이 콘텐츠 마케팅 선도자로 발전한다.

네 해 전, IBM은 모든 보안 제품과 서비스를 IBM 시큐리티 부서로 통합했다. 2015년 이후 1,900명을 증원해 현재 IBM 시큐리티가 고용한 보안 전문 인력이 8,000명에 이른다. 20억 달러 규모의 IBM의 보안 비즈니스는 2016년 한 해 동안 시장의 두 배인 두 자릿수 성장률을 기록했다.

IBM 시큐리티의 부사장 케일럽 발로우는 IBM이 풀어야 할 마케팅 과제를 이렇게 설명한다. "우리는 지금 대단히 기술적인 사안과 복합적인 사안, 그리고 사람들의 행동을 이끌어 내기 위해 우리가 반드시 설명할 수 있어야 하는 상당히 무서운 사안을 다루고 있습니다. 여러분이 매일 접속해서 종일 사용하는 협력 시스템 같은 제품 얘기가 아닙니다. 바라건대, 여러분이 최종 사용자로 마주칠 일이 없으면 좋겠고 또 결코 사용할 필요가 없으면 좋을 그런 제품에 관한 얘기입니다. 하지만 역시, 필요할 때는 언제든 쓸 수 있게 반드시 갖춰 두는 게 좋겠지요. 그래서 스토리텔링이 엄청나게 중요해지는 것입니다."[8]

IBM 시큐리티의 선도자들은 최고 정보보호 책임자(CISO)와 일반 대중의 필요가 서로 매우 다르다는 점을 인식했다. 발로우의 설명을 들어 보자. "사이버 범죄를 다룰 때, 대중매체는 범인이 누구인지 동기가 무엇인지에 초점을 맞춥니다. …… 다음번 타깃이 내가 될 수도 있다면, 어떻게 일어났는지에 신경이 쓰입니다. 누가, 왜 그랬느냐가 아니라 어떻게 했느냐를 따집니다. 왜냐하면 '어떻게'에 초점을 맞춰야 실제로 문제 해결의 기회가 생기니까요."

IBM 시큐리티는 IT 보안 분야의 '어떻게'에 집중한 권위 있는 소식지를 만들어 CISO, CEO 및 보안 관련 이사진의 관객층을 개발할 수 있으리라고 판단했다. 그 결과 등장한 것이 시큐리티인텔리전스닷컴 SecurityIntelligence.com이다. IBM에게 우수 보안 기업으로 수상의 영예를 안겨 준 이 웹사이트는 기업을 위험에 빠뜨릴 수 있는 해킹, 악성 소프트웨어, 데이터 도난, 소프트웨어 취약성 등에 관한 소식을 다루고, 유사한 공격을 방지할 방안을 분석한다.[9] 수십만 명의 CISO, CIO(최고 정보관리 책임자), CTO(최고 기술 경영자)들이 매월 이 웹사이트를 정기적으로 찾고 있으며, IBM의 도움에 고마워한다.

이런 접근과 광고의 차이가 무엇일까? 어째서 소비자들이 IBM의 이런 정보는 신뢰하면서 브랜드의 광고는 불신하는 것일까? 자사에 대한 자랑이나 자사 제품에 관한 장담을 늘어놓는 순간 기업의 신뢰성이 사라진다는 점을 발로우 부사장은 잘 알고 있다. 그래서 시큐리

시큐리티인텔리전스닷컴의 콘텐츠. "시타델 멀웨어 대거 유포, 중동 지역 석유화학 시설을 노린다."

티인텔리전스닷컴의 콘텐츠는 대부분 IBM이나 자사 제품과 솔루션을 거의 언급하지 않는다. 그저 IBM은 IT 전문가들이 업무 수행에 필요로 하는 정보를 제공할 뿐이다. 그런 결과, IT 보안에 관한 한 IBM의 신뢰도가 여느 전통적인 뉴스 출처보다 더 높다는 반응까지 얻는다.

석유화학 공장에 대한 해킹 위협을 적발할 당시 IBM은 시큐리티인텔리전스닷컴에 그 사실을 공표했고, 세계의 이목이 집중됐다.

사이트 게시 후 《뉴욕타임스》, 《월스트리트저널》, 《연합뉴스》, 《톰슨로이터》를 비롯한 전통 뉴스 보도 기관들이 이 기사를 전 세계로 내보내면서 IBM의 시큐리티인텔리전스닷컴 사이트를 링크했다.

왼쪽의 기사를 게재한 《뉴욕타임스》 사이트. "중동 지역 석유화학 공장 해커들의 표적이 되다."

발로우는 이렇게 설명한다. "보안 제품을 구매하는 것은 자녀를 위해 아기용 의자를 구입하는 것과 비슷한 면이 있습니다. 최상의 제품에만 관심이 가니까요. 실용적이면서 동시에 감정적인 선택입니다."

회사의 안전 유지를 위해 최고 경영진들이 신규 투자를 결정할 때 가장 먼저 연락하는 곳이 IBM 시큐리티다. 시큐리티인텔리전스닷컴에 공유된 스토리를 통해 브랜드 자체가 믿음직한 조언자로 자리 잡은 덕분이다.[10] 콘텐츠 마케팅 선도자들이라면 모두 익히 잘 아는 비결이다.

스토리로 수요를 촉진한다

8장에서 우리는 브랜딩을 목적으로 하는 스토리가 반드시 지켜야 할 한 가지 중요한 원칙을 배웠다. 스토리의 핵심 가치가 브랜드의 핵심 가치에 부합해야 한다는 점. 예컨대, 스토리의 설정이 '큰 파도를 타고 서핑하기'이고 판매하는 제품이 에너지 음료라 할 때, 둘 사이에 직접적인 관련이 없어도 무방하지만, 핵심 가치만큼은 브랜드의 약속에 부합해야 한다. 레드불 스토리에는 피로감에서 에너지 충전으로 바뀐다는 핵심 가치가 공통적으로 들어 있다. 하지만 레드불의 경우에도 매일 다루는 익스트림 스포츠 콘텐츠와 레드불 브랜드 사이의 연결고리가 드러난 것은 본격적인 스토리 중심 마케팅을 선보이면서부터다.

그런데 스토리 형식을 수요/잠재 고객 창출 마케팅에 적용할 때는 같은 형식이라도 다르게 적용한다. 수요/잠재 고객 창출 스토리에서 주인공은 일반적으로 고객 혹은 예상 고객이다. 도발적 사건이 일어나는 이유 중에 적어도 한 가지는 내 회사가 제공하는 제품/서비스를 주인공이 이용하지 않기 때문이다. 여기서 고객은 부정의 방향으로 움직인다. 그러다 주인공의 머릿속에 욕망의 대상이 생겨나고, 내가 제공하는 제품/서비스의 도움으로 주인공은 목표를 달성할 것이다.

수요/잠재 고객 창출 스토리는 얼마간 내 회사가 제공하는 것의 도움을 받아 주인공이 욕망의 대상을 성취하면서 대개 긍정으로 끝을 맺는다. 하지만 어도비의 유명한 '클릭 베이비 클릭Click Baby Click' 광고[11]처럼 주인공의 재앙이 암시된 채 스토리가 부정으로 끝나는 사례도 없진 않다.

'클릭 베이비 클릭'은 어느 백과사전 출판사 본사의 나른한 사무실에서 시작된다. 느닷없이 웹 트래픽과 주문이 급증하고 판매량이 치솟으면서 도발적 사건이 발생한다. 소식은 순식간에 CEO에게 전해지고, CEO는 "부활이다!"를 외치며 세계 곳곳의 재료 공급업자들을 동원해 서둘러 생산량을 늘린다. 급작스럽게 늘어난 종이 수요에 부응해 목재 펄프 원자재 시장이 급등한다. 그러나 스토리는 사실의 폭로와 함께 끝을 맺는다. 이 수요의 동력이 백과사전에 목마른 시장의 반등에 기인하는 것이 아니라, 그저 아이패드의 '구매' 버튼을 누르느라 신난 어느 꼬맹이 때문이라는 사실. 화면이 어두워질 무렵 관객은 해당 회사와 주인공인 CEO 앞에 드리운 경제적 재앙을 직감한다. 그런

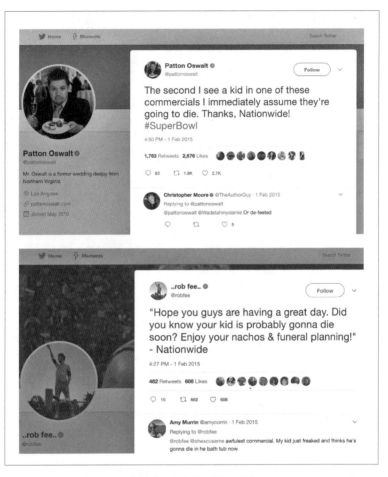

네이션와이드의 광고를 조롱하는 트윗들.
(위) "광고에 아이가 등장한 순간 곧 죽겠구나 직감. Thanks, 네이션와이드!"
(아래) "즐거운 시간 보내고 있길 바라. 근데 당신네 아이가 곧 죽을지 모른다는 건 알아?
나초 먹으면서 장례 계획도 세워 봐! ─ 네이션와이드"

데 스토리가 끝난 그때, 어도비가 관객에게 이런 메시지를 보내며 우리를 긍정으로 이끈다. "마케팅이 하는 일이 뭘까요? 우리가 돕겠습니다." 사실상 이 마지막 메시지는 어도비 마케팅 클라우드를 구매해 데이터를 분석할 만큼만 영리해도, 충분히 저 CEO 같은 운명은 피할 수 있다는 의미를 전달한다.

부정으로 끝나는 스토리를 효과적으로 활용하기 위해 마케터들은 어도비처럼 코미디의 형식을 택한다. 코미디의 기본 원칙은 실제로 상처 입는 사람이 아무도 없어야 한다는 것이다. 코미디로 만들지 않으면, 자칫 브랜드에 대해 부정적인 느낌이 생겨날 위험이 있다. 2014년 악명 높은 '보이Boy' 광고로 수백만의 슈퍼볼을 망친 보험회사 네이션와이드Nationwide의 사례를 잊지 말자. 이 광고는 욕조에서 목숨을 잃은 안타까운 어린 주인공을 등장시킨다.[12] 방송이 나간 다음 날 《USA투데이》는 스토리 형식을 잘못 사용한 이 광고에 대해 관객들이 트위터로 어떻게 반응했는지를 기사화했다.[13]

좋은 스토리를 잘 응용하면 유익한 효과를 거둘 수 있듯 스토리 형식을 적절치 못하게 활용하면 회사가 손해를 입을 수도 있다. 네이션와이드의 사례가 확실한 본보기다.

창작, 라이선스 구입, 큐레이팅?

지속적인 콘텐츠 마케팅 체제를 도입하는 CMO는 어디에서 스토리를 가져올까? 새로운 스토리를 창작할까? 라이선스를 구입해 다른 출처에서 스토리를 가져올까? 아니면 다른 이들이 창작한 스토리를 큐레이팅할까?

지속 가능한 스토리 위주의 콘텐츠를 새로 창작하기란 쉽지 않다. 이런 야심을 품은 마케터라면 전략을 세워 움직여야 한다. 콘텐츠 마케팅 플랫폼(CMP)을 등록하고, 크리에이티브들을 모집하고, 매일 콘텐츠의 관리-검토-수정 과정을 실행해야 한다. 잘 짜여진 스토리를 규칙적인 리듬으로 발행하려면 시간과 돈과 자원이 필요하다.

그런 이유로 일부 마케터들은 복잡한 과정을 생략하고, 대신 라이선스를 사거나 큐레이팅을 시도한다. 콘텐츠 라이선스를 구매한다 함은 미디어 기업에 사용료를 지불하고 이미 써 놓은 스토리나 제작된 영상의 사용권을 가져온다는 것을 뜻한다. 큐레이팅은 간단히 미디어 스토리를 인용하고 관객에게 원본 출처를 알려 주기만 하니 사용료를 내지 않는다.

콘텐츠 라이선스 구매와 큐레이팅이 싸고 빠르긴 하다. 그러나 두 방법 모두 본질적인 결함을 안고 있다. 둘 중 하나의 방법을 택한다고 할 때, 어떻게 경쟁사들과 차별화가 가능할까? 같은 출처, 같은 콘텐츠를 이용하면서 경쟁사가 따라 하지 못하게 한들 의미가 있을까? 무엇보다, 큐레이팅이나 라이선스 구매를 통해 어떻게 IBM 시큐리티가 하듯 사고의 리더십과 전문성을 입증해 보일 수 있을까?

머서Mercer는 유동적인 직원들의 건강, 재력, 경력 욕구를 충족하도록 기업들에게 기술 주도 솔루션과 조언을 제공하는 컨설팅 기업이다. 머서의 글로벌 CMO로서 지아니 퓰렌은 자사의 건강, 재력, 경력 전문가들의 힘을 빌려 마케팅 동력이 될 스토리를 고안한다. 최근 인터뷰에서 퓰렌은 이렇게 설명한 바 있다.

"과학 기술로 인해 우리의 업무 방식, 그리고 동료와의 상호작용 방식이 근본적으로 재구성되고 있습니다. 140개국 사무소에 21,000명 이상이 근무하고 있는 우리 회사 역시 고객사들과 나란히 최전선에서서, 그 변화를 연구하고 기업들이 변화에 적응해 기회로 활용하도록 방법을 제시하고 있습니다. 우리야말로 전문가들입니다. 그럴 수밖에 없지요, 그게 우리의 비즈니스니까요. 다른 어디에서도 이런 정보를 제공하지 않습니다. 고객사들의 경쟁과 성공에 없어서는 안 될 정보입니다."[14]

퓰렌이 이끄는 팀은 최근 '머서 디지털Mercer Digital'[15] 사업을 출범시키고, 변화하는 시장에 관해 새롭게 알아낸 사실을 디지털 플랫폼을 통해 공유한다. 퓰렌의 설명을 들어 보자.

"오늘날 시장은 인재를 차지하려는 경쟁이 치열합니다. 밀레니얼 세대가 일자리에서 추구하는 건 윗세대들이 추구하던 것과 전혀 다릅니다. 이들은 세계가 얼마나 빠르게 변화하고 있는지 알기 때문에, X세대들이 처음 인력 시장에 진입하던 당시보다 훨씬 더 자기계발과 신기술 개발에 민감합니다. 기업들이 전통적으로 제시하던 복리후생만 가지고는 이 세대에게 통하지 않습니다. 미래의 직업 이동에 대비해 필요한 준비를 회사가 어떻게 지원할지를 보여 줘야 합니다.

다른 한편으로는, 갈수록 자동화가 확대되는 부문의 경우, '코봇 Cobots', 즉 협동 로봇과의 협업에 대비해 기업의 직원 교육을 지원하고 있습니다. 인간이 기계와의 협업에 적응하려면 어떤 준비가 필요할까? 무엇을 기대할 수 있을까? 상호작용은 어떻게 이뤄질까? 안전성 요건은 어떤 것들이 있을까? 추가적으로 필요한 훈련은 무엇일까? 기계를 어떻게 설계하면 인간과 더 나은 상호작용이 가능할까? 이런 문제들을 교육합니다."

세계 각국에 포진한 자사 전문가들의 식견을 모아 '머서 디지털'에 공유함으로써 퓰렌은 오리지널 콘텐츠로 회사의 고유한 전문성을 입증하는 한편, 기존 고객과 예상 고객 모두에게 필요한 가치를 창출한다.

뿐만 아니라 퓰렌은 오리지널 콘텐츠 창작이 라이선스 구매보다 유익한 점을 또 하나 알고 있다. 여러 출처에서 스토리를 가져와 큐레이팅하거나 라이선스를 구매하는 브랜드는 제 목소리를 잃는다. 내가 콘텐츠 라이선스를 사 오려고 하는 미디어 기업들은 모두 저마다의 목소리로, 저마다의 관점에서 글을 쓰고, 저마다의 말투로 이야기한다. 그래서 퓰렌은 이렇게 말한다.

"우리가 쓰는 이야기는 철저히 머서의 것이어야 합니다. 그렇지 않으면, 고객과 관계를 구축하지 못합니다."

성공을 거두려면 내 목소리로 규칙적으로 꾸준하게 오리지널 스토리를 들려주자. 이렇게 하면, 그리고 이것을 제대로 해내면, 콘텐츠 마케팅의 선도자가 될 수 있다. 지름길은 통하지 않는다.

생각을 키우자

전통적인 다섯 가지 마케팅 소재들도(기원, 역사, 미션, 제품, 고객) 풍부한 이야깃감을 제공한다. 하지만 시간과 수량에 일정한 제약이 따른다. 이런 한도를 넘어서는 비전을 가진 CMO로서 막대한 국제적 규모로 수십 년에 걸쳐 콘텐츠 마케팅을 가동하려면, 어디로 방향을 잡아야 할까?

1975년 당시 세계 최대 선박회사였던 영국의 P&O는 TV 제작자 에런 스펠링과 손을 잡고, 자사 선박 퍼시픽 프린세스호를 스펠링의 새 TV 시리즈 「사랑의 유람선」의 무대로 제공한다. 관객들은 매력적인 탑승객들이 퍼시픽 프린세스호를 타고 완벽한 날씨에 항해를 즐기다가 아름다운 목적지에 도착해 사랑에 빠지고 또 사랑을 회복하는 이야기를 10년이 넘도록 매주 한 시간씩 시청했다. 「사랑의 유람선」은 황금시간대 TV쇼 5위 안에 올라 12개 언어로 번역됐고, 지금까지도 재방영되고 있다.

뉴스 웹사이트 매셔블Mashable에 실린 프린세스 크루즈 선사船社의 잔 스와츠 사장 말마따나, "그 방송 이전까지는 바다에서 배를 타고 휴가를 보낸다는 건 사실 굉장히 낯선 아이디어였을 것이다. …… 그 때문에 이 방송이 바다로의 도피라는 멋진 콘셉트를 미국인들의 가정에 소개하는 역할을 수행했다."[16]

이 작품의 작가들이 P&O의 휴가 상품을 판매한 것은 아니다. 그저 사랑과 재미라는 감정을 프린세스 크루즈 브랜드와 연결 지어 로맨틱

코미디를 만들었을 뿐이다. 방송 시작 무렵 크루즈 여행을 떠나는 미국인은 1년에 50만 명 수준이었다. 「사랑의 유람선」 덕분에 프린세스 크루즈 선사는 1975년 단 2척에서 현재 18척 선단으로 성장했고, 기업의 연간 총수입이 9,000% 증가했다.[17]

그렇다면 지금 시대에는 기업이 자체적으로 TV 시리즈를 제작해야 할까? 아니면 생각을 더 키워서, 기업이 스포츠팀이나 리그 중계권을 통째로 사야 할까?

모든 스포츠 경기는 살아 있는 스토리를 들려준다. 매 시합 도발적 사건에서부터(첫 투구/첫 티샷/첫 킥오프) 절정까지(마지막 아웃/마지막 퍼팅/경기 시간 종료) 승리와 패배의 역동적인 이야기가 펼쳐진다. 게다가 스포츠는 선수, 코치, 임원, 구단주, 리그에 이르기까지 무수히 많은 부수적 스토리를 파생시킨다.

코카콜라, 마스터카드, 앤호이저-부시 인베브, GM 같은 거대 기업이 스포츠팀이나 스포츠 리그, 혹은 더 나아가 세계선수권대회의 운영권을 사서 그 시합과 부수적인 소재를 이용해 콘텐츠 마케팅의 내용을 만들어 낸다면, 그것 또한 말이 되지 않을까?

2014년 5월 17일 《뉴욕타임스》는 NBC 유니버설 측이 2022년부터 2032년까지 열리는 여섯 차례 올림픽 경기 중계권의 라이선스를 사들였다고 보도했다. NBC 측이 77억 5,000만 달러를 지불하고 확보한 것은 단지 TV 중계권만이 아니라, 《뉴욕타임스》의 표현을 빌자면, "이따금 등장하는 신기술 양식의 종류를 불문한 독점적 경기 중계권"이다.

거래 금액도 큰 화제가 됐는데, NBC 측이 그 액수를 지불한 건 스포츠 경기가 전통적인 방송 광고 모델의 마지막 보루 중 하나인 만큼 이 투자가 가치를 창출하리라고 확신했기 때문이다. "개인 일정에 따라 대개 광고 없이 미디어를 소비하는 시청자가 갈수록 늘어나면서, 방송사들로서는 경기 생중계야말로 시청자라는 거대한 관객 집단에게 광고를 거르지 않고 실시간 시청을 강제하는 유일한 콘텐츠일 것이다."라고《뉴욕타임스》는 전한다.

스포츠 경기 도중에는 전통적인 방송 광고가 여전히 전파를 타지만, 그렇다고 해서 주요 브랜드들이 이 영역을 미디어 기업들과 고루한 광고 방식에 넘겨줘야 할까? NBC와 입찰 경쟁을 하지 않은 거대 브랜드들은 기회를 놓친 것일까?

한번 계산해 보자. 코카콜라가 연간 글로벌 마케팅에 쓰는 비용이 약 40억 달러다.[18] 2022년부터 2032년까지 11년에 걸쳐 계산하면 440억 달러가 된다. NBC의 낙찰가는 그 금액의 17% 정도였다. 북미 지역 올림픽 중계권과 파생 스토리들을 세상에 공유할 권리를 취득하자면 코카콜라로서도 전체 마케팅 비용의 상당 부분을 투자해야 해서 꽤 부담스러웠을 것이다.

그러나 거꾸로 생각하면, 2년에 한 번씩 사람들이 올림픽 스토리를 듣고 싶어서 온통 코카콜라라는 회사 하나에 기대게 된다는 뜻이기도 하다. 한 달 동안의 경기는 물론이고 경기 준비에 관한 모든 스토리와 무수히 많은 파생 스토리가 나올 것이다. NBC의 공작새 로고를 코카콜라 로고로 바꿔치기만 해도, 아마 회사로서는 자사 제품이 올림픽의 환희로 이어지는 차별화된 경험을 창출할 수 있었을 것이다.

지난해 중간 광고에 지출된 비용이 6,000억 달러를 훨씬 웃돌았다. 올림픽이나 월드컵, 슈퍼볼 같은 행사의 중계권을 취득하는 것이 대안이 될 수 있을지 거대 기업들이 고민할 시점이 올 것이다. 자사의 입장에서 「사랑의 유람선」 같은 작품을 제작한다면, 관객과 의미 있고 지속적인 관계 형성에 도움이 될 수 있을는지도 고민이 필요할 것이다.

그러나 한 가지는 확실하다. 방송 광고 모델은 빠르게 쇠퇴하고 있으며, 실제든 허구든 독창적이고 좋은 스토리를 공유하는 것만이 소비자 위주의 세계에서 거대 브랜드들이 차별화할 수 있는 유일한 길이다. 돈도 고려해야 한다. 매년 지출하는 수천억 달러의 광고비를 따져 보면, 국제적인 스토리텔러로 변모하는 데 드는 비용 정도는 많은 선도 기업들에는 가벼운 수준일 것이다.

예산이 빠듯한 소규모의 회사들은 선택의 여지가 없다. 해마다 수익이 떨어지는 광고에 귀중한 자산을 쏟을 여력이 없어서다. 스토리텔링 기술을 내 것으로 삼느냐의 여부에 이 기업들의 미래가 달려 있다.

선각자

아마존을 설립하고 2, 3년 뒤, 제프 베조스는 아마존 임원진들에게 예리함이 사라졌다는 느낌을 받았다. 아이디어는 재미없고 진부해 보이고, 사고의 과정은 늘어지고 얄팍했다. 베조스로서는 원인을 알아야겠기에 문제를 파헤쳐 봤다. 그렇게 해서 다소 의외였지만 확실한 원인을 한 가지 밝혀냈다. 아마존의 최고 임원진들은 그저 생각하는 방법을 잊어버리고 있었다.

파워포인트를 디자인하는 재미에 골몰한 나머지 이들은 실제로 일이 어떻게 돌아가는지, 어떻게 일의 인과가 맞물리는지 도무지 파악하려 하지 않았다. 그저 그럴듯하게 아이디어를 둘러대고, 우선순위를 유야무야했다. 아마존과 시장과 테크놀로지와 국내외 정치 안에 존재하는 힘의 상관관계는 물론이려니와 아마존 내부의 힘의 상관관계조차 고려하지 않았다. 베조스는 다양하고 복합적인 마인드와 심층적 사고, 넓게 멀리 내다보는 통찰력을 가진 임원진이 필요했다. 하여 2004년 6월 고위관리직팀인 S팀에게 다음과 같은 메시지를 보냈다.

보낸 사람: 제프 베조스

보낸 시각: 2004년 6월 9일 수요일 6:02 PM

받는 사람: [삭제]

주제: 이제부터 S팀 내에서 파워포인트 프레젠테이션 금지

"왜?"냐는 물음에 대한 약간의 설명을 덧붙이자면,

우리가 추구하는 건 그냥 텍스트가 아니라 잘 짜인 내러티브 텍스트임.

워드로 중요 항목의 목록을 작성하는 행위는 파워포인트 못지않게 부적절함.

스토리가 담긴 6장 메모를 쓰기가 파워포인트 20장 '쓰기'보다 어려움. '무엇'보다 '어떻게' 사물이 연관돼 있는지가 더 중요하고, 내러티브 구조는 여기에 대한 더 나은 생각과 이해를 강제함.

후에 찰리 로즈와의 인터뷰에서 베조스는 이렇게 말한다.

"전통적인 기업 회의는 프레젠테이션으로 시작합니다. 누군가 일어나 파워포인트 슬라이드를 보여 주며 발표를 하지요. 우리가 볼 땐 얻는 정보의 양이 매우 적고 중요 항목들만 소개가 됩니다. 발표자에게는 이편이 쉽지만 관객에게는 어려워요. 그래서 대신에 우리 회사는 6쪽 길이의 내러티브를 중심으로 회의를 구성합니다. 머릿속의 생각을 완전한 문장으로 적어서 단락을 완성하고 하나의 완성된 스토리로 전달해야 할 때, 더 깊은 명확성이 요구되니까요."

스토리 형식으로 생각하자면 일이 고되다는 점도 베조스는 언급했다. 아마존의 임원진들은 아마존의 사업에 영향을 미치는 모든 상관관계의 요소들을 상상해야 한다. 밑바닥에서 꼭대기까지, 과거에서 미래까지, 개인에서 전체까지 무엇도 빠뜨려선 안 된다. 회의가 있으면 S팀 구성원들은 먼저 6쪽 길이의 스토리를 만들고 적고 인쇄해서 돌려야 한다. 그리고 20분 남짓 팀 전체가 탁자에 둘러앉아 조용히 이 스토리들을 읽는다. 베조스는 이 시간을 "스터디홀"이라 부른다.

베조스가 이런 회의 방식을 도입한 것은 아마존의 임직원이 무엇보다도 스토리 구조의 인과 논리에 맞게 수직적, 수평적 사고를 하기 바라기 때문이다. 수직적이라 함은 깊이 있게 생각하고, "지금 벌어지고 있는 일의 깊이 감춰진 진정한 원인이 무엇일까?" 질문하는 것이다. 수평적이라 함은 시간을 펼쳐서 생각하고, "어떤 과거의 사건이 이 일을 일어나게 했을까, 이렇게 감춰져 있던 원인이 미래에 어떤 결과를 가져올까?" 질문하는 것이다.

아리스토텔레스는 아테네의 지도자들에게 "생각은 현자처럼 하되 말은 범인처럼 하라."고 조언했다. 하버드 비즈니스스쿨은 이 격언을 이렇게 바꿔 표현한다. "생각은 복잡하게, 말은 단순하게." 어느 쪽이든 좋다. 술집에 가서 귀를 열고 조용히 앉아 있어 보자. 무엇이 들리는가? 스토리다. 평범한 사람처럼 단순하게 말하라고 해서 초등학생의 어휘를 쓰라는 게 아니다. 지식과 경험에서 생각의 알맹이를(지혜/복잡성) 끌어낸 다음 이것을 인과적으로 연결된 역동적 사건으로(범인/단순성) 표현하라는 것이다.

거듭 말하지만, 인간이 가진 의사소통의 일반적인 방식이 스토리다. 그 외 일반적이지 않은 측면은 고된 교육과 어렵게 얻은 경험의 세월에서 나오고, 거기에서 우리는 지혜를 얻고 남들이 들어 두면 좋을 말할 거리가 생긴다.

베조스 같은 선각자들은 자신의 사업 전체를 스토리화한다. 그들은 스토리 형식으로 의사소통을 한다. 그들의 소통은 세계와 회사, 두 방향 모두를 향한다. 스토리를 활용해 밖으로는 상품을 내놓고 판매하며, 안으로는 경영적 사고를 구체화한다. 데이터가 아닌 스토리를 도구 삼아 그들은 팀을 구축하고, 제품을 디자인하고, 전략을 분석하고, 계획을 수립하고, 판매와 서비스를 제공하고, 무엇보다 리더의 역할을 수행한다.

스토리 형식을 완전히 습득한 선각자들은 회사 전체를 대상으로 스토리의 기술을 교육한다. 스토리가 어떻게 한 기업 전체의 내면을 변화시킬 수 있는지에 관해서는 차후에 자세히 다뤄 볼 계획이다.

11

관객층 만들기

인류 최초의 스토리는 부족의 수장들이 윗세대의 지식을 아랫세대에 전수하던 동굴의 모닥불가에서 춤과 읊조림으로 전달됐다. 고대 문명들은 저마다의 신화와 전설이 영원히 읽히도록 신전과 피라미드의 돌벽에 새겨 넣었다.

호메로스가 남긴 불후의 서사시처럼, 오래도록 사랑받는 디킨스의 소설들처럼, 훌륭한 스토리는 한 번이 아니라 몇 번이고 되풀이해 사람들에게 읽히고 들려진다. 좋은 스토리텔링은 미래의 독자들까지 사로잡는다.

관객 확보

미국공영라디오(NPR)의 공전의 히트작 「디스 아메리칸 라이프This American Life」(TAL)를 떠올려 보자. 이 프로그램은 방송과 팟캐스트를 통해 200만 명이 넘는 국내외 청취자들에게 매주 논픽션 스토리를 소개한다. 영화 「인포먼트The Informant」를 비롯해 많은 작품이 이 프로그램의 스핀오프로 태어났는데, 그중 디지털 오디오 시리즈 「시리얼Serial」은 청취자들의 다운로드 횟수가 1억 회를 넘어섰다.[1] 「시리얼」의 첫 시즌 팟캐스트는 아이튠즈에서 여러 주 연속 1위에 올랐고, 《뉴욕타임스》, 《마더 존스Mother Jones》 등 여러 언론 매체에서도 이 소식을 보도했다.

어째서일까? 스토리화된 이 실생활의 단편들이 이렇게까지 퍼져 나가는 이유가 무엇일까?

요인은 세 가지다. 소재, 실행, 품질 유지.

TAL의 프로듀서 아이러 글래스는 육아, 연애, 노화, 음악, 과학, 스포츠 등등 사람들이 매혹될 이야깃감을 고른다. 그런 다음 뛰어난 스토리텔러들의 작업을 감독하고, 프로그램의 스토리텔링을 최고 수준으로 유지한다. 그렇게 20년을 지켜 왔으니, 매주 흥미진진한 스토리를 기대해도 좋다는 걸 청취자들은 잘 안다.

성공적인 브랜드 스토리텔링 역시 동일한 3단계를 밟는다.

1. 관객을 매혹하고 관객이 원하고 필요로 하는 통찰과 정보를 제공해 관객을 만족시킬 이야깃감을 고른다.
2. 이 주제를 흥미진진한 스토리로 드라마화할 수 있는 최고의 크리에이티브 인재를 고용한다.
3. 시간이 지나도 탁월한 수준을 계속 유지한다.

이 3단계를 능숙하게 실행한다면, TAL처럼 충실한 관객층을 폭넓게 확보하는 마케팅이 될 것이다.

무엇보다 예산을 책정할 때 경계할 사항이 있다. 흔히들 스토리 창작에는 극히 적은 예산을 들이고, 나머지 예산을 콘텐츠 노출과 도달에 투입하는데, 이런 실수를 저지르지 않도록 주의하자. 운이 좋으면 괜찮은 이야기 두어 편을 얻겠지만, 스토리의 품질을 유지하지 못해 예상 고객들이 금방 소비하고 이내 흥미를 잃는 콘텐츠에 그친다. 운이 나쁘면 형편없는 스토리들만 여럿 내놓고, 비싼 홍보비를 톡톡히 치러도 재미없다는 반응 일색이라 브랜드에 손해를 끼치게 된다.

인터넷에 밝은 마케터들은 강력한 스토리텔링이 관객층 확보에 중요한 첫걸음이 될지라도 이 효과가 증폭되어야 성공을 거둔다는 사실을 잘 안다. 그래서 콘텐츠 출시와 동시에 관객에게 즉시 도달할 수 있도록, 예산을 크게 축내지 않으면서 성과를 내는 자연 검색 및 소셜 테크닉을 활용한다.

인터넷 '발견 인프라'의 활용

인터넷에는 매일같이 무서운 기세로 콘텐츠가 쏟아진다. 10억 3,000만 개 웹사이트에서 170만 블로거들이 포스팅을 하고, 3,960만 개의 포스팅이 추가로 텀블러에 올라오며, 2,480만 개의 인스타그램 사진이 공유되고 2억 4,700만 개의 트윗이 오간다.[2] 이런 콘텐츠의 홍수 속에서 어떻게 영향을 미칠 수 있을까?

잡음을 뚫고 내 콘텐츠가 발견되도록 견인하며 관객층을 유지하려면, 인터넷 인프라의 세 가지 지렛대를 활용해야 한다. 즉 자연 검색(organic search), 자연 소셜(organic social), 이메일 마케팅/마케팅 자동화 시스템이다.

검색을 통한 자연 확산

어떤 문제에 대한 해답을 찾고 싶을 때 요즘 사람들은 인터넷으로 직행한다. 추정컨대 세계적으로 약 38억 명의 사용자[3]가 월별 1,750억 회 이상 인터넷 검색을 한다.[4] 앞서 인용했듯이, 85% 정도의 검색에서 사람들은 콘텐츠 주변의 광고를 클릭하지 않는다.[5] 나머지 잡힐 듯 말 듯한 15%를 차지하려고 2016년 한 해 동안 마케터들이 검색 광고에 쓴 비용은 약 816억 달러로 추산된다.[6] 이런 수치에 근거해서 볼 때, 자연 검색 고객, 즉 광고가 아니라 검색 콘텐츠 결과를 클릭하는 사람들의 시장가치는 4,000억에서 8,000억 달러 사이로 짐작할 수 있다.

어떻게 그런 수치에 도달하느냐고? 간단하다. 검색 도중 사람들이 검색 콘텐츠를 클릭하는 빈도가 광고를 클릭하는 빈도보다 5배에서 10배 더 많다. 똑같은 사람들, 똑같은 검색 조건에서 마케터들은 검색 광고를 통해 노출을 확보하려고 수백만 달러씩을 지불한다.[7]

지난 20년 동안 이 유리한 '자연' 고객을 차지하려고 경쟁하며 마케터들은 검색엔진 최적화(SEO)에 힘을 쏟았다. 초장기의 SEO 방식은 자주 쓰이는 검색 키워드나 검색 문구가 무엇인지 찾는 작업부터 시작했다. 사람들이 원하는 정보가 무엇인지 확인하는 신뢰할 만한 방법이었다. 그 발견 과정에서 사람들이 사용하는 구체적인 단어와 문구가 무엇이며 잘 쓰지 않는 단어와 문구가 무엇인지 파악이 되었고, 기업으로서도 고객들이 실제로 어떻게 정보를 검색하는지 확인이 가능해졌다.

이 정보로 무장한 마케터들은 자신들이 생산하는 콘텐츠 안에 사람들이 자주 검색하는 키워드와 키 문구를 '과삽입(stuffing)' 하는 방식으로 검색엔진을 속이기 시작했다. '키워드 과삽입'이 라이코스나 알타비스타 같은 관련도 기반의 검색엔진을 속이는 데 성공하면서 검색 결과의 품질을 보장할 수 없게 됐다. 갈수록 소비자들이 신뢰할 수 있는 정보 대신 키워드로 도배된 함량 미달의 콘텐츠나 전혀 무관한 콘텐츠를 찾을 확률이 높아졌다.

구글의 등장

1998년 페이지랭크PageRank라는 수학적 알고리즘을 기반으로 하는 새로운 인터넷 검색 서비스 구글이 등장했다. 구글이 도입한 페이지랭크는 다른 웹사이트에 링크된 횟수를 근거로 검색 결과의 순위를 매겨 웹사이트의 중요도를 측정하는 방식이다. 구글은 페이지랭크를 이용해 더 권위 있는 웹사이트의 콘텐츠를 덜 알려진 사이트의 콘텐츠보다 검색 결과에서 상위에 배치했다. 이 새로운 기법으로 고품질 콘텐츠를 수면 위로 끌어올리는 능력과 신뢰도가 높아진 덕분에 구글이 세계에서 가장 압도적인 검색엔진으로 부상했다.

마케터들이라고 잠자코 물러나 있지는 않았다. 수십억 달러 가치의 자연 검색 시장을 손에 넣고자 발 빠르게 새로운 게임 룰에 적응했다. 자사 웹사이트에 유입되는 타 웹사이트 링크를 구매해 업데이트하는 방식으로 자사 콘텐츠가 계속 구글 검색 결과의 상위에 올라오도록 만들었다. 구글은 이런 방식을 금지하고 적발한 회사들에 벌금을 부과했지만, 2010년까지도 여전히 링크 구매가 만연했다.[8]

2011년 2월 23일 구글은 팬더Panda[9]라는 새로운 복합 알고리즘을 도입하고, 잇달아 펭귄Penguin과 허밍버드Hummingbird 알고리즘을 추가 도입해 다시 게임 룰에 변화를 가져왔다. 계속해서 콘텐츠 품질과 참여를 집중적으로 관리한 끝에, 구글의 알고리즘은 이제 수천 가지 요인을 고려해 검색 순위를 정하고 1년에 300차례 업데이트를 한다.

구글이 지향하는 목표는 단순하다. 사용자들에게 최상의 검색 결과를 제공해서 다가올 수십 년간 검색 시장에서 독보적인 위치를 유지하는 것이다. SEO 관리자들은 새로운 시스템이 등장할 때마다 뭔가 단기적인 이익이 될 만한 단서를 찾아 분석에 시간을 보낸다. 그러기보다는 차라리 구글의 매크로 목표를 이해하고 거기에 맞춰 세심히 전략을 짜는 편이 더 유익하다. 지속적인 기반 위에서 자연 검색으로 고객을 획득하려면, 초기 SEO와 스토리노믹스 모델에서 각각 교훈을 끌어내야 한다.

먼저 SEO에서 배울 점은, 검색 데이터를 분석해서 고객이 관심을 갖는 주제를 파악하고 고객들의 다양한 검색 경로를 알아내는 것이다. 구글의 애드워즈AdWords와 트렌드Trends 툴을 활용하면 이런 문제에 대한 수준 높은 해답을 얻을 수 있다. 에스이엠러시SEMrush와 스파이푸SpyFu는 더 세밀한 수준의 상세 정보들을 제공한다. 고객들이 원하는 스토리를 만들고 고객들이 검색에 사용하는 구체적인 문구를 글에 담아낸다면, 자연 검색 관객층의 유입이 차츰 늘어 갈 것이다.

스토리노믹스 모델에서 배울 점은 알다시피 기존 고객들과 예상 고객들을 위해 고품질의 독창적인 경험을 창출하는 데에도 투자해야 한다는 것이다. 구글, 빙을 비롯한 검색엔진들은 고품질의 고유한 경험과 저급한 모방의 경험을 분리시킬 기술을 계속해서 개발할 것이다. 뛰어난 스토리를 고객들에게 전달하는 것이 현재로서 최선의 방책인 동시에, 장차 자연 검색을 통한 관객층 확보 가능성을 높일 수 있는 방법이다.

소셜을 통한 자연 확산

요즘은 페이스북, 트위터, 링크드인, 인스타그램, 유튜브, 레딧, 텀블러 같은 소셜 플랫폼 덕분에 사람들이 마음에 드는 스토리를 전보다 더 자주 더 널리 공유한다. 페이스북 한 곳만도 일일 콘텐츠 공유 횟수가 47억 5,000만 건에 달한다.[10] 전 세계적으로 페이스북에 로그인해서 지인들이 무엇을 공유하고 좋아하고 댓글을 다는지 확인하는 사용자가 16억 명이다.[11]

팟캐스트 「시리얼Serial」은 수십만 청취자들의 열렬한 소셜 멘션을 통해 관객층이 급격히 증가했다. 잘 표현된 훌륭한 스토리가 발견된 이후에 얼마나 폭포수 같은 파급력을 갖는지 「시리얼」의 성공이 잘 보여 준다.

일단 자연스러운 소셜 멘션의 수혜를 입으면 회사들도 파급력이 커진다. 페이스북의 '좋아요'와 공유를 통해 상당한 범위까지 확산되기 때문이다. 하지만 10장에서 언급한 바 있듯, 2014년 말 마케터들에게 페이스북 광고 이용을 강제하는 일환으로 페이스북 측이 알고리즘을 바꿔 브랜드 콘텐츠의 자연 확산을 대폭 제한했다.[12] 그 결과, 사용자 공유 콘텐츠와 기업들의 유료 간접광고만 남고, 브랜드들이 공유한 콘텐츠는 페이스북 피드에서 삭제됐다. 이런 변화에도 불구하고 여전히 소셜을 통해 상당한 관객층 확산을 이룰 수는 있다. 그러자면 내 스토리를 만들어 줄 크리에이티브를 신중하게 선택해야 한다.

성공적인 인플루언서 마케팅

인플루언서 마케팅이 등장한 것은 이미 여러 세기 전이다. 가까이 거슬러 올라가면 1760년대 조사이어 웨지우드가 왕실의 후원을 끌어와 웨지우드 브랜드의 가치를 유망 고객의 머릿속에 확실히 심어 둔 사례가 있다.[13]

소셜미디어가 출현한 이래, 인플루언서들이 브랜드 제품/서비스를 팔로워들에게 직접 홍보할 수 있게 되면서 인플루언서 마케팅이 폭발적으로 증가했다. 사회관계망으로 연결된 전문가들, 업계 리더들, 유명인사들, 유튜브 스타들의 영향력을 이용해 제품을 판매하려는 마케터들의 경쟁이 치열하다.[14] 이런 유명인들이 인스타그램이나 트위터에서 다뤄 주길 기대하며 무작정 그들에게 무료로 제품을 보내는 마케터들도 있다. 영향력이 더 큰 인플루언서들에게는 브랜드 측에서 적지 않은 비용까지 지불하는 경우가 많다.《뉴욕타임스》기사를 참고해 보자.

"브랜드와 인플루언서들을 연결시켜 주는 회사 캡티브8Captive8에 따르면, 300만에서 700만 정도의 팔로워를 보유한 인플루언서들은 평균적으로 유튜브 포스팅 한 건당 18만 7,500달러, 인스타그램이나 스냅챗 포스팅 한 건당 7만 5,000달러, 트위터 포스팅 한 건당 3만 달러를 요구할 수 있다. 5만에서 50만 명 정도의 팔로워를 보유한 인플루언서들은 평균적으로 유튜브 포스팅은 2,500달러, 인스타그램이나 스냅챗 포스팅은 1,000달러, 트위터 포스팅은 400달러 수준이다."[15]

이런 접근에도 문제가 따른다. 많은 인플루언서들이 사실은 잘 모르거나 사용해 보지 않은 제품과 경험을 추천함으로써 자신들의 신뢰도를 떨어뜨릴 위험이 있다. 게다가 광고의 허풍과 장담을 꿰뚫어 보는 똑똑한 소비자들은 홍보와 간접광고의 계략 역시 간파한다.[16] 이런 방식의 인플루언서 마케팅은 광고와 같은 수순으로 소비자의 신뢰를 잃게 될 가능성이 크다. 거듭된 남용으로 관객층이 인플루언서들의 홍보 자체를 무시하도록 훈련되기 때문이다.[17] 다행히 생각이 앞선 마케터들은 소셜의 영향력을 활용해 고객들에게 다가갈 더 나은 방법을 알고 있다.

고객을 겨냥한 콘텐츠 마케팅을 설계할 때, 기여자(contributor) 선정의 첫째 기준은 그들의 영역 전문성과 스토리텔링 실력이어야 한다. 그러나 다른 한편으로는 크리에이티브들이 단지 브랜드 스토리를 들려주는 것보다 훨씬 더 많은 일을 할 수 있다는 점도 인정해야 한다. 영역 전문가이자 탁월한 스토리텔러인 동시에 내가 다루려는 주제에 관해 공인된 인플루언서이기도 한 기여자를 선정한다면, 그런 영향력 덕분에 선정 과정에서부터 관객층이 유입되고 브랜드에 대한 신뢰가 높아질 수 있다.

인플루언서 마케팅 플랫폼은 폴리네시아 여행이든 단백체학이든 어떤 주제든 내가 다루고 싶은 것에 관해 인플루언서들이 글을 쓰도록 허용한다. 뿐만 아니라 각 기여자의 도달 범위를 측정하고, 각 콘텐츠가 어떤 반향을 불러일으키는지, 기여자의 스토리를 관객층이 공유하는지 댓글을 다는지 '좋아요'를 누르는지 여부까지 확인할 수 있다.

소셜 내에서 내 프로그램의 자연적인 확산을 구현하려면, 다음 사항을 실행해야 한다.

1. 내 브랜드로 관객층을 유입시킬 기여자를 모집한다.
2. 작성하는 콘텐츠의 총 도달률에 따라 기여자에게 사례하는 보상안을 책정해, 팔로워들에게 홍보할 인센티브를 제공한다.
3. 어느 기여자와 어느 소셜 채널이 가장 많은 관객층을 내 콘텐츠로 유입시키는지 측정해, 최고 실적을 거두는 쪽에 향후 과제를 집중한다.

페이스북, 트위터, 링크드인 같은 소셜 플랫폼의 알고리즘은 개인 사용자들이 공유하는 브랜드 스토리를 걸러내지 않는다. 그런 까닭에 이런 접근을 통해 소셜 내에서 브랜드 스토리텔링의 유의미한 자연 확산을 거둘 수 있다. 덧붙여서, 내 고객들이 관심을 갖는 주제에 관해 전문적인 인플루언서들을 선정하고 그들에게 단지 내 제품의 바람잡이 역할이 아니라 고객들이 원하는 콘텐츠 창작을 의뢰해야, 고객들이 즐기고 신뢰할 수 있는 확실한 경험을 제공하게 된다.

고객들이 만드는 스토리

우리가 고객들에게 전하는 스토리만 있는 게 아니다. 고객들 역시 우리에 관한 스토리를 전한다. 미국 입소문마케팅협회(WOMMA, the

Word of Mouth Marketing Association) 조사에 따르면, 사람들이 지인들에게 어떤 기업에 관한 자신의 경험을 들려주는 스토리가 총 판매의 13%를 움직인다.[18] 또한 제품과 서비스 가격이 높아질수록 구매자들에게 고객 스토리가 갖는 중요성도 높아진다.(아래 표를 참고하라.)

입소문마케팅협회의 조사는 입소문의 영향을 과소평가하고 있다. 좋은 입소문으로 발생하는 판매 효과를 측정할 뿐, 나쁜 소문이 판매에 끼치는 악영향은 언급하지 않기 때문이다. 분명한 교훈을 기억하자. 오늘날의 소비자는 내 브랜드의 성능을 판단하고 공개적으로 논평한다. 그러니 별 다섯을 받기에 모자람이 없는 브랜드를 만드는 게 중요하다.

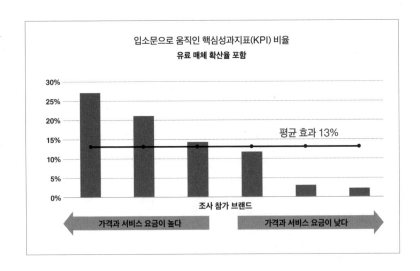

스토리텔러에서 스토리-메이커로

마스터카드의 마케팅 및 커뮤니케이션 최고책임자 라자 라자만나르는 브랜드가 스토리를 만들어 고객들에게 들려주는 데서 그치지 않고 고객들을 스토리에 참여시키는 기회를 가지도록 제안한다. 얼마 전 인터뷰에서 그는 기술의 발전으로 갈수록 몰입도 높은 경험이 가능해졌다고 설명했다. 인류는 구술 스토리텔링에서 문자 스토리텔링으로 옮겨 간 다음, 거기서 다시 음향효과와 이미지를 더해 스토리를 들려주기보다 보여 줌으로써 이야기에 생기를 불어넣는 영화와 라디오와 TV로 옮겨 갔다. 좀 더 최근에는 가상현실이 등장해 관객을 외부 관찰자에서 스토리 설정 안에 들어와 앉아 있는 위치로 이동시킨다. 이런 진화 과정을 보며 라자만나르는 의문을 품었다. "우리 자신의 스토리텔링은 어떻게 진화하는가?" 이 질문에 대한 답변이 마스터카드의 광고 캠페인을 바꿔 놓았다. 마스터카드는 전통적인 '프라이스리스Priceless' 광고의 틀에서 벗어나 현재 '프라이스리스 시티Priceless Cities'와 '프라이스리스 서프라이즈Priceless Surprises'를 비롯한 실험적인 마케팅 플랫폼을 가동하고 있다.

"(전통적인 스토리에서는) 관객을 대리로 살게 합니다. 이 경우(프라이스리스 시티 프로그램)에는, '이걸 그의 스토리로 만들 수 있을까?'를 생각합니다.

예를 들자면, 대개 신용카드 회사들은 블랙카드나 플래티늄카드로 이용하는 고급 컨시어지 서비스를 광고합니다. 전화 한 통이면 제일 좋은 좌석을 입수해 브로드웨이 공연을 관람하는 식이지요. …… 만약 제가 당신을 스토리 '안에' 담는다면, 저는 당신을 무대에 세워 살아 있는 등장인물로 만들 겁니다.

우리는 '프라이스리스 서프라이즈'도 제공합니다. 말 그대로 '깜짝 선물surprise & delight'이라는 오랜 개념을 차용해 상시 프로그램으로 만들었지요. 마스터카드가 우리 카드를 소지한 고객들의 삶에 특별한 예상 밖의 순간들을 만들어 드립니다. 크기는 다양합니다. 가수 엘리 굴딩이 음반 작업 중인 두 젊은 아티스트들[19]을 기습 방문하기도 하고, 카드 소지자가 매그놀리아 컵케이크 하나를 구매하면 보너스로 하나를 더 주기도 합니다. 이런 깜짝 선물은 규모가 어떻든 한 가지 공통점이 있습니다. 고객들의 삶에 도발적 사건의 역할을 해서, 고객들이 실제로 살아온 스토리를 다시 들려주도록 영감을 줍니다.'[20]

마스터카드가 2014년 저스틴 팀버레이크와 첫 '프라이스리스 서프라이즈'를 개시한 다음 날, 트위터 CEO 딕 코스톨로는 라자만나르에게 전화를 걸어 마스터카드가 벌집을 건드렸다고 전했다. 팀버레이크의 깜짝 등장에 대한 멘션으로 트위터는 불야성을 이뤘다. 사용자들이 네트워크 여기저기에서 마스터카드의 브랜드 스토리를 공유하기 바빴던 것이다. 그날 이후로 마스터카드는 세계 곳곳에 60만 건이 넘는 '프라이스리스 서프라이즈'를 전달하며, 고객들이 소셜미디어에서 수십억 가지 스토리를 들려주고 되풀이하는 계기를 이끌었다.

관객의 재방문

유익하고 재미있는 스토리를 제공하면, 관객은 새로운 내용이 올라오기를 학수고대한다. 브랜드 스토리텔링의 수익률을 극대화하고 싶다면, 스토리텔링 서비스를 구독 가능하게 만들자. 이메일 마케팅, 마케팅 자동화, 고객 관계 관리 플랫폼 등 어느 것을 활용해도 좋다. 추천 스토리를 발송해서 고객의 재방문 빈도를 높이고 고객과 더 튼튼한 관계를 형성할 수 있다. 고객의 방문이 잦을수록 브랜드 스토리의 소셜 공유가 증가하고 고객의 주변인들에게 노출 범위가 확대될 것이다.

개인 맞춤형 추천

오랜만에 옛 친구를 만나 술 한잔할 때면, 내가 가진 레퍼토리 중에서 가장 그 친구의 관심을 끌 만한 스토리를 무의식적으로 선별하게 된다. 친구에 관해 아는 모든 것, 공통의 관심사를 고려해 친구가 아직 듣지 못했을 법한 것들을 우선적으로 추린다. 지난번 만난 뒤로 새로 알게 된 것을 죄다 공유하기보다 이렇게 하는 편이 더 재미있고 유익한 대화를 나눌 수 있다. 관객 한 사람 한 사람과 관계를 강화할 때도 마찬가지 방식으로 접근하는 것이 좋다.

2013년 아이덴티티 접근 관리 솔루션 개발 업체 잰레인Janrain이 의뢰한 어느 조사에 따르면, "웹사이트의 콘텐츠가 나의 관심사와 관련 없어 보일 때 74%의 사용자가 실망감을 느낀다."²¹ 그러나 맞춤형 경험이 성공에 결정적이라고 인식하는 마케터들이 77%인데도 불구하고, 그중 60%는 실제로 맞춤형 경험을 제공하는 데 실패한다.²² 많은 마케터들이 사용자들을 어떤 전형적인 인물 유형에 맞춰 놓고 각 유형별로 이메일 환경을 다르게 설정하는데, 이런 방식으로는 여전히 사용자 개인이 원하고 필요로 하는 것을 제공하기에 한참 부족하다.

새로운 인공지능 플랫폼은 유형화된 분류를 넘어서 진정으로 개인적인 접근을 가능하게 해 준다. 스카이워드Skyword, 리프트이그나이터 LiftIgniter, 원스폿OneSpot 등의 회사들은 고객 개개인의 익명 프로필을 구축한 다음, 정교한 알고리즘을 활용해 고객이 과거에 가장 흥미롭게 여긴 것을 토대로, 소장 스토리 가운데 개별 고객에게 적합한 것을 선별하는 기술을 제공한다. 인공지능 기반 추천은 대부분의 웹사이트에서 사용하는 태그 기반 추천보다 고객의 추가 스토리 소비율을 50% 높일 수 있다. 고객 육성 이메일에서 맞춤형 스토리 추천을 활용하면 이메일의 연결 클릭률이 50~120%까지 증가한다.²³ 한마디로, 개개인에게 알맞은 스토리를 들려주는 것이 비즈니스 성과를 높이는 비결이다.

유료 확산

관객들이 경험할 뛰어난 콘텐츠를 만들고 개인별 맞춤화 작업까지 마쳤다면, 이제 관객의 도달 범위를 극대화하고 싶을 것이다.

검색 및 소셜을 통해 자연적 도달을 확대하는 방법으로도 투자수익률을 최대한 높이 끌어올릴 수 있다. 그러나 짜임새 있게 실행하자면 6개월에서 18개월 정도 시간이 걸린다. 게다가 자연적 방식만으로 관객을 확보하려 하면, 브랜드 스토리텔링의 효과를 최대치까지 활용하지 못하게 된다. 관객 증가 속도를 높이고 총 도달률을 극대화하기 위해서는 유료 홍보 방식이 더 빠르고 확산의 범위도 넓다. 예를 들어 팟캐스트「시리얼」도 첫 시즌에는 초기 청취자 수가 많지 않았다.「디스아메리칸 라이프」에서 팟캐스트를 홍보하면서 수십만 명의 공영라디오 청취자들이 관심을 보였고, 한 번 듣고 난 청취자들이 다음 회차를 들으러 계속 다시 찾아왔다. 마찬가지로 초기 관객층을 빠르게 구축할 때, 혹은 이따금 생산하는 화려한 콘텐츠로 사람들을 끌어모을 때는 유료 확산을 이용하는 편이 좋다.

　데이비드 비비는 디즈니/ABC에서 6년 이상 TV와 디지털 프로덕션을 감독하며 프로듀서로 경력을 쌓은 인물이다. 그러다가 2014년 중반 광고 중심에서 스토리 중심 마케팅으로의 전환을 예감하고, 미디어계를 떠나 메리어트 인터내셔널Marriott International의 글로벌 크리에이티브 & 콘텐츠 마케팅 부사장으로 부임했다. 메리어트에서 비비는 신규 브랜드 론칭, 브랜드 인지도 구축, 이른바 '고객 머릿수 확보'를 위한 콘텐츠 활동을 감독한다.

　'메리어트 트래블러Marriott Traveler'[24]의 꾸준한 운영으로 브랜드 검색 트래픽의 대부분을 획득하는 한편, 비비는「프렌치 키스French Kiss」,「투 벨맨 3Two Bellmen Three」같은 화려한 영상물의 제작과 매체 지원에도 관여한다.

비비의 설명을 들어 보자.

"우리는 브랜드의 관객층을 타기팅할 때 우리가 가진 모든 데이터를 활용합니다. JW 메리어트 호텔에서 우리와 한 회 이상 관계를 맺은 비즈니스 트래블러들을 먼저 파악하고, 우리가 가진 데이터를 구글과 유튜브가 가진 데이터와 한데 뒤섞습니다.

그런 다음 우리가 제작한 영화들을 모두 프리롤 광고, '트루 뷰True View'25로 제공합니다. 매체 비용을 투자해서요. 그래서 전혀 다른 어떤 것을 보려고 유튜브에 들어 간 사람에게 이 광고를 내밉니다. 그런데 실제로 이 콘텐츠가 재미있다 보니 사람들이 빠져드는 겁니다. 유튜브에서 이 단편 영화들을 끝까지 시청한 사람들 비율이 80%였는데, 유튜브 측은 광고에서 이런 비율이 나오기는 처음이라더군요."26

스마트한 유료 확산은 자연적 성과의 검토에서부터 시작된다. 어떤 스토리가 가장 많은 관객을 획득했나? 이런 통계가 내 제품/서비스 중에 마켓 수요가 가장 높은 지점이 어디인지 말해 줄 것이다. 어떤 스토리가 가장 높은 참여율과 소셜 파급력을 보였나? 이 통계는 내 스토리가 관객에게 연결되고 의미 있는 가치를 전달하는 지점이 어디인지 말해 줄 것이다. 이런 정보로 무장했으면, 관객층을 구축할 콘텐츠 발견 네트워크와 타깃 소셜 캠페인을 고민할 단계다. 타불라Taboola, 아웃브레인Outbrain, 나티보Nativo, 트리플리프트TripleLift 같은 콘텐츠 발견 네트워크와 야후, 타임 같은 미디어 기업들은 미디어 웹사이트에서 브랜드 콘텐츠를 홍보하고 콘텐츠에 유입된 방문자 수에 따라 요금을 부과한다. 최근에는 실시간 입찰(RTB) 광고 네트워크가 주로 광고가 실리는 지면에 콘텐츠를 유통하며 동일한 서비스를 제공하기 시작했다. 페이스북은 내가 만든 스토리를 가장 좋아할 만한 독자/시청자를 타깃 설정하는 강력한 툴을 제공한다. 요즘은 콘텐츠 확산 방안의 선택지가 너무 넓어서 마케터들이 미디어 구매자에게 확산안의 관리와 최적화를 일임하는 경우가 많다. 직접 구매를 관리하기를 원하는 마케터에게는 제만타Zemanta나 리액터 미디어Reactor Media 같은 확산 관리 플랫폼을 추천한다. 위에 언급한 다수 네트워크에서 콘텐츠 확산 캠페인을 최적화해 줄 것이다. 또한 제만타를 이용하는 마케터들은 비용/목표 달성 측정이 가능해서, 가장 비용 효율이 높은 채널에 확산 비용을 집중하도록 자동적으로 최적화가 이뤄진다.

이런 클릭당 비용 지급(cost-per-click, CPC) 모델은 초보자들이 네이티브 광고 캠페인을 홍보할 때 사용하는 유료 홍보와 유사하긴 하지만, 한 가지 중요한 차이가 있다. CPC 모델은 일회성 대여에 기반하지 않아서 지속해서 유지할 수 있는 관객을 획득한다는 점이다.

그럼 확산 비용은 어느 정도까지 지출해야 할까? 비비의 설명을 참고하자면 다음과 같다.

"우리는 2:1 비율을 지키려고 합니다. 영화 한 편 제작에 50만 달러를 지출하면, 마케팅과 홍보에 25만 달러를 씁니다. …… 전에 일하던 TV 쪽도 별반 다르지 않습니다만, 거기서는 프로그램 예산만이 아니라 마케팅 비용으로 두세 배를 지출하기도 하지요."

메리어트 같은 규모로 스토리텔링에 투자하기는 쉽지 않을 것이다. 자연적인 방식보다 더 많은 관객을 더 빨리 유입시키는 확산안의 이점은 규모와 관계없이 유효하다. 관객을 참여시키는 경험을 만들어 냈으면, 다음으로는 그 경험을 확산해 투자 수익을 극대화할 방안을 고민하자.

위에 제시한 확산안 중 어느 것을 택하든 내 스토리에 관객을 끌어올 수 있다. 방문자당 비용, 그리고 해당 관객이 얼마나 머무는지, 재방문하는지, 콘텐츠를 공유하는지 여부를 측정해서 나에게 가장 효과적인 방안을 선택할 수 있다.

이제 다음 단계는 이 측정을 실제 투자 수익으로 연결하는 것이다. 이 단계는 대단히 중요하다. 이 내용은 13장에서 다뤄 보겠다.

12

판매의 스토리화

웹사이트 접속이 일상인 세상에서 매일매일 우리 문 앞까지 배달되는 구매를 이끄는 힘은 세일즈 활동이 아니라 마케팅이다. 집을 나서서 상점을 방문하면 훨씬 더 비인격적인 셀프서비스의 우주가 펼쳐진다. 터치패드로 패스트푸드를 주문하고, 기계에서 직접 음료수를 채우고, 카트에 식료품을 담아 셀프 계산대에서 계산하고 내 손으로 봉지에 담는다.

더 고가의 품목이라야 비로소 옛날 방식의 더 인격적인 판매자-구매자 관계로 거래가 되돌아간다. 하지만 판매팀이 고객과 대면 접촉을 하려면 잠재 고객이 있어야 한다. 가령, B2B 산업에서는 일반적으로 전체 판매 잠재 고객의 25~30% 정도만 마케팅으로 유입된다.[1] 판매 담당자의 직접 대외 활동으로 유입되는 비율이 45~47%를 차지하고, 나머지 24~29%는 추천, 동업자 및 기타 경로를 통해 유입된다.

요즘의 B2B 판매 담당자들은 예상 고객을 파악하고 접촉하고 추적하는 데 이전 어느 때보다 더 유용한 툴을 갖추고 있다. 예상 고객을 찾고(레인킹RainKing, 줌인포ZoomInfo), 메시지를 보내고, 프레젠테이션을 공유하고, 받은 메시지를 수신자가 언제 열어 보는지 추적하고(예스웨어 Yesware, 클리어슬라이드Clearslide) 심지어 내가 접촉하려는 대상의 성격까지 분석하는(크리스틸 노우즈Crystal Knows) 영업 지원 툴이 점점 증가하고 있다.

그런데 CSO 인사이트의 조사 결과, 지난 7년 동안 기업들은 평균적으로 판매 목표액의 84%를 달성하고, 영업 임원들은 할당량의 59%를 충족하는 데 그쳤다.[2] 어째서일까? 원인이 무엇일까? 부적절한 타깃 설정? 경기 역풍? 제품 성능? 이런 요인에 책임을 물을 수도 있겠지만, 장기간에 걸쳐 전반적으로 꾸준히 발생하는 성취의 미달은 이런 요인이 전부가 아님을 짐작케 한다. 문제는 시대에 뒤떨어진 판매 전략에서 비롯된다.

숫자놀음

전략을 세울 때 대부분의 영업 임원들은 형성된 관계의 질이 아니라 양에 초점을 맞춘다. 월별 통화 혹은 예상 고객 이메일 목표량을 설정하는 숫자놀음을 하는데, 이것은 과거 경험상 X번 통화를 하면 Y번 미팅을 하게 되고, Y번 미팅은 다시 Z번의 거래로 귀결된다고 배웠기 때문이다.

이런 접근법을 교육받고 신기술로 무장한 젊은 영업사원들이 열심히 전화기와 자판을 두드려 댄다. 통화 할당량에 도달할 수도 있고 아닐 수도 있지만, 어느 쪽이든 차이가 없다. 상대가 전화에 응대를 하더라도 좀처럼 상대의 주목을 끌지 못하는 탓이다.

구매자의 관점에서 생각해 보자. 이번 한 주 동안만 하더라도 허풍과 장담으로 시작하는 이메일, 혹은 더 심한 경우 당장 시간을 내주기를 요청하는 이메일이 도대체 몇 통인가? 15분만 시간을 내달라는 영업사원의 메일은 50달러를 달라는 요청과 별반 다르지 않다. 그런 이메일 중에서 몇 통이나 답을 하는지 자문해 보자.

수천 통씩 메일을 발송해서 한두 건의 판매가 성사될 수도 있다. 그러나 중간 광고가 소비자들을 괴롭히듯이 청하지 않은 이메일의 습격은 B2B 구매자들을 성가시게 해서 결국 무관심한 상태에 이르게 한다. 사무실을 다니며 우리 판매팀이 어떤 메일을 보내는지 살펴보면 아마 나 역시 받고 무시하는 그런 종류의 메시지를 보내고 있을 가능성이 크다. 영업으로 고객의 주목을 끌 수 있는 더 나은 방법이 분명히 있을 텐데 말이다.

일단 고객의 주목을 끌면, 관심을 붙잡아 둘 더 나은 방법도 분명 있을 것이다. 그런데 목표량을 채운 판매 담당자가 혹시 미팅을 따내기라도 하면 어김없이 등장하는 것이 있다. 바로 파워포인트나 키노트를 활용한 프레젠테이션이다. 판매 담당자는 너 나 할 것 없이 제품에 관한 과장된 설명을 그래프와 표에 담긴 데이터로 보완한다. 그리고 의욕적인 문구와 긍정적인 이미지를 곳곳에 삽입해 자신의 주장을 입증하려 할 것이다.

제품 설명이 끝나면 통례상 고객은 판매 담당자에게 관련 자료를 두고 가라고 요청한다. 그러나 이 문서에는 아무것도 새로운 정보가 없다. 그저 회사와 제품을 다시 한번 설명하고 칭찬하고 옹호하는 프레젠테이션의 반복이다. 이런 방식이 거의 100% 실패하리라는 건 짐작하기 어렵지 않다. 종이 낭비일 뿐이다.

욕망이 판매를 촉발한다

의식적으로나 무의식적으로 자신이 선택한 행동이 최선의 선택이거나 아니면 최소한 유일한 선택지라고 느끼지 않고서야 사람은 어떤 행동을 취하지 않는다.(하물며 값나가는 것을 구매할 리도 없다.) 사람은 욕망이 이끄는 대로 따른다.

구매자는 과연 어떤 물건을 구매할까? 비싼 구매의 동기를 유발하려면, 구매자의 이성적 자아의 주목을 끌어 집중시키는 동시에 그의 감정적 자아를 움직여 사고 싶은 마음이 들도록 영업 프레젠테이션을 펼쳐야 한다. 구매자의 감정적 호기심을 불러일으킬 최선의 방법이자 유일한 방법은 원하는 것을 손에 넣기까지 구매자의 힘겨운 노력을 드라마화해서 스토리로 들려주는 것이다.

스토리가 나설 때다

새로운 영업 세계에는 새로운 작전이 필요하다. 타깃 전략으로 당신을 무장시켜 줄 스토리텔링의 8단계를 여기 소개한다.

B2B 판매 담당자가 고객을 만나기 전에 미리 고객에 관해 스토리텔링을 할 만큼 통찰력을 갖추기란 거의 불가능하다. 하지만 스토리텔링 과정을 밟아 가다 보면, 고객과의 상호작용이 구체적인 형태로 발전할 수 있다. B2B 영업에 스토리텔링의 8단계를 적용하면, 세 번의 중요한 스토리화 순간이 만들어진다.

1. 강력한 주목 끌기로 예상 고객과의 미팅을 확보한다.
2. 공감의 접점이 있는 극적인 스토리 전개로 고객을 집중시키고, 내 제품/서비스와 고객 사이에 감정적 연결고리를 형성한다.
3. 강력한 스토리의 절정으로 판매를 매듭짓는다.

이 세 번의 순간을 모두 성공시키려면, 스토리텔링의 8단계를 철저히 연구해야 한다. 산업 전반을 머릿속에 그려 보면서, 주인공, 도발적 사건, 욕망의 대상, 행동과 반응을 하나하나 파악해 둘 필요가 있다. 이런 배경을 훤히 꿰고 나면 고객들과 소통하며 관계를 형성할 능력이 갖춰질 것이다. 그러니 B2B 영업에 맞춰 이 8단계를 한번 짚어 보자.

1단계: 타깃

최고의 판매팀은 전화 연결이나 이메일 발송을 하기 한참 전에 항상 시장 조사를 실시한다.

스토리 위주 전략에서는 이러한 조사가 곧 1단계다. 타깃 관객, 타깃 욕구, 타깃 행동 파악이 이 첫 단계에서 이뤄진다. 먼저 업계의 역사를 펼친다. 그리고 역동적인 변화의 스토리 곡선을 스케치한다. 하락 지점과 상승 시점을 하나하나 파악해서, 잘된 것은 무엇이고 더 중요하게는 잘못된 것이 무엇인지 분석한다. 성공적인 영업의 비결은 그런 부정적인 전환 어딘가에 감춰진 구체적인 고객의 욕구를 찾아내는 데 있다. 타깃 행동은 자연히 고객이 욕구를 충족하기 위해 나의 제품/서비스를 구매하는 것이다.

가령, 우리 회사가 클라우드 기반 전자건강기록(EHR) 플랫폼을 병원 및 기타 의료제공자에게 판매하는 회사라고 해 보자. 고객들이 우리 플랫폼을 이용해 표준화 양식으로 환자 데이터를 기록하고, 모든 검사와 기록을 파일화하고, 환자 본인 및 다른 의료제공자와 환자 정보를 공유하고, 그 데이터를 안전하게 보관한다.

예상 고객들은 우리 제품/서비스의 이점을 어느 정도 이해하고 있으나, 관련된 제반 사항에 대해 염려하고 있는 것으로 조사 결과 밝혀졌다.

고객들이 이해하고 있는 이점은 다음과 같다. 문서 기록에서 전자 기록으로 전환함으로써 의료 전문가들의 환자 병력 접근 기회가 늘어날 것이다. 의학적 치료 과정의 실수와 누락을 감소시킬 잠재력이 있는 시스템이고, 설계된 대로 활용하면 시간이 지날수록 상당한 비용 절감도 가능할 것이다.

그러나 다른 한편으로, 고객들은 이런 변화도 우려하고 있다. 어떤 방식으로 해당 의료시설에 우리 시스템이 추가되는 것인지? 우리 시스템을 이용하기 위해 의료 전문가들에게 어떤 훈련이 필요한지? 정보 보안을 어떻게 유지할 수 있는지? 기록 휴대가 더 자유로워지면, 다른 의료제공자에게 옮겨 가는 환자들이 더 자주 발생하지는 않는지? 등등.

이제 아픈 지점이 어디인지 알게 됐으면, 이런 질문을 뒤엎는 스토리로 해답을 찾아보자. 그러면 판매는 성사된다.

2단계: 소재

스텝 1. 핵심 가치

일반적인 스토리텔링에서는 종종 핵심 가치들이 뒤죽박죽된다. 그러나 목적 전달 판매 스토리에서는 '성공/실패'라는 이항 가치가 명확하다. 이 핵심 가치의 긍정/부정값이 사업의 사활을 좌우한다는 점은 동네 세탁소나 뉴욕-런던-베이징의 다국적 기업이나 마찬가지다.

성공/실패의 하위 집합으로는 혁신/모방, 효율/비효율, 안전/위험, 리더/추종자 등이 있으며. 이 하위 가치에 따라 특정 고객에게 맞는 특정한 구매 권유가 구체화된다. 그러나 궁극적으로는 전부 비즈니스의 성공 여부와 직결된다.

EHR의 예시로 돌아가 보자. 시장 조사를 실시하면 아마 업계 풍경을 바꿔 놓은 두 가지 주요 법령을 발견할 것이다. 하나는 2009년 미국 경기부양법American Recovery and Reinvestment Act이고, 다른 하나는 이른바 '오바마케어'라고 불리는 ACA, 즉 환자 보호 및 부담적정보험법Patient Protection and Affordable Care Act이다.

미국 경기부양법은 서브프라임 모기지 사태 이후 경기 침체에서 미국 경제의 신속한 회복을 지원하고자 설계된 8,310억 달러 규모의 부양책이다. 지원금 일부를 의료보험 현대화 사업에 책정해서, EHR 시스템의 '유의미한 활용'을 입증할 수 있는 공공 및 민영 의료보험 사업자들에게 장려금을 제공하도록 보장했다.[3] 2014년까지 EHR 시스템을 채택하지 않은 사업자는 벌금이 부과되고 메디케이드(저소득층 의료보험제도)와 메디케어(노인 의료보험제도) 지급금 수준의 점진적 하락을 직면하게 된다. 예상 고객들로서는 갑자기 우리 회사나 경쟁사의 기술을 도입해야 하는 현실적인 이유가 생긴 것이다.

2010년 ACA가 도입되면서 업계에 새로운 전환이 추가된다. 의회 예산국 추산 2,100만 명의 미국인이 ACA 덕택에 의료보험에 가입하게 되고, 1,200만 명이 메디케어 대상자에 추가되며, 900만 명이 소득기반 연방 보조금을 추가로 받게 된다.[4]

보험 가입자의 수적 증가에 덧붙여, ACA는 보험사들의 의료 서비스 급여 지급 방식 역시 바꾸기 시작했다. 검사와 치료를 제공하고 사후에 비용을 보상받던 기존 방식은 보험사들로 하여금 때로 필요 이상의 검사와 치료를 실시하게 만드는 자극제가 되기도 했다. 이 방식 대신 ACA는 2018년부터 성공적인 결과에 대해 보상금을 지급하는 방식으로 바꾸기 시작했다. 의료 서비스 제공자들이 적합한 검사를 실시하고 가장 성공 가능성이 높은 치료를 제공하도록 장려하는 방식이다.

EHR의 관점에서 보자면, 결과를 추적 기록하고, 검사 및 치료와 결과의 상관관계를 따져서 더 탄탄한 분석 정보를 제공하도록 시스템의 조정과 변화가 필요해진 것이다. 예시를 이어 갈 수 있도록, 향후 위의 두 법령이 발효된 이후 우리 회사의 영업 임원이 고객과 접촉을 시도한다고 가정해 보자.

스텝 2. 주인공

판매를 겨냥한 목적 전달 스토리는 고객을 주인공으로 삼는다. 우리 제품이나 회사에 초점을 맞추면 돈 낭비, 시간 낭비다. 예상 고객의 큰 그림을 바탕으로, 주인공에 대한 대략적 아이디어를 잡아 보자. 이상적으로 내 미팅의 상대가 될 구매자를 떠올리는 것이다. 특정 기관, 특정 인물들로 일단 목표가 좁혀지면, 다시 처음으로 돌아가 더 철저한 검토를 거쳐 주인공이 어떤 도전(적대 세력)에 직면해 있는지 파악한다.

EHR의 예시에서 보자면, 의료 서비스 기관의 CEO 혹은 병원 관리자가 우리의 타깃 고객이다. 의료진과 간호진도 결정에 영향을 미칠 수 있다.

스텝 3. 설정

내 잠재 고객들의 세계에 관한 한 훌륭한 스토리텔러 못지않은 전문적 식견을 갖출 필요가 있다. 다음 사항들을 집중적으로 파악해 두자. 회사의 역사, 업계 내에서의 위치(리더인가, 도전자인가, 뒤처져 있는가), 경쟁하는 시장, 그 공간의 세력 정치(규제, 소비자 정서, 핵심 공급사, 핵심 배급사), 회사가 고객들에게 내놓는 가치 제안과 판매 방안 등. 예상 고객에 관해 수집되는 정보가 늘어날 때마다 핵심 가치, 주인공, 설정의 세부 사항들을 계속해서 재점검하고 보완해 나가야 한다.

EHR의 예시에서 보자면, 위에서 언급한 법령 변화 외에 우리 판매 담당자가 주목하는 사항이 한 가지 더 있다. 규모 효율성을 높이기 위해 의료 서비스 제공자들 사이에 통합이 진행되고 있다는 사실. 병원 그룹들이 합병을 거쳐 지역 내 전문병원으로 지정을 받는다.

3단계: 도발적 사건

앞서 1, 2단계를 거치며 예상 고객 목록이 만들어졌다면, 이제 목록에 순번을 매겨 둬야 한다. 3단계는 이 순번을 정하는 데 필요한 정보를 확보하는 단계다.

목록에 오른 회사들을 놓고 이렇게 질문해 보자. "이 사업체의 수입 지출 현황은 어떠한가? 주변 산업은 정체 중인가 이동 중인가? 이런 정황하에서 회사의 움직임은 어느 쪽인가? 상승인가? 하강인가? 회사 자체는 성장 중인가? 수축 중인가? 안정을 유지 중인가?"

만약 회사가 뚜렷한 상승세 혹은 하강세를 보인다면, 그런 변화를 촉발한 사건이 비교적 최근에 발생했을 것이다. 바꿔 말해서, 도발적 사건이 이 회사를 흔들고 회사의 흐름을 뒤바꿔 지금의 스토리가 만들어진 것이다.

균형을 잃은 회사는 균형의 회복이나 상황의 호전을 기대하며 위험을 무릅쓰는(뭔가 새롭고 혁신적인 것을 구매할지 모르는) 경향이 있다. 그러니 그 도발적 사건이 무엇이며, 어떻게 일어났고, 정확히 무엇 때문에 회사의 저울추가 기울었는지 알아내는 심층 조사가 필요하다. 도발적 사건이 회사에 부정적인 변화를 초래했다면, 회사는 지금 사활이 걸린 생존 투쟁 중일 것이다. 우리 제품이나 서비스가 전세를 뒤집을 수만 있다면, 이 회사는 유망한 고객이 될 수 있다.

그렇다고 해서 긍정적인 가치 변화(새로운 자본금, 주요 신규 거래 등)를 경험 중인 회사가 사정권을 벗어난다는 말은 아니다. 긍정적 가치 변화를 야기하는 사건들은 필연적으로 까다로운 도전 과제들을 쏟아낸다. 중대한 혁신으로(긍정) 갑자기 회사의 인력 부족(부정), 재고 부족(부정), 혹은 팀의 탈진(부정) 현상이 나타날 수 있다. 성장으로 인해 인재 채용의 난관, 성장에 대비한 직원 훈련, 기존 제품과 신제품 간의 균형, 당장의 수익과 내일의 수익을 견인할 투자 간의 균형 등 부정적인 결과들이 도출되기도 한다. 만약 예상 고객이 최근 성공을 맛보고 있다면, 조만간 부정적 전환이 닥칠 가능성을 언급해 상대의 호기심을 끌어 보자.

다음 순위는 내부적으로는 최근 도발적 사건을 경험하지 않았지만, 조만간 시장에 그런 사건이 예상되는 기업들이다. 가령 IT 보안 서비스를 판매한다면, 아직 해킹을 당하지 않았지만 업계에서 해커들의 타깃으로 지목되는 금융 서비스 기업들이 강력한 예상 고객이 될 수 있다. 해킹을 당하고도 살아남은 기업들은 그 위험성을 십분 이해하고 언제든 가장 최신 기술과 정보 처리 시스템을 원할 것이다. 이런 기업들이 변화에 대비해 움직일 때는 두 번째로 구매 가능성이 높은 그룹을 형성한다. 이 기업들을 평가할 때도 역시 곧 일어날 도발적 사건이 어느 방향으로 그들의 사업운을 돌려놓을지 따져 봐야 한다.

상대적 정체기에 놓여 있고 당분간 그 상태를 유지할 것으로 예상되는 기업들은 고객 목록에서 가장 하위에 놓인다. 폐업을 할 가능성은 없겠지만, 거기에 시간과 자원을 쏟으니 다른 데에 집중하는 편이 더 낫다.

이제 예상 고객의 순위를 매겨 보자. 가장 좋은 전략은 최근 기업의 스토리에서 일어난 도발적 사건에 따라 순번을 배열하는 것이다. 고수익, 고가치 기업이 상위에 놓이고, 저수익, 저가치 선택지가 하위에 놓인다.

1. 부정적인 도발적 사건을 겪은 회사
2. 긍정적인 도발적 사건을 겪은 회사
3. 부정적인 도발적 사건에 대비하는 회사
4. 긍정적인 도발적 사건에 대비하는 회사
5. 어느 쪽으로도 변화의 조짐이 없는 균형 상태의 회사

EHR 예시로 돌아가 보자. 이 경우 우리의 판매 담당자는 최근 인수를 발표한 병원들을 파악해 우선순위에 놓을 것이다. 새로 합병된 회

사들이 반드시 EHR 플랫폼을 통합해야 한다는 사실을 판매 담당자는 알고 있다. 혹시 고객이 업체 변경을 고려 중이라면 우리 회사에 특별한 기회가 될 수 있다.

혹은 그 대신, 치료 기반에서 결과 기반으로 메디케어 보상을 전환하기 시작하는 기업에 초점을 맞출 수도 있다. 보상 체계의 이런 근본적인 전환은 병원 사업체의 균형을 깨뜨리는 특별한 도발적 사건을 불러일으킨다. 예시를 이어 가기 위해 여기서는 이 병원 그룹에 초점을 맞춰 보겠다.

4단계: 욕망의 대상

예상 고객이 될 각 업체에서 내가 접촉할 인물이 누구인지 파악해 보자. 그 사람이 나의 주인공이다. 회사의 균형을 깨뜨린 도발적 사건을 바탕으로, 더 깊이 파고들어 이 주인공의 욕망의 대상이 무엇인지 알아낸다. 무엇이 그 회사의 집중 욕구인가? 회사의 방향을 바로잡아 주리라 믿는 사물(신제품) 혹은 상황(더 높은 시장점유율)은 무엇인가?

회사가 가진 욕망의 대상은 위기별로, 부서별로, 정확한 성격이 분명하지 않아 고위 경영진도 이해하기 어려운 경우가 많다. 하지만 판매 담당자는 이것을 이해하기 전까지 한 걸음도 내딛지 못한다. 우선 이것을 간파하고, 우리 제품/서비스가 그 고객의 욕구를 어떻게 충족하는지 판단해야 한다.

EHR 예시로 돌아가면, 병원 CEO의 욕망의 대상은 불투명할 것이 없다. 수익의 손실 없이 병원이 결과 기반 체계로 전환되기를 바랄 것이다.

이제 이메일을 작성할 차례다. 제목란이나 첫 문장을 통해 내가 상대 회사의 도발적 사건과 그로 인한 욕망의 대상을 알고 있다는 느낌을 전달하자.

제목: 결과 기반 보상으로 전환

받으시는 분: 병원 CEO

치료 기반 보상에서 결과 기반 보상으로 장차 전환하시려면 병원 운영상 상당한 변화가 필요합니다. 갈수록 경쟁이 치열해지는 환경에서 이 전환을 성공적으로 치르는 것이 병원 시스템의 장기적 성패를 가름할 수 있습니다. 그런 변화의 첫걸음으로, 기존 시스템에서 시행된 검사 및 치료와 거기서 얻어낸 실제 결과 간의 상관관계 파악이 필요합니다.

5단계: 첫 번째 행동

상대 업체도 틀림없이 나름대로 도발적 사건에 대처하려고 노력했겠지만, 작전이 주효하지 않았으리라는 점을 기억하자. 그렇지 않다면 고객은 내 이메일을 읽고 있을 이유가 없다. 고객이 이미 취한 행동이 무엇인지, 어째서 어떻게 실패했는지 반드시 조사가 필요하다. 이렇게 알게 된 지식으로 우리 측 지원 활동의 상세한 기틀을 마련하고, 고객이 이미 시도한 것을 해결책으로 제시하는 난감한 상황을 미연에 방지하자. EHR의 예시로 돌아가, 이메일을 이렇게 이어 볼 수 있다.

2011년 저희 경쟁사의 플랫폼을 국지적으로 설치하셨다고 알고 있습니다. 그리고 지난 한 해 동안 최신 버전 플랫폼으로 업그레이드하기 위해 귀사 IT 팀이 줄곧 작업하신 것도 알고 있습니다.

6단계: 첫 번째 반응

욕망의 대상을 성취하려는 고객의 첫 번째 행동이 예기치 못한 적대 세력에 가로막혀 실패로 돌아갔다 해 보자. 당연히 내가 최종적으로 조사할 내용은 어떤 시도가 실패했는지, 그것을 가로막은 힘이 무엇인지 확인하는 것이다.

부정적인 힘은 어디에서 왔는가? 현실의 어느 층위인가? 자연재해 같은 물리적인 힘인가? 경쟁사 같은 사회적 힘인가? 정부 기관인가? 기술혁명인가? 경영진들끼리의 개인적인 자리다툼인가? 경영진 내부의 내적 갈등인가? 이런 것들이 합쳐진 원인인가? 정확히 무엇이 욕망의 대상에 닿지 못하게 고객을 방해하는가? 고객의 회사 생활을 부정적인 바닥으로 끌어내린 것이 무엇인가?

병원 CEO에게 보내는 이메일은 이렇게 이어 가 볼 수 있겠다.

그렇지만 저희 경쟁사의 소프트웨어는 귀사 서버에 국지적으로 설치돼 있고 따라서 병원 내 모든 PC에 고객 소프트웨어의 추가 설치가 필요하기 때문에, 이런 업그레이드는 많은 시간이 소요될 것입니다. 하필이면 귀사가 업그레이드를 시작한 이후 몇 개월 사이에 메디케어의 결과 측정 및 수량화 방안이 수정됐습니다. 귀사의 업그레이드 작업이 완료될 무렵에는 이미 구식이 되지 않을까요?

7단계: 두 번째 행동

지금까지 고객이 겪은 모든 것, 특히 최근 회사의 재균형 노력에 대한 세상의 반응까지 모두 파악했다면, 이제 내가 구조에 나설 차례다. 모든 조사 내용을 종합해 예상 고객에게 스토리로 들려주고, 고객과의 대면 미팅을 잡을 타이밍이다.

다행히도 저희의 EHR 플랫폼은 클라우드 기반입니다. 저희의 솔루션으로 옮기신다면, 서버를 업그레이드하실 필요도 없고, 검사실과 간호

사실마다 소프트웨어를 교체하실 필요도 없습니다. 저희 플랫폼은 부단히 변화하는 건강보험 법령과 정책에 발맞춰 항상 최신 수준을 유지할 것입니다.

무엇이 고객의 삶의 균형을 깨뜨렸는지, 고객의 욕망의 대상은 무엇인지, 그것을 회복하려는 시도는 어떻게 실패했는지까지, 고객의 스토리에 대해 내가 알고 있는 바를 충분히 입증해 보였으니, 이 시점에서 고객은 나의 솔루션을 듣고 싶을 것이다. 단순히 회사에 대해 설명할 시간을 내달라는 이메일과 비교해서, 이런 이메일을 받는다면 나의 방문 요청을 병원 CEO가 승낙할 가능성은 훨씬 커진다.

내가 면밀히 이해하고 있는 모든 것이 내 스토리에 드러나야 한다. 중대한 도발적 사건, 그것이 불러일으킨 충족되지 않은 욕구, 고객 회사가 현재 당면한 딜레마, 고객의 욕구 실현에 우리 회사/서비스가 줄 수 있는 도움까지가 모두 언급되어야 한다.

우리 제품/서비스의 역량 가운데 내 눈앞의 고객에게 긍정적인 변화를 가져올 것들을 구체적으로 선별하는 과정도 빠뜨리지 말자. 제품에 여러 측면이 있다면, 그중 해당 고객에게 관련된 측면만 골라 스토리에 담자. 우리 제품의 모든 능력을 일일이 나열하면 허풍처럼 들려 신뢰를 잃는다. 해당 고객의 경쟁사들에게 우리 제품이 어떤 효과를 제공했는지에 관한 곁가지 스토리도 경계해야 한다. 내가 누구 편인지 고객이 의문을 품기 시작하여 역시 신뢰를 잃을 수 있다.

제품이나 서비스 구매를 결정하는 것은 회사가 아니라 사람이라는 점을 명심하자. 판매를 성사시키려면, 상대측 의사결정자와 감정적 연결고리를 형성할 사건들을 세심히 빚어내야 한다.

8단계: 절정의 반응

미팅이나 방문이 확정되면, 비슷한 스토리를 고객에게 다시 들려줄 기회가 생긴다. 그때에는 해당 병원 CEO와 유사한 상황에 놓였다가 우리가 제시한 솔루션 덕택에 성공을 거둔 고객을 등장시킬 수 있다. 그 성공적인 고객이 자신을 가로막았던 부정적인 힘을 극복하고 욕망의 대상을 성취하면서 사업의 균형을 회복하는 반전의 클라이막스로 스토리를 마무리 짓자. 이야기를 들은 예상 고객은 자신에게도 구매와 동시에 승리의 앞날이 열리리란 걸 알아차릴 것이다.

그렇게 해서 판매 스토리가 해피엔딩으로 끝을 맺는다.

13

─노믹스

광고 중심에서 스토리 중심으로 마케팅을 전환하자면, 고위 경영진의 적극적인 지지가 필요하다. 회사 측의 기대감을 높이고 싶다면 스토리가 돈이 된다는 것을 보여 주고, 데이터로 그것을 뒷받침하면 된다.

스토리텔링의 재무 효과를 증명하는 데에는 핵심 데이터의 수집과 분석이 요구되는데, 정확히 무엇을 측정하느냐는 핵심 목표에 따라 달라진다. 스토리를 활용해서 우리 브랜드와 경쟁사 브랜드의 차별화를 노리는가? 브랜드 인지도 확장을 노리는가? 브랜드 친밀감 형성을 노리는가? 판매팀을 위한 잠재 고객 개발이 목표인가? 유망 구매자의 파악이 목표인가? 이 모두를 포함한 목표인가? 여기에 대한 대답이 성공의 측정 방식을 결정한다. 그러나 결국에는 한 가지 수치가 다른 모든 것의 밑받침이 된다.

브랜드의 성공 측정

궁극의 지수는 판매이익 증가율이다. 가장 광범위한 예상 고객 집단과 긍정적인 관계를 형성한 기업들이 자사 제품/서비스에 대해 가장 큰 차익을 남긴다. 다시 말하면, 기본 비용이 동일한 상황에서 경쟁사와 사실상 똑같은 물건을 팔더라도 사랑받는 브랜드는 사랑받기 때문에 더 비싸게 팔고 더 많은 수익을 남긴다.

유료 확산을 통한 도달률은 나와 관객의 자연스러운 관계 형성을 왜곡한다. 따라서 스토리의 브랜드 친밀감 형성 효과를 측정하려면, 자연적 도달률, 관객 구성, 관객 참여라는 세 가지 핵심 수치에 집중해야 한다.

핵심 콘텐츠 분석

구글 애널리틱스, 어도비 마케팅 클라우드 같은 툴에서는 핵심 콘텐츠 및 도달 수치가 집계된다. 이런 툴을 활용해서 내 콘텐츠의 방문자 수가 얼마인지, 콘텐츠 소비에 쓴 시간은 얼마인지, 콘텐츠를 다른 곳으로 전달했는지 여부를 추적할 수 있다. 검색 분야의 에스이엠러시SEMrush, 스파이푸SpyFu 같은 플랫폼이나 소셜 분야의 트랙메이번 TrackMaven, 온주ONZU 같은 플랫폼을 통해 자사 브랜드와 경쟁사 브랜드의 실적 비교도 가능하다.

에스이엠러시의 공중데이터를 활용해서 콜게이트의 '오럴 케어 센터'가 거둔 성공을 점검해 보자. 에스이엠러시에 따르면, 현재 바람직한 치아 관리 습관이나 치위생상의 문제점에 관한 검색에서 콜게이트의 예상 고객들이 사용하는 30만 개 이상의 키워드를 통해 매월 270만 명이 콜게이트 콘텐츠를 방문한다. 만약 콜게이트가 구글 애드워즈를 통해 유료로 그 정도 방문자 수를 확보하려면, 마케팅 경비로 연간 9,300만 달러의 추가 지출이 필요하다는 것이 에스이엠러시의 추산이다.[1] 고객의 욕구를 이해하고 고객이 원하는 바를 제공함으로써 콜게이트의 '오럴 케어' 콘텐츠는 일언반구의 허풍이나 장담 없이 몇 분의 일의 비용으로 고객의 관심을 획득한다.

시장에서의 성공 측정

소비자에게 직접 상품을 판매하는 회사의 경우(B2C), 위에서 제시한 세 가지 수치를 똑같이 활용해 성공을 측정한다. 즉 도달률(총 관객

규모), 관객 구성(누가 실제로 콘텐츠를 읽는가), 관객 참여(콘텐츠 소비 시간, 재방문 빈도, 소셜 공유)를 측정한다. 스카이워드, 카포스트Kapost[2] 같은 콘텐츠 마케팅 플랫폼이나 구글 애널리틱스, 어도비 애널리틱스 같은 분석 플랫폼을 이용해서 이런 정보를 수량화할 수 있다. 전자상거래 업체라면, 구글과 어도비의 환경 설정으로도 판매 및 구독 전환율 측정이 가능하다.

콘텐츠 마케팅 플랫폼과 분석 플랫폼을 통합해서, 특정 주제, 저자, 배포 채널, 심지어 개별 스토리 단위까지 판매 성공 지수를 추적할 수 있다. 여기서 얻은 통찰을 무기 삼아 판매나 그 밖에 목표를 극대화하는 방향으로 프로그램의 형태를 갖추면 된다.

예를 들어 오버스탁Overstock은 스토리화 마케팅 지출 대비 투자수익률을 분석한 결과, 자사 스토리텔링 사이트(O.info)를 방문한 독자들의 70%가 이후 이커머스 사이트인 오버스탁닷컴에서 쇼핑을 한다고 보고했다. 실제로 스토리로 유입된 방문객의 전환율이 다른 경로로 유입된 방문객 전환율의 7배이고, 거래당 평균 35% 더 많은 금액을 지출하는 것으로 나타났다.

브랜드 스토리텔링에서 판매까지 이어지는 결과를 추적했으면, 그 투자수익률을 광고 및 기타 마케팅 경비와 나란히 두고 비교해 볼 수 있다. 스토리화된 브랜딩의 투자수익률이 더 높다면, 자원을 재배치할 시기가 온 것이다.

B2B 기업의 마케팅이라면, 콘텐츠 마케팅 플랫폼에 마케토Marketo,

엘로콰Eloqua, 파닷Pardot, 유니카Unica 등의 마케팅 자동화 시스템을 통합하길 권한다. 이렇게 연결하면 어느 스토리가 어떤 잠재 고객을 생성하는지, 그리고 이 잠재 고객이 어떤 식으로 내 스토리에 참여하고 내 스토리를 공유하는지 확인이 가능하다. 그 시스템에 세일즈포스Salesforce 같은 판매 자동화 플랫폼을 추가하는 경우, 스토리로 생성된 잠재 고객이 언제 판매로 귀결되는지까지 정확하게 알 수 있다. 잠재 고객의 수량, 특성, 크기, 구매 확정률(close-rate)을 측정해서, 스토리화된 마케팅으로 생성된 잠재 고객과 나머지 다른 경로로 생성된 잠재 고객을 비교 확인해 보자. 그렇게 해서 어떤 주제, 크리에이티브, 매체 유형, 채널이 효과적이고 어느 것이 그렇지 않은지 정확하게 알게 될 것이다.

판매에서의 성공 측정

우리는 12장에서 'X번 통화=Y번 미팅=Z번 거래'라는 할당량 위주 전략 대신 스토리를 활용해 판매 예상 고객을 한정하는 전략의 강점을 옹호한 바 있다. 할당량 위주 방식은 가장 가능성이 낮은 고객에게 영업 담당자의 시간을 낭비해, 정작 가장 유망한 고객에게 쓸 시간이 남지 않는 결과를 초래할 수 있다. 그러니 숫자 체계로 대외 전략을 결정해서는 안 된다. 하지만 거둬들이는 성공을 측정할 때는 숫자 체계가 유용하다.

스토리화를 거친 판매 권유의 효과를 가늠하기 위해, 다음 질문에 답변해 보자.

- **영업 통화 대비 미팅 성사:** 애초에 우리의 문의가 예상 고객의 관심을 끌었는가? 스토리화를 거친 이메일과 전화 통화 대비 생성된 미팅의 비율을 계산해 보자.
- **첫 미팅 대비 판매 제안:** 스토리화된 선별 시스템이 우리의 잠재고객 순위 선정에 얼마나 효과적인가? 첫 미팅 대비 판매 제안의 비율을 계산해 보자.
- **구매 확정률:** 예상 고객을 상대로 한 대면 프레젠테이션에서 우리 팀은 고객의 관심을 끄는 판매 스토리를 들려주는가? 판매 제안 대비 실제 판매의 비율을 계산하면 바로 구매 확정률이 확인된다.
- **평균 판매 가격:** 마지막으로, 스토리화된 방식으로 우리의 평균 판매 가격(ASP)이 상승했는가? 핵심 상품의 가치를 높이고 고가 상품의 판매를 극대화하고 있는가? 이전 ASP와 현재 ASP를 비교하면 간단하다. 숫자가 스토리를 말해 줄 것이다.

세일즈포스, 마이크로소프트 다이나믹스Microsoft Dynamics 같은 판매 자동화 플랫폼이나 SAP, 오라클Oracle 같은 세일즈 클라우드를 이용하면 판매 활동을 추적할 수 있다. 인사이트-스퀘어드Insight-Squared 같은 기업정보 수집 서비스는 핵심 비율과 트렌드를 한눈에 확인시켜 준다. 또한 이런 시스템은 회사의 평균 실적과 개별 판매 담당자의 실적을 대조해서 개인의 스토리텔링 역량을 파악할 수도 있다.

미사여구 중심에서 스토리 중심으로 마케팅과 판매를 탈바꿈하려면 진취성과 리더십, 그리고 지속적인 투자가 필요하다. 전략적 목표에 따라 적절한 수치를 꾸준히 측정해야 성공에 이를 수 있다. 일단 점진적인 향상을 눈으로 확인하고 나면, 확신을 가지고 스토리텔링의 미래에 투자하게 될 것이다.

다가올 미래

미래는 어제 시작됐다. 200년 역사를 지닌 인쇄 광고의 토대 위에서 라디오와 TV 네트워크에 자금을 조달한 광고 지원형 미디어가 만들어졌다. 방송 광고의 판매력이 상승해 1990년대에 정점을 찍을 무렵, 방송은 이미 광고로 포화 상태에 이르렀다. 그리고 곧이어 광고는 서서히 내리막길로 접어들었다.

브랜드 스토리텔링의 미래 역시 아마도 비슷한 경로로 진행될 것이다. 스토리텔링 기법이 무르익으면서 스토리텔링에 쓰이는 자본금의 규모와 출처도 유리한 방향으로 움직일 것이다. 그리고 이렇게 투입된 새로운 자원으로 스토리텔러들은 광고 위주 모델의 종말에 박차를 가하는 동시에 증강현실, 가상현실, 게임 같은 급진적 미디어의 혁신을 북돋울 것이다. 그러면 다시 이런 혁신적인 아이디어에서 영감을 얻어, 우리가 아직 상상하지 못하지만, 스토리화된 지식과 엔터테인먼트를 더 여러 사람이, 더 많이, 더 오래 소비할 수 있게 해 주는 기술이 등장할 것이다. 브랜드 스토리텔링이 제대로만 된다면 견실한 비즈니스 성과에 동력이 될 뿐 아니라, 마케터들에게는 이제껏 상상하지 못한 기회의 문이 열릴 것이다.

크리에이티브 르네상스의 도래

기업들이 광고비로 지출하는 6,000억 달러에서 대부분의 돈을 떼어 내 브랜드 스토리텔링에 꾸준히 쏟는다면 무슨 일이 벌어질 것 같은가? 무엇보다 마케터들이 더 이상 돈으로 관객을 빌리지 않아도 될 것이다.

전통 미디어의 낡은 세계에서는 기업들이 좋은 광고를 만드는 데에는 예산의 극소량을 투입하고, 그 광고의 배포 공간을 구매하는 데에 막대한 비용을 지출했다. 시간이 흐를수록 이 불균형한 배분으로 인해 실제로 광고를 제작하는 크리에이티브 에이전시보다 매체 구매 에이전시의 규모가 몇 배씩 커지고 말았다.

그러나 수천 명, 때로는 수백만 명이 자신이 좋아하는 스토리를 공유하는 세계에서는 그 저울이 반대로 기운다. 앞으로의 스토리 위주 마케터들은 여유 예산을 스토리 창작에 투자하고, 그 배포에 투입되는 금액은 줄여 갈 것이다. 그리고 그만큼 크리에이터들의 미래는 밝아질 터다.

「웨스트 월드」 시즌 1, 「왕좌의 게임」 시즌 6 제작에 HBO는 각각 1억 달러[1]의 제작비를 지출했고, 넷플릭스의 「더 크라운」은 첫 10개 에피소드 제작비가 1억 3,000만 달러를 상회했다. 실제로 「하우스 오브 카드」, 「오렌지 이즈 더 뉴 블랙」 등을 포함한 2016년 넷플릭스 오리지널 프로그램의 예산을 모두 합산한 총액이 60억 달러[2]에 이른다.

어마어마한 금액처럼 보이겠지만, 같은 해 P&G가 지출한 광고비가 97억 달러라는 사실을 떠올리면 그렇게 대단한 액수도 아니다.[3] 만약 P&G 같은 브랜드들이 HBO나 넷플릭스 수준의 원고, 연기, 연출, 제작 가치를 투자해 마케팅 스토리를 내놓는다면, 어느 정도 판매력을 발휘할지 한번 상상해 보자.

브랜드와 작업하는 크리에이티브는 CMO라는 고객의 입장에 맞춰 작업을 조율할 줄 알아야 한다. 주목을 끌고 관심을 지속시키며 적절히 보상하는 스토리를 만드는 것도 중요하지만, 궁극적인 목표는 수치로 확인할 수 있는 긍정적인 비즈니스 성과를 거두는 것이다. 크리에이티브는 마케터의 사고방식을 이해할 필요가 있고, CMO는 캠페인 위주의 접근에서 탈피해 스토리의 변화 곡선에 따라 사고할 필요가 있다.

스트리밍 서비스

"TV의 미래는 앱이다."

—팀 쿡(애플 CEO)

2015년 9월 9일, 애플의 CEO 팀 쿡이 최신 버전의 애플 TV를 공개했다. 애플의 TV와 영화 수신, 그리고 넷플릭스, 훌루, HBO 프로그램 시청은 물론이고 그 이상의 서비스를 소비자에게 제공하는 장치다. 열차 이동 중이든 운동 시간이든 저녁 휴식 시간이든 언제 어디서고 소비자가 원하는 스토리로 시간을 채우는 것이 가능해졌다.

요즘도 블랙록BlackRock 같은 자산운용사의 경우, 매일 아침 출근 시간 전에 고객들과 접촉하기를 원하면 CNBC의 경제 뉴스 프로그램인 「스퀴크 박스Squawk Box」의 광고 시간을 사서 중간 광고를 내보낸다. 만약 블랙록에서 잘 만든 비즈니스 시사 뉴스 스토리로 고품질 영상 프로그램을 제작해 소비자에게 직접 스트리밍 서비스를 제공한다면 어떻겠는가?

광고로 고객의 집중을 방해하지 않고도, 블랙록의 맞춤형 투자 포트폴리오 관리 툴 같은 자사 제품을 프로그램 안에 포함시켜 고객들에게 원스톱 쇼핑 기회를 제공할 수 있지 않을까? 이른바 「블랙록의 비즈니스 뉴스」가 장편영화의 PPL 역할을 더 톡톡히 해낼 것이다.

새로운 '뉴미디어'

낡은 뉴미디어는 단지 기존 TV 방송을 디지털 플랫폼에서 복제할 뿐이지만, 새로운 뉴미디어는 증강현실과 가상현실이라는 저 너머 세상으로 뛰어든다.

VR 영화감독 크리스 밀크는 이렇게 말한다.

"저는 참신성(novelty factor)에는 관심이 없습니다. 제가 관심 있는 건…… 영화보다, 연극보다, 문학보다, 사람과 사람을 연결하는 지금까지의 어떤 매체보다 더 강한 위력을 발휘할 매체입니다."[4]

삼성 기어, HTC 바이브, 플레이스테이션 VR 등이 판매하는 수정현실(reality-altering) 장치들은 소비자들을 가상현실에서 펼쳐지는 비디오게임의 주인공이나 VR 다큐멘터리의 능동적 관찰자로 바꿔 놓는다. 두 경우 모두 기술이 스토리의 사건을 극도로 고조시켜 전달하고, 아울러 관객의 경험도 함께 고조된다.

CMO의 입장에서 보면, VR과 증강현실을 이용해 다른 경로로는 도달하기 힘든 소비자 집단에까지 마케팅의 도달 범위를 확대하고, 전대미문의 설정에서 벌어지는 스토리로 이들에게 영향을 미칠 수 있다. 실제로 페이스북은 게임 사용자들과 극한 체험을 추구하는 소비자들을 대상으로 이 매체가 가진 마케팅 잠재력을 알아보고, 20억 달러에 VR 회사 오큘러스Oculus를 인수한 바 있다.

도로에 진출하다

테슬라Tesla와 메르세데스Mercedes가 무인자동차에 투자하는 이유야 굳이 물을 필요도 없겠지만, 구글과 애플이 똑같이 나서는 이유는 무엇일까?

미국 인구 통계US Census에 따르면, 1억 3,900만 명의 미국인 노동자들이 출퇴근 운전에 쓰는 시간은 일일 평균 52분이다. 전체적으로 그 시간을 따져 보면, 《워싱턴포스트》 산정 2014년 미국 통근자들의 통근 시간은 총 1조 8,000억 분이었다. 시간으로 환산하면 296억 시간, 날짜로는 12억 일, 햇수로는 3,400만 년이다.

이렇게 보면, 향후 10년간 가장 위력적인 기술혁신은 스토리의 경험을 바꿔 놓는 것이 아니라, 운전 시간을 스토리 시간으로 바꿔 놓는 기술이 될 것이다. 오늘의 운전자가 차량들 사이를 운전하며 팟캐스트를 즐긴다면, 내일의 운전자는 최적 경로로 안내하는 자율주행차에 몸을 맡기고 즐겨 보는 넷플릭스 시리즈나 어느 새로운 브랜드가 제작한 프로그램을 몰아 보기로 감상하고 있을 것이다.

구글과 애플의 입장에서 자율주행차는 미국 한 곳에서만도 1억 3,900만 명의 고정 소비자들과 매일 접속할 기회다. 게다가 소비자 위치정보에 접속해서 잠재적 구매 지점으로 이동하는 소비자들에게도 영향을 미칠 수 있다.

흐름은 되돌릴 수 없다

과거 TV가 거실을 점령하면서 라디오는 자동차 대시보드로 밀려났다. 이제 상시 접속 주문형 무광고 프로그램이 우리의 스마트 스크린에 스트리밍되는 시대가 온 이상, 방송 광고로 되돌아가기란 불가능하다. 중간 광고의 '좋았던 옛 시절'을 그리워하는 경영자는 앞날을 보지 못한다. 무광고 미디어로의 소비자 이동은 더 가속화될 것이고, 따라서 브랜드 역시 스토리 중심 모델로 신속하게 전환하지 않으면 생존이 위태롭다. 이런 변신은 하루아침에 이뤄지지 않는다.

성공적인 스토리 중심 전략을 세우려면 위험을 감수한 시행착오와 오래도록 한결같은 노력이 필요하다. 그런 까닭에 CMO들 앞에는 팀을 교육하는 고된 임무가 첩첩이 놓여 있다. 스토리 중심 마케팅을 요구하는 문화적 흐름에서부터, 스토리 설계 기법, 스토리가 소비자의 정신과 조응하는 이유, 스토리화된 마케팅 전술, 목적 전달 스토리가 구매 동기를 유발하는 방식에 이르기까지 공유해야 할 것이 많다.

그런 어려움에도 불구하고, 스토리노믹스를 제대로 운용하는 마케터들에게는 지금이 더없이 좋은 기회다. 중간 광고에 수백만 달러를 허비하는 대신, 내 비즈니스의 성공과 이 불완전한 세계에 도움이 되는 무언가를 동시에 이룰 수 있다면 어떻겠는가? 제품에 대한 자랑과 가공의 미래에 대한 장담을 그만 멈추고, 인간에 대한 통찰로 관객을 풍요롭게 하는 스토리를 전하면 어떻겠는가? 타깃 관객과 브랜드 친밀감을 형성하는 동시에 관객의 마음을 움직여 그들의 삶에 깊이를 더할 수 있다면 어떻겠는가?

도브의 '리얼 뷰티 스케치', 올웨이즈의 #라이크어걸, 아리엘의 #셰어더로드[5] 같은 작품에서 영감을 얻어 내가 진심으로 믿는 스토리를 만들어 보자. 그리고서 브랜드 가치 상승과 사회적 변화라는 양날의 목적을 가지고 내가 만든 스토리를 세상에 들려주자.

이 책을 읽는 당신들이 브랜드 스토리텔링의 미래를 만들어 갈 사람들이다. 하여 '맥키 스토리 세미나'를 거쳐 간 세계 최고의 작가들에게 수천 번 들려준 조언을 여기 다시 건넨다.

진실한 스토리를 쓰라.

STORY
NOMICS

주

머리말: 마케팅이 위기다

1. 주문형 시청의 편리성도 이런 변화의 한 가지 이유로 작용했겠지만, 첫 버전에서 중간 광고를 삽입했던 훌루를 누르고 무광고 정책의 넷플릭스가 우위를 점한 사실은 광고식 모델에 대한 소비자들의 거부감을 확실히 보여 준다.

2. Dennis F. Herrick, *Media Management in the Age of Giants* (Albuquerque: University of New Mexico Press, 2012).

3. For "What's the Matter with Owen: Hammer," please see www.storynomics.com/resources/ ge; for "Misunderstood" by Apple, please see www .storynomics.com/resources/ applemisunderstood; and for "Click, Baby, Click" by Adobe, please see www.storynomics.com/ resources/adobe.

제1부 마케팅 혁명

1장 광고, 중독의 스토리

1. http://www.pbs.org/benfranklin/l3_wit_master.html.

2. 세계 최초의 라디오 뉴스 프로그램은 1920년 8월 31일 미시건 디트로이트에서 전파를 탄 BMK 라디오 방송이었다. 1년 뒤 1921년 10월 8일에는 피츠버그의 KDKA가 최초의 스포츠 생방송을 내보냈다. 피츠버그대학 축구팀 핏팬더스가 웨스트버지니아대학팀 웨스트버지니아 마운티니어를 21 대 13으로 누르고 승리한 경기를 도시 전체가 청취했다. 맥주 광고가 빠질 수 없었다.

3. http://adage.com/article/btob/assessing-dvrs-impact-tv-ads/263248.

4. http://www.wsj.com/articles/cable-tv-shows-are-sped-up-to-squeeze-in-more-ads-1424301320?mod=WSJ_hpp_MIDDLENexttoWhats NewsThird.

5. 2005년에 창립된 유튜브는 광대역 통신망을 지렛대 삼아 누구든 어디서나 디지털 영상을 올리는 것이 가능하게 만들었다. 2015년 7월 기준, 1분당 400시간 이상의 영상이 유튜브에 업로드되고 있다. (http:// www.reelseo.com/vidcon-2015-strategic-insights-tactical-advice) 매월 전 세계 인터넷 사용자의 1/3에 해당하는 10억 명이 유튜브 영상을 시청한다. 유튜브 측 보고로는, "매일 수억 시간의 유튜브 시청으로 수십억 회의 조회수가 양산된다." 이것을 전통적인 미디어 시청자 규모와 비교하면, 유튜브 모바일 접속 하나로도 18~34세, 35~49세 연령층에 도달하는 비율이 미국 내 어느 케이블 네트워크보다 더 높게 나타났다. (https://www .youtube.com/yt/press/statistics.html).

6. 마케터들은 온라인에서 훨씬 효율적인 광고 타기팅이 가능하다는 점을 발견했다. 방송 프로그램 시청자의

일부만이 잠재적 고객인 상황에서 프로그램 관객 전체를 타기팅하기보다 소셜 프로필과 시청 습관을 토대로 파악한 개인들에게 초점을 맞춰 중요한 곳에 광고비를 집중할 수 있었다.

7. https://www.emarketer.com/Article/US-Digital-Ad-Spending-Surpass-TV-this-Year/1014469.

8. https://www.wsj.com/articles/ad-spending-growth-to-slow-significantly-in-2017-1480914002.

9. 넷플릭스는 1999년 웹사이트를 오픈, 소비자들이 각자 선호하는 영화 목록을 만들 수 있도록 허용했다. 그러나 8년 동안이나 미 우편국 서비스를 이용해서 고객에게 DVD로 영화를 배달했다. 소비자들은 광고 없이 언제든 집에서 편하게 영화와 TV 프로그램을 볼 수 있다는 사실에 만족했다. 2007년 당시 넷플릭스는 미 우편의 최대 고객 중 하나였고, 구독자에게 DVD를 배송한 누적 건수는 10억 건이 넘었다. (http://www.institutionalinvestor.com/article/3494635/ banking-and-capital-markets-corporations/netflix-is-creating-a-cordless-nightmare-for-traditional-media.html#/. VmVgbeMrKRs).

10. http://www.theverge.com/2017/1/18/14312826/netflix-earnings-q4-2016-7-million-new-subscribers.

11. http://www.wsj.com/articles/netflixs-global-growth-faces-new-threats-1453026602.

12. http://www.cnbc.com/2017/02/27/youtube-viewers-reportedly-watch-1-billion-hours-of-videos-a-day—us-tv-viewers-watch-125-billion-and-dropping.html.

13. OTT(Over-the-top) 서비스는 넷플릭스, 훌루, HBO NOW처럼 소비자들이 전통적인 케이블 패키지에 가입하지 않아도 인터넷으로 서비스를 제공받는 동영상 구독 서비스를 말한다.

14. https://arstechnica.com/business/2016/07/hbo-reports-record-viewership-netflix-subscriber-additions-are-down.

15. https://techcrunch.com/2017/03/02/spotify-50-million.

16. https://www.recode.net/2017/6/5/15740956/apple-music-subscribers-new-27-million.

17. http://fortune.com/2016/08/31/cbs-all-access-ad-free.

18. http://news.wgbh.org/2016/01/26/localnews/print-dying-digital-no-savior-long-ugly-decline-newspaper-business-continues.

19. http://redef.com/original/the-truth-and-distraction-of-us-cord-cutting.

20. http://sqad.com/news/market-saturates-costs-begin-deflating-even-prime-time-not-immune.

21. http://blogs.wsj.com/cmo/2015/07/20/u-s-tv-ad-spending-fell-in-second-quarter.

22. https://www.nngroup.com/articles/banner-blindness-old-and-new-findings.

23. http://www.mediapost.com/publications/article/196071/banner-blindness-60-cant-remember-the-last-disp.html.

2장 마케팅, 속임수의 스토리

1. 이 연구는 경쟁사 제품들의 구매 선호도에 광고가 미치는 효과를 측정한다. 대조군에게 다섯 가지 제품을 나란히 보여 주고 어느 제품을 가장 무료로 받고 싶은지 질문한다. 연구자들은 각 제품이 선택된 횟수를 퍼센티지로 기록한다. 실험군에게는 한 가지 제품의 광고를 보여 주고 나서, 역시 동일한 선택을 하도록 제시한다. 실험군 내에서 광고 제품의 '선택 점유율' 상승을 조사하는 연구로서, 대조군과 비교하면 광고로 인한 상승이 확인된다. 1988년 당시 한 가지 제품의 광고에 노출된 중장년층의 선택 점유율이 광고를 보지 않은 대조군에 비해 13.8% 상승했다. 최근 연구에서는 중장년층의 선택 점유율 상승이 6.4%에 그쳤다. 지난 수십 년간 정보 흐름이 개선되면서, 광고 유효성이 절반으로 떨어진 것이다. 밀레니얼 세대를 조사한 결과는 훨씬 더 좋지 않다. 이들의 행동에 광고가 미친 효과는 더 낮게 나타났다. 밀레니얼 세대의 선택 점유율 상승은 4.6%에 그쳤다. (http://adage.com /article/media/ things- advertising-millennials/232163).

2. http://advanced-hindsight.com.

3. Dan Ariely, *Predictably Irrational: The Hidden Forces That Shape Our Decisions*, rev. ed. (New York: HarperCollins, 2009), e-book, Kindle locations 3904-13.

4. Doris Willens, *Nobody's Perfect: Bill Bernbach and the Golden Age of Advertising* (2010), e-book, Kindle locations 180-82.

5. 안토니오 다마지오 박사는 쾌락과 고통이 "본능적 전략과 학습된 전략의 효율적 작동을 위해 유기체에게 필요한 수단"이라고 주장한다. 안토니오 다마지오, 『데카르트의 오류: 감정, 이성 그리고 인간의 뇌』 (눈출판그룹, 2017)

6. www.storynomics.com/resources/paulbloom.

7. Paul Bloom, *How Pleasure Works: The New Science of Why We Like What We Like* (New York: W. W. Norton, 2010), e-book, Kindle locations 51-52.

8. www.storynomics.com/resources/paulbloom.

9. http://www.caltech.edu/news/wine-study-shows-price-influences-perception-1374#sthash.NP9a0YLd.dpuf.

10. http://news.harvard.edu/gazette/story/2008/12/pain-is-more intense-when-inflicted-on-purpose.

11. A promotion for ADT home security, February 23, 2016 (http://www.adt.com/?ecid= desktop-promophone-var-011816).

12. http://www.wired.com/2014/08/4-kinds-of-bad-advertising-millennials-have-killed-off.

13. http://www.emarketer.com/Article/Nearly Two Three Millennials-Block-Ads/1013007

제2부 스토리 창작

3장 스토리의 진화

1. Jennifer Edson Escalas, "Narrative Processing: Building Consumer Connections to Brands," Journal of Consumer Psychology 14, nos. 1–2 (2004): 168–79.

2. http://humanorigins.si.edu/evidence/human-fossils.

3. https://www.scientificamerican.com/article/how-has-human-brain-evolved.

4. Antonio Damasio, The Feeling of What Happens: Body and Emotion in the Making of Consciousness (New York: Houghton Mifflin Harcourt, 1999).

5. John Bickle, "Empirical Evidence for a Narrative Concept of Self," in Narrative and Consciousness: Literature, Psychology and the Brain, ed. Gary Fireman, Ted McVay, and Owen Flanagan (New York: Oxford University Press, 2003), 195–208.

6. Sheldon Solomon, Jeff Greenberg, and Tom Pyszczynski, The Worm at the Core: On the Role of Death in Life (New York: Random House, 2015), 63.

7. Ernst Becker, The Denial of Death (New York: Free Press, 1973).

8. David M. Buss, "The New Science of Evolutionary Psychology," in Evolutionary Psychology: The New Science of the Mind (Boston: Pearson, 2008), 50–53.

9. N. Ramnani and A. M. Owen, "Anterior Prefrontal Cortex: Insights into Function from Anatomy and Neuroimaging," National Review of Neuroscience 5, no. 3 (2004): 184–94.

10. Damasio, The Feeling of What Happens.

11. H. C. Lau, R. D. Rogers, N. Ramnani, and R. E. Passingham, "Willed Action and Attention to the Selection of Action," Neuroimage 21, no. 4 (2004): 1407–15.

12. Kenneth Burke, The Philosophy of Literary Form (Berkeley: University of California Press, 1941).

13. Alvin I. Goldman, "Two Routes to Empathy: Insights from Cognitive Neuroscience," in Empathy: Philosophical and Psychological Perspectives, ed. Amy Coplan and Peter Goldie (New York: Oxford University Press, 2014).

14. Narender Ramnani and R. Christopher Miall, "A System in the Human Brain for Predicting the Actions of Others," Nature Neuroscience 7, no. 1 (2004), 85–90.

5장 완결형 스토리

1. 사이먼 배런코언과 폴 블룸이 추론하듯, 동류의식의 정도는 동정심부터 연민, 측은지심, 열렬한 동일시에 이르기까지 폭넓은 스펙트럼을 구성한다. 사이먼 배런코언, 『공감 제로』(사이언스북스, 2013), 폴 블룸, 『공감의 배신』(시공사, 2019).

2. www.storynomics.com/resources/dove.

3. Daniel Kahneman and Amos Tversky (1979), "Prospect Theory: An Analysis of Decision Under Risk," *Econometrica* 47, no. 2 (1979): 263; Barry Schwartz, *The Paradox of Choice: Why More Is Less* (New York: Harper Perennial, 2004).

6장 목적 전달 스토리

1. Jennifer Edson Escalas and Barbara B. Stern, "Sympathy and Empathy: Emotional Responses to Advertising Dramas," *Journal of Consumer Research* 29, no. 4 (March 2003): 566-78.

2. Jennifer Edson Escalas, "Imagine Yourself in the Product: Mental Simulation, Narrative Transportation, and Persuasion," *Journal of Advertising* 33, no. 2 (Summer 2004): 37-48.

3. N. Ramnani and A. M. Owen, "Anterior Prefrontal Cortex: Insights into Function from Anatomy and Neuroimaging," *National Review of Neuroscience* 5, no. 3 (2004): 184-94.

4. Charles Cooper, "If Apple Can Go Home Again, Why Not Dell?," CNET, May 9, 2008.

5. http://adage.com/article/news/tenyears-dove-s-real-beauty-aging/291216.

6. Melanie C. Green and Timothy C. Brock, "The Role of Transportation in the Persuasiveness of Public Narratives," *Journal of Personality and Social Psychology* 79, no. 5 (2000): 701-21.

7. Jennifer Edson Escalas, "Narrative Processing: Building Consumer Connections to Brands," *Journal of Consumer Psychology* 14, nos. 1 - 2 (2004): 168-79.

8. www.storynomics.com/resources/applegetamac.

9. https://www.thelocal.es/20151216/fat-chance-everything-you-need-to-know-about-spains-christmas-lottery.

10. http://time.com/4616441/el-gordo-spain-christmas-lottery-2016.

11. http://www.foxnews.com/world/2016/12/22/winners-spains-el-gordo-2-4b-lottery-take-home-418k-each.html.

제3부 스토리 작동법

7장 스토리와 CMO

1. Tom Gerace/Robert McKee interview with Linda Boff, CMO, GE, February 17, 2016, at 30 Rockefeller Plaza, New York, NY.

8장 브랜딩의 스토리화

1. Tom Gerace/Robert McKee interview with Patrick Davis, CEO, Davis Brand Capital, March 27, 2016, via Skype.

2. https://www.wsj.com/articles/epa-accusesvolkswagen-of-dodging-emissions-rules-1442595129.

3. https://www.wsj.com/articles/volkswagen-ceowinterkornresigns-1443007423.

4. https://www.nytimes.com/2017/02/01/business/volkswagen-compensation-settlement-bosch-audi-porsche.html.

5. https://www.nationalgeographic.org/thisday/apr20/deepwater-horizon-explodes.

6. On Scene Coordinator Report Deepwater Horizon Oil Spill, submitted to the National Response Team, September 2011 (http://www.uscg.mil /foia/docs/dwh/fosc_dwh_report.pdf).

7. https://www.oilandgas360.com/bp-deepwater-horizon-lawsuit-settlement-receives-final-approval.

8. http://www.nytimes.com/2012/11/16/business/global/16iht-bp16.html.

9. http://www.telegraph.co.uk/business/2016/07/14/bp-tallies-deep-water-horizon-bill-at-almost-62bn.

10. https://www.forbes.com/sites/bertelschmitt/2017/01/30/its-official volkswagen worlds-largest-automaker-2016-or-maybe-toyota/#7ba0ba0276b0.

11. https://www.forbes.com/2010/07/09/worlds-biggest-oil-companies-business-energy-big-oil_slide_7.html.

12. 2017 Edelman Trust Barometer (www.edelman.com/trust2017).

13. 코카콜라의 타임라인에서 한 가지 누락된 시기는 회사가 레시피에서 코카인을 제거한 1904년이다. 원조 코카콜라의 두 가지 핵심 원료는 코카인과 카페인이었다. 코카인은 코카 잎에서, 카페인은 콜라나무 열매에서 추출된 것으로, 여기서 '코카-콜라'라는 이름이 유래했다. 콜라나무 Kola의 'K'를 'C'로 바꾼 것은 마케팅적 선택이었다.

14. www.storynomics.com/resources/dsm.

15. www.storynomics.com/resources/always.

16. http://news.pg.com/blog/likeagirl/SB49.

17. 2012년 유엔의 반기문 사무총장은 "지속가능발전목표(SDG)의 설계와 실행을 포함한 지속 가능한 발전의 실제적 문제 해결을 촉진하기 위해 글로벌 과학기술의 전문지식을 동원한다."는 취지로 '지속가능발전네트워크Sustainable Development Solutions Network(SDSN)'를 발족했다. 그런 노력의 일환으로, SDSN은 제1차 '세계행복보고서'를 작성해 그해 유엔 '행복과 웰빙에 관한 고위급회의'에 제출했다. (http://unsdsn.org/about-us/vision-and-organization).

18. J. Helliwell, R. Layard, and J. Sachs, *World Happiness Report* 2017 (New York: Sustainable Development Solutions Network, 2017), 179.

9장 광고의 스토리화

1. Tom Gerace/Robert McKee interview with Linda Boff, CMO, GE, February 17, 2016, at 30 Rockefeller Plaza, New York, NY.

2. TheStreet.com, RealMoney.com의 밥 랭은 2013년 빠르게 성장하는 기술 기업들의 대표주자로서 페이스북Facebook, 아마존Amazon, 넷플릭스Netflix, 구글Google 의 알파벳 첫 글자를 따 'FANG' 이라는 낱말을 고안했고, 이것을 짐 크레이머 가 유행시켰다. 자세한 내용은 http://www.cnbc.com/id/100436754을 보라.

3. '재지스Zazzies'는 GE가 설득하려는 학생층 사이에서 인기 있는 소셜 앱 '스냅챗Snapchat'을 패러디한 것이다.

4. http://punesunshine.blogspot.com/2017/04/ariel-indias-dadssharetheload-movement.html.

5. https://www.gatesnotes.com/2016-Annual-Letter.

6. https://www.nytimes.com/2015/08/24/opinion/why-arent-indias-women-working.html?_r=1.

7. http://www.creamglobal.com/case-studies/latest/17798/37377/ariel-removes-the-stains-of-social-inequality.

8. www.storynomics.com/resources/ariel.

9. http://www.creamglobal.com/case-studies/latest/17798/37377/ariel-removes-the-stains-of-social-inequality.

10. http://www.mediacom.com/en/article/index/?id=removing-the-stains-of-social-inequality.

11. https://www.bloomberg.com/news/articles/2017-05-05/fed-up-advertisers-stop-paying-more-for-declining-tv-audiences.

10장 수요·잠재 고객 창출의 스토리화

1. https://www.wsj.com/articles/average-tenure-among-chief-marketing-officers-slips-1456958118.

2. http://www.pewresearch.org/fact-tank/2014/01/09/who-is-this-man-many-americans-dont-recognize-top-news-anchor.

3. http://www.colgate.com/en/us/oc/oral-health.

4. contentmarketingcontinuum.com을 방문하면 본인 회사의 평가를 받아볼 수 있다.

5. 예를 들어, 페이스북은 2014년 무료 도달을 대폭 축소하고 동일 조건으로 기업들에게 비용을 청구하기 시작했다. http://adage.com/article/digital/brands-organic-facebook-reach-crashed-october/292004을 보라.

6. http://www.colgate.com/en/us/oc/oral-health.

7. 콘텐츠 텍스트 수정, 적절한 태그 생성, 기타 연관 메타데이터 추가 등 검색엔진 최적화(SEO)에 사용되는 기법은 다양하다.

8. Interview with Caleb Barlow, IBM Security, March 11, 2016, Cambridge, MA.

9. *Ad Age* (http://adage.com/article/btob/ad-age-names-btob-award-winners-2016/302280) and MITX (http://www.skyword.com/contentstandard/news/ibm-security wins-mitx-award for-best-b2b-marketing website) both honored IBM SecurityIntelligence.

10. 투명성을 위해 밝혀 두자면, IBM 시큐리티는 공저자 톰 제라스가 운영하는 스카이워드의 고객이다.

11. www.storynomics.com/resources/adobe.

12. www.storynomics.com/resources/nationwide.

13. http://www.usatoday.com/story/money/2015/02/02/nationwide-insurance-super-bowl-commercial/22734895.

14. Interview with Jeanniey Mullen, CMO, Mercer, July 10, 2017.

15. https://mercer-digital.com/insights.html.

16. http://mashable.com/2014/11/06/love-boat-princess-cruises.

17. Ibid.

18. http://www.coca-colacompany.com/our-company/coca-cola-marketing-tops-4-billion-tripodi-says.

11장 관객층 만들기

1. http://www.nytimes.com/2015/11/03/business/media/pandora-to-stream-serial-podcast.html.

2. World Wide Web Consortium (W3C) and the World Wide Web Foundation as of May 27, 2016 (http://www.internetlivestats.com).

3. WC3 (http://www.internetlivestats.com).

4. http://searchengineland.com/google worlds most popular-search-engine-148089.

5. https://moz.com/blog/google-organic-click-through-rates-in-2014.

6. http://www.emarketer.com/Article/Google Will Take-55-of-Search-Ad-Dollars-Globally-2015/1012294.

7. 검색 광고는 검색엔진 마케팅, 혹은 SEM으로도 불린다.

8. http://searchengineland.com/new york-times-exposes-j-c-penney-link-scheme-that-causes-plummeting-rankings-in-google-64529.

9. Moz blog (https://moz.com/blog/google-algorithm-cheat-sheet-panda-penguin-hummingbird).

10. Facebook, June 21, 2013 (https://www.facebook.com/FacebookSingapore/posts/563468333703369).

11. http://techcrunch.com/2016/01/27/facebook-earnings-q4-2015/f.

12. https://social.ogilvy.com/facebook-zero-considering-life-after-the-demise-of-organic-reach.

13. Eric Almquist and Kenneth J. Roberts, "A 'Mindshare' Manifesto" (http://membersonly.amamember.org/sales/pdf/1-Rethinking.pdf): 13.

14. https://www.forbes.com/sites/kylewong/2014/09/10/the-explosive-growth-of-influencer-marketing-and-what-it-means-for-you/#1edd522552ac.

15. https://www.nytimes.com/2016/08/30/business/media/instagram-ads-marketing-kardashian.html?_r=0.

16. http://www.marketwatch.com/story/do-celebrity-endorsements-work-1300481444531.

17. 들리는 바로는, 켄달 제너가 '파이어 페스티벌Fyre Festival'에 관한 트윗을 올리는 대가로 받은 금액은 25만 달러였다고 한다. (https://news.vice.com/story/fyre fest-organizers-blew-all-their money-months-early-on-models-planes-and-yachts) 페스티벌 측이 최고급 숙소, 음식, 엔터테인먼트를 제공한다는 약속을 이행하지 못하면서, 수많은 여행자들이 오도가도 못하는 신세가 됐다. (https://www.nytimes.com/2017/04/28/arts/music/fyre-festival-ja-rule-bahamas.html)

18. WOMMA, "Return on Word of Mouth," November 2013 (https://womma.org/wp-content/uploads/2015/09/STUDY WOMMA-Return-on-WOM-Executive-Summary.pdf).

19. www.storynomics.com/resources/mastercard.

20. Robert McKee/Tom Gerace interview with Raja Rajamannar, February 2, 2016, at Mastercard Headquarters, Purchase, NY.

21. http://www.janrain.com/about/newsroom/press-releases/online-consumers-fed-up-with-irrelevant-content-on-favorite-websites-according-to-janrain-study.

22. Neolane and the Direct Marketing Association, "Realtime Marketing Insights Study," July 2013 (https://blogs.adobe.com/digitalmarketing/social-media/highlights-realtime-marketing-insights-study).

23. Skyword Inc. personalization performance results across multiple brands, February 2017.

24. http://traveler.marriott.com.

25. '트루 뷰Trueview'는 프리롤 광고 서비스로 구글의 유튜브에서 이용 가능하다.

26. Robert McKee/Tom Gerace interview with David Beebe, December 16, 2016.

12장 판매의 스토리화

1. Sales Performance Optimization Surveys 2011–2015, CSOInsights.com, a subsidiary of MHI Global.

2. Sales Performance Optimization 2015 Survey, CSOInsights.com, a subsidiary of MHI Global.

3. https://www.usfhealthonline.com/resources/healthcare/electronic-medical-records-

mandate.

4. https://www.cbo.gov/sites/default/files/recurringdata/51298-2017-01-healthinsurance.pdf.

13장 -노믹스

1. https://www.semrush.com/info/colgate.com+(by+organic).

2. 투명성을 위해 밝혀 두자면, 이 책의 공저자 톰 제라스는 스카이워드의 창립자 겸 CEO다.

맺음말: 다가올 미래

1. http://www.independent.co.uk/arts-entertainment/tv/news/game-of-thrones-season-6-hbo-spends-over 10m-on-each-episode-a6959651.html.

2. http://www.cinemablend.com/television/Insane-Amount-Money-Netflix-Spend-Content-2016-112117.html.

3. http://adage.com/article/cmo-strategy/pg-hiking-ad-spend/303731.

4. https://www.theguardian.com/technology/2015/jan/29/virtual-reality-documentary-middle-man-journalism-chris-milk-film.

5. www.storynomics.com/resources/ariel.

원어 표기

\<인명\>

굴리엘모 마르코니 Guglielmo Marconi
나탈리 말라젠코 Natalie Malaszenko
닐 오럼 Neil Oram
다라 코헨 Dara Cohen
대니얼 웨그너 Daniel Wegner
대럴 젤리 Darryl Gehly
댄 뱁티스트 Dan Baptiste
댄 애리얼리 Dan Ariely
데이비드 버스 David Buss
데이비드 비비 David Beebe
딕 코스톨로 Dick Costolo
라자 라자만나르 Raja Rajamannar
로렌 마이어 Lauren Meyer
로히니 판데 Rohini Pande
롭 머레이 Rob Murray
루벤 산체스 Ruben Sanchez
리처드 이스털린 Richard Easterlin
린다 보프 Linda Boff
마샤 프리드먼 Marcia Friedman
마이클 고웬 Michael Gowen
마이클 패스벤더 Michael Fassbender
미아 킴 Mia Kim
밥 랭 Bob Lang
봅 데코치 Bob Dekoch
브래드 피트 Brad Pitt
빌 번벅 Bill Bernbach
사이먼 배런코언 Simon Baron-Cohen
스티브 워즈니악 Steve Wozniak
스티브 잡스 Steve Jobs

스티븐 자일리언 Steven Zaillian
아론 소킨 Aaron Sorkin
아이러 글래스 Ira Glass
안토니오 다마지오 Antonio Damasio
애덤 바브렉 Adam Vavrek
앤 제라스 Ann Gerace
에런 스펠링 Aaron Spelling
엘리 굴딩 Ellie Goulding
잔 스와츠 Jan Swartz
저스틴 롱 Justin Long
저스틴 팀버레이크 Justin Timberlake
제네비브 콜튼 Genevieve Colton
제프 베조스 Jeff Bezos
제프 이멜트 Jeff Immelt
조나 힐 Yonas Hill
조사이어 웨지우드 Josiah Wedgwood
존 디어 John Deere
존 호그만 John Hodgman
지아니 뮬렌 Jeanniey Mullen
짐 로스마이시 Jim Rossmeissi
짐 맨지 Jim Manzi
짐 크레이머 Jim Cramer
찰리 로즈 Charlie Rose
칼 로젠도프 Carl Rosendorf
칼 바비에 Carl Barbier
커트 그레이 Kurt Gray
케네스 버크 Kenneth Burke
케일럽 곤잘베스 Caleb Gonsalves
케일럽 발로우 Caleb Barlow
켄 메드록 Ken Medlock
켄달 제너 Kendall Jenner
켄트 로슨 Kent Lawson
크리스 밀크 Christ Milk
톰 하데즈 Tom Hardej

트리시아 트래블라인 Tricia Travaline

팀 쿡 Tim Cook

패트릭 데이비스 Patrick Davis

폴 블룸 Paul Bloom

필립 세이모어 호프만 Philip Seymour Hoffmann

하워드 슐츠 Howard Schultz

휴고 베이거 Hugo Veiga

<영화, 드라마, 연극 등 작품명>

더 와프 The Warp(1979)

더 크라운 The Crown(2016~)

델마와 루이스 Thelma and Louise(1991)

머니볼 Moneyball(2011)

바스터즈: 거친 녀석들 Inglourious Basterds(2009)

브레이킹 배드 Breaking Bad(2008~2013)

사랑의 유람선 The Love Boat(1977~1986)

소프라노스 The Sopanos(1999~2007)

스타워즈 Star Wars(1977)

오렌지 이즈 더 뉴 블랙 Orange is the New Black(2013~2019)

올 인 더 패밀리 All in the Family(1971~1979)

왕좌의 게임 Game of Thrones(2011~2019)

우주전쟁 War of the Worlds(2005)

웨스트 월드 Westworld(2016~)

윌 앤 그레이스 Will & Grace(1998~)

인포먼트 The Informant!(2009)

전쟁과 평화 War and Peace(2016)

컨테이젼 Contagion(2011)

하우스 오브 카드 House of Cards(2013~2018)

옮긴이 | 이승민

연세대 영문과를 졸업하고 뉴욕대 대학원에서 영화와 문학 학제간 연구로 석사학위를 받았다. 옮긴 책으로 『STORY 시나리오 어떻게 쓸 것인가』 『DIALOGUE 시나리오 어떻게 쓸 것인가 2』, 『지킬의 정원』, 『런던을 걷는 게 좋아, 버지니아 울프는 말했다』, 『웨이파인더』 등이 있다.

스토리노믹스

1판 1쇄 펴냄 2020년 4월 22일
1판 2쇄 펴냄 2020년 5월 25일

지은이 | 로버트 맥키, 토머스 제라스
옮긴이 | 이승민
발행인 | 박근섭
책임편집 | 강성봉
펴낸곳 | ㈜민음인

출판등록 | 2009. 10. 8 (제2009-000273호)
주소 | 135-887 서울 강남구 신사동 506 강남출판문화센터 5층
전화 | 영업부 515-2000 편집부 3446-8774 팩시밀리 515-2007
홈페이지 | minumin.minumsa.com

도서 파본 등의 이유로 반송이 필요할 경우에는 구매처에서 교환하시고
출판사 교환이 필요할 경우에는 아래 주소로 반송 사유를 적어 도서와 함께 보내주세요.
06027 서울 강남구 도산대로 1길 62 강남출판문화센터 6층 민음인 마케팅부

한국어판 © ㈜민음인, 2020. Printed in Seoul, Korea
ISBN 979-11-5888-656-1 03320

㈜민음인은 민음사 출판 그룹의 자회사입니다.